高等院校"十四五"规划教材·基础课系列

立德 尚能 笃学 创新

新编大学生健康教育教程

- ◎ 主　审　余毅震
- ◎ 主　编　黄冠华　韩　健　邓　舒
- ◎ 副主编　马　斌
- ◎ 参　编　程晓峰　张　洪　叶　辉　陈　良
　　　　　　刘　洁　邵慧明　蒋志红　谭越阳
　　　　　　彭　严　桂振宇　胡诗蕾

华中科技大学出版社
http://press.hust.edu.cn
中国·武汉

图书在版编目(CIP)数据

新编大学生健康教育教程/黄冠华,韩健,邓舒主编.—武汉:华中科技大学出版社,2024.2(2025.1重印)
ISBN 978-7-5772-0547-2

Ⅰ.①新…　Ⅱ.①黄…　②韩…　③邓…　Ⅲ.①大学生-健康教育-高等学校-教材　Ⅳ.①G647.9

中国国家版本馆 CIP 数据核字(2024)第 034371 号

新编大学生健康教育教程　　　　　　　　　　　黄冠华　韩　健　邓　舒　主编
Xinbian Daxuesheng Jiankang Jiaoyu Jiaocheng

策划编辑:	汪　粲　杜　雄
责任编辑:	余　涛　梁睿哲
封面设计:	原色设计
责任监印:	周治超
出版发行:	华中科技大学出版社(中国•武汉)　　电话:(027)81321913
	武汉市东湖新技术开发区华工科技园　　邮编:430223
录　排:	华中科技大学惠友文印中心
印　刷:	武汉科源印刷设计有限公司
开　本:	787mm×1092mm　1/16
印　张:	18.5
字　数:	438 千字
版　次:	2025 年 1 月第 1 版第 2 次印刷
定　价:	56.00 元

本书若有印装质量问题,请向出版社营销中心调换
全国免费服务热线:400-6679-118　竭诚为您服务
版权所有　侵权必究

序 言 Preface

《新编大学生健康教育教程》是根据《"健康中国2030"规划纲要》和《普通高等学校健康教育指导纲要》的部署和要求，针对当代大学生的身心特点和健康需求而编写的。本书经过多次专家开会讨论，围绕科学性、思想性、先进性和实用性进行编写，对于加强高校健康教育工作，提升学生健康素养，促进学生身心健康发展，适应大学生健康生活需要具有重要作用。教材结合实际，内容新颖，语言生动，对日常生活中经常遇到的一些健康困惑，均有详尽的解答。这既是一本教科书，亦不失为一本工具书。

现代社会具有生活节奏快、工作压力大、自然灾害频发和突发事件莫测等特征，挑战着现代大学生秉承的"和谐健康"的生活方式和价值观念，以及"以人为本"和"生存质量"的主流思想。本书针对现实生活，顺应时代潮流，立意尊重生命，快乐生产和健康生活的"三生特色"，是一本将医疗科普知识与日常保健和应急处理有机结合、深入浅出、简明实用的学生教本与保健用书。

本书内容全面翔实，可读性好，可操作性强，使学习者更易于掌握。本书的编写人员既有学校健康促进领域的专家学者，又有长期从事学校卫生工作且热心健康教育的医务人员，他们身在基层，接近学生，对青年学生成长过程中卫生保健知识、保健技能的需求有深入的了解。相信读者，尤其是青年读者，通过本书的学习，能极大提高自我保健水平。

全国高校健康教育教学指导委员会委员
中华预防医学会少儿卫生分会副主任委员

2025年1月

前 言

大学生是社会中的一个特殊群体,他们是正在接受基础高等教育而还未毕业走进社会的人,他们是新技术、新思想的前沿群体,是国家培养的高级专业人才,是推动社会进步的栋梁之材。大学生是祖国未来的建设者和接班人,肩负着祖国现代化建设、民族腾飞的历史重任,是祖国的希望。具有良好的体质状况和健康水平对大学生的生活和成长很重要。

随着我国大学教育事业的蓬勃发展,不少大学生在追求学习成绩的同时往往没有重视德智体美劳全面发展,部分大学生健康意识淡薄,维护和促进自身健康能力不足,锻炼不够、睡眠不足、作息不规律、饮食不合理等不健康生活方式正在逐渐成为影响当今大学生健康的严重危险因素。

《"健康中国 2030"规划纲要》明确提出"加大学校健康教育力度。将健康教育纳入国民教育体系,把健康教育作为所有教育阶段素质教育的重要内容";也提出"共享共建、全民健康",要全方位、全生命周期维护和促进人民健康,"以人民健康为中心",关注生命全周期、健康全过程。2017 年 6 月,教育部颁布《普通高等学校健康教育指导纲要》,指出"加大学校健康教育力度。将健康教育纳入国民教育体系,把健康教育作为所有教育阶段素质教育的重要内容。内容包括:健康生活方式、疾病预防、心理健康、性与生殖健康、安全应急与避险。

结合目前大学生校园生活的实践,我们编写了《新编大学生健康教育教程》一书,目的是充分发挥健康教育在培育和践行社会主义核心价值观、推进素质教育中的综合作用,帮助学生树立健康意识,掌握维护健康的知识和技能,形成文明、健康生活方式,提高自身健康管理能力,增强维护全民健康的社会责任感,促进学生身心健康和全面发展。

本书是编者们精心收集整理而成的。全书共分 11 个章节,内容平铺直叙,通俗易懂,避免深奥的医学术语,科学实用。本书选用图谱 90 幅,有"看图实操"的作用。此外,针对某些内容,见二维码形式进行了补充,便于读者学习理解,掌握相关内容。本书的编写广泛参阅并借鉴了大量的新知识,结合实际,吸收当前世界上先进的现场急救技术,内容丰富翔实,使读者更易于掌握相关知识及操作技能,有较强的实操性,以帮助大学生提高健康素养,树立正确的健康观念,将所学到的健康知识内化于心、外化于行,在日常生活中能够增强健康意识,强身健体、心态积极,在遇到意外伤害和应激事件时,能够助人和自救。

向非医学专业人员讲授、宣传、普及医学科普知识一直是编者热衷的工作内容,为了让更多的人更多地了解这些知识,我们一直努力地坚持着,因为我们已经将其作为我们奋斗的事业。

功成名就不等于幸福,名利双收也不一定收获快乐,对于我们来说最幸福快乐的事情莫过于被其他生命所需要。关心自身及他人健康的青年们,编者真心希望你们在"保护生命、关怀伤困、维护尊严"等人道工作方面作出贡献,希望更多的人利用所学的医学保健及现场急救知识,在救灾、救护、救助和有关的公益性工作中,不断增强救助能力,为自己、为他人解除痛苦;用学到的心理健康知识,维护自身心理健康的同时关心帮助他人;用学到的预防保健知识,维护自身健康并向他人宣传健康常识;用学到的现场救护知识与技能,在关键时刻奉献爱心,用双手助人助己。

本书编写过程中得到许多专家、学者的大力支持和帮助,在此表示衷心的感谢!在编写过程中,我们参考了国内外文献资料及众多专家、学者的研究成果,在此一并致谢!

由于时间紧、任务重,加之编者水平有限,书中难免有疏漏和不妥之处,敬请广大读者给予批评指正。

编者
2025 年 1 月

目 录 Contents

第一章　心理健康与心理危机干预 ………………………………………………………… 1
  第一节　心理健康与调适 …………………………………………………………………… 2
  第二节　心理治疗 …………………………………………………………………………… 8
  第三节　大学生常见的心理困扰 …………………………………………………………… 10
  第四节　精神分裂症 ………………………………………………………………………… 14
  第五节　网络成瘾 …………………………………………………………………………… 15
  第六节　心理危机干预 ……………………………………………………………………… 21

第二章　艺术实践与身心健康 …………………………………………………………… 27
  第一节　艺术鉴赏与艺术治疗 ……………………………………………………………… 28
  第二节　舞蹈艺术和舞蹈治疗 ……………………………………………………………… 30
  第三节　音乐艺术和音乐治疗 ……………………………………………………………… 35
  第四节　其他形式的艺术治疗 ……………………………………………………………… 38

第三章　常见病防治 ……………………………………………………………………… 41
  第一节　内科常见病 ………………………………………………………………………… 42
  第二节　外科常见病 ………………………………………………………………………… 45
  第三节　妇科常见病 ………………………………………………………………………… 48
  第四节　五官科常见病 ……………………………………………………………………… 58
  第五节　皮肤科常见病 ……………………………………………………………………… 59

第四章　常见传染病 ……………………………………………………………………… 61
  第一节　传染性肝炎 ………………………………………………………………………… 62
  第二节　肠道传染病 ………………………………………………………………………… 65
  第三节　流行性感冒 ………………………………………………………………………… 68
  第四节　肺结核 ……………………………………………………………………………… 70

第五节	水痘	75
第六节	流行性腮腺炎	76
第七节	流行性出血性结膜炎	77
第八节	甲型H1N1流感	78
第九节	禽流感	81
第十节	其他少见急性传染病	85
第十一节	春季常见传染病预防要点	88

第五章 生殖健康与性传播疾病 … 89

第一节	生殖系统解剖及性发育	90
第二节	常见生殖器异常	96
第三节	性生理卫生与青春期性心理	98
第四节	恋爱与性心理	102
第五节	性保护与性安全	107
第六节	婚前性行为的心理基础	110
第七节	性与优生	112
第八节	性病与艾滋病	115

第六章 营养与健康 … 125

第一节	三大营养素的来源及作用	126
第二节	无机盐和微量元素	128
第三节	人体主要维生素的来源及作用	129
第四节	几种特殊情况下的膳食营养	130

第七章 常见急症、意外伤害及灾害事故现场救护 … 135

第一节	常见急症现场救护	136
第二节	意外伤害现场救护	155
第三节	灾害事故现场救护	164

第八章 现代救护与现场基础生命支持 … 175

第一节	现代救护	176
第二节	现场基础生命支持	188

第九章 现代创伤救护 … 197

第一节	现场创伤救护	198
第二节	创伤止血	202
第三节	现场包扎	210
第四节	现场骨折固定	218
第五节	伤者的搬运	227
第六节	开放伤现场救护	228
第七节	身体重要部位损伤的救护	232

第十章 血液与健康 … 237

第一节	血液概述	238
第二节	无偿献血	240

第三节	成分献血	244
第四节	造血干细胞的移植和捐献	246
第五节	血型与输血	248

第十一章 实用医学常识 251

第一节	正确的就医方法	252
第二节	常见检验正常参考值及意义	261
第三节	常见症状及其护理	276
第四节	药品的合理应用	280
第五节	家庭应急物品	284

参考文献 286

第一章

心理健康与心理危机干预

○ 具备说服和开导自己的本领，
是维护身心健康的需要。

健康是人人追求的目标。曾经人们只关注躯体和生理方面的健康而忽视了心理因素、社会因素对健康的影响。随着科技的进步和人们生活水平的提高,心理因素和社会因素对人类健康与疾病的影响作用越来越引起人们的重视。心理卫生就是研究如何维护和促进人们心理健康的科学。

第一节　心理健康与调适

面对时代的进步,社会的发展,高校改革的深化,社会竞争的演变,"大学生的社会适应能力和心理保健能力该如何提高"这个课题刻不容缓地摆在教育工作者的面前。在研究大学生心理健康时,应将目光投向发展的健康观,大学生在发展中面临的许多人生的课题,心理危机与心理困扰也都是在发展的大背景下产生的。

心理健康一般有四个标准,一是经验标准,二是社会适应标准,三是统计学标准,四是自身行为标准。事实上,心理健康与否的界限是相对的。大学生无论被何种问题所困,最明智的做法是及时进行心理调适和接受专业的心理咨询。

一、大学生心理健康标准

(1) 能保持对学习有较浓厚的兴趣和求知欲望。

(2) 能保持正确的自我意识,接纳自我。自我意识是人格的核心,指人对自己与周围环境关系的认识和体验。

(3) 能协调与控制情绪,保持良好的心境。心理健康者经常能保持愉快、自信、满足的心情,善于从行动中寻求乐趣,对生活充满希望,情绪稳定性好。

(4) 能保持和谐的人际关系,乐于交往。

(5) 能保持完整统一的人格品质。心理健康的最终目标是保持人格的完整性,培养健全人格。人格完整是指人格构成的气质、能力、性格和理想、信念、人生观等方面平衡发展。

(6) 能保持良好的环境适应能力。包括正确认识环境及处理个人和环境的关系。

(7) 心理行为符合年龄特征。一个人的心理行为经常严重地偏离自己的年龄特征,一般都是心理不健康的表现。

二、心理状况等级划分

从健康状态到心理疾病状态,心理状况一般可分为四个等级:健康状态、不良状态、心理障碍、心理疾病。

(一) 健康状态

心理健康状态与非健康状态的区分标准一直是心理学界讨论的话题，不少国内外心理学学者根据自己的研究调查结果提出了多种心理健康标准。在临床心理学实践工作中，有一种简洁的评价方法，即从本人评价、他人评价和社会功能状况三方面分析：

(1) 本人不觉得痛苦。在一个时间段中，快乐的感觉大于痛苦的感觉。

(2) 他人不感觉到其异常。心理活动与周围环境相协调，不出现与周围环境格格不入的现象。

(3) 社会功能良好。能胜任家庭和社会角色，能在一般社会环境下充分发挥自身能力，利用现有条件（或创造条件）实现自我价值。

(二) 不良状态

不良状态是介于健康状态与疾病状态之间的状态，是正常人群中常见的一种亚健康状态。它由个人心理素质（如过于好胜、孤僻、敏感等）、生活事件（如学习或工作压力大、晋升失败、被老师或上司批评、婚恋挫折等）、身体不良状况（如长时间学习或工作劳累、身体疾病）等因素所引起。

其特点有以下几点。

(1) 时间短暂。此状态持续时间较短，一般在一周以内能得到缓解。

(2) 损害轻微。此状态对社会功能影响比较小。处于此类状态的人一般能完成日常工作、学习和生活，只是感觉到的愉快感小于痛苦感，"很累"、"没劲"、"不高兴"、"应付"是他们常说的词汇。

(3) 能自己调整。此状态者大部分通过自我调整，如休息、聊天、运动、钓鱼、旅游、娱乐等放松方式，能使自己的心理状态得到改善。小部分人若长时间得不到缓解可能形成一种相对固定的状态。这小部分人应该去寻求心理医生的帮助，以尽快得到调整。

(三) 心理障碍

心理障碍是因为个人及外界因素造成心理状态的某一方面（或几方面）发展的超前、停滞、延迟、退缩或偏离。

其特点有以下几点。

(1) 不协调性。其心理活动的外在表现与其生理年龄不相称或反应方式与常人不同。如成人表现出幼稚状态（停滞、延迟、退缩）；儿童出现成人行为（不均衡的超前发展）；对外界刺激的反应方式异常（偏离）；等等。

(2) 针对性。处于此类状态的人往往对障碍对象（如敏感的事物及环境等）有强烈的心理反应（包括思维及动作行为），而对非障碍对象可能表现正常。

(3) 损害较大。此状态对其社会功能影响较大。它可能剥夺当事人的某项（或某几项）社会功能。如社交焦虑（又名社交恐惧）者不能完成社交活动；锐器恐惧者不敢使用刀、剪；性心理障碍者难以与异性正常交往。

(4) 需求助于心理医生。此状态者大部分不能通过自我调整和非专业人员的帮助而解决根本问题。心理医生的指导是必需的。

（四）心理疾病

心理疾病是由于个人及外界因素引起个体强烈的心理反应（思维、情感、行为、意志）并伴有明显的躯体不适感，是大脑功能失调的外在表现。

其特点有以下几点。

(1) 强烈的心理反应。患者可能出现思维判断上的失误，思维敏捷性的下降，记忆力下降，头脑黏滞感、空白感，有强烈自卑感及痛苦感，缺乏精力，情绪低落或忧郁，紧张焦虑，行为失常（如重复动作、动作减少、退缩行为等），意志减退等等。

(2) 明显的躯体不适感。中枢控制系统功能失调引起的人体各个系统功能失调，如：影响消化系统则可出现食欲不振、腹部胀满、便秘或腹泻（或便秘和腹泻交替）等症状；影响心血管系统则可出现心慌、胸闷、头晕等症状；影响内分泌系统则可出现女性月经周期改变、男性性功能障碍；等等。

(3) 损害大。此状态者不能或勉强完成其社会功能，缺乏轻松、愉快的体验，痛苦感极为强烈，"哪里都不舒服"、"活着不如死了好"是他们真实的内心体验。

(4) 需心理医生的治疗。此状态者一般不能通过自身调整和非专业的心理医生的治疗而康复。心理医生对此类患者的治疗一般采用心理治疗和药物治疗相结合的综合治疗手段。在治疗早期通过有调节情绪作用的药物快速调整情绪，中后期结合心理治疗解除心理障碍，以及通过心理训练达到社会功能的恢复，并提高其心理健康水平。

三、心理调适

（一）保持一份好心情

1. 远离抑郁

每个人在某些时候都会产生忧郁的心情。轻微的抑郁并不可怕，但若发展成抑郁症，就不能等闲视之了。那么，如何消除抑郁呢？建议多进行正常社交；给自己订计划时留有余地；多肯定自己；等等。

2. 从忧到喜，尽快恢复常态

当遇到不愉快的事情，如何调整自己的情绪，尽快恢复常态呢？与小动物交流可使烦躁的心情平静下来；养花、种菜也可有效调整不良情绪；培养自己的业余爱好，如集邮、打球、钓鱼、玩牌、跳舞等，都能使业余生活丰富多彩。

3. 变压力为动力

压力过大，将引发诸多心理和生理上的功能障碍。

(1) 保持乐观，努力在消极情绪中加入一些积极的思考。

(2) 每天早或晚进行 20 min 的盘腿静坐或自我放松，给自己一种内心平衡感。

(3) 抽空去想一想或回味一下那些令自己快乐的事情。

(4) 把一切都写下来：每天用 10 min，把自己感受写于纸上，事后不修改、不重读。过一段时间当自己的烦恼都表达出来之后,头脑变得清晰了,也能更好地处理问题了。

(5) 大声喊叫。假日和友人到海边或空旷的山上,以声音发泄内心的不满。

(6) 改变常走的道路。每天走同一条路上班的人不妨改变一下线路,新的刺激产生,心情自然舒畅。

(7) 吃东西。不妨到餐馆饱餐一顿,或在家中大吃特吃一番。因为肚子吃饱了,思考力就会下降,也较容易入睡。

(8) 出游。趁假日去旅游,可携家人,但不宜参加旅游团,因为固定的行程和太多的人反而会影响情绪。交通工具以火车为佳,可以在欣赏风景之余,完全放松自己。

(二) 让自尊心保持弹性空间

在现代社会,我们经常谈到一个度的问题,提到自尊,也是如此。我们在学物理时,老师曾讲到"弹性":任何具有弹性的物体,都有一个弹性区间,无论伸张或是压缩,都要在此区间之内,否则会变形!在心理学中,我们把自尊定义为一种精神需要,也就是人格的内核。维护自尊是人的本能和天性,这里也要有一个度,一个弹性的区间。为人处世若毫无自尊,脸皮太厚,不行;反过来,自尊过盛,脸皮太薄,也不好。正确的原则是从实际的需要出发,让自尊心保持一定的弹性。

对于自尊,要从思想上认清自尊的需要和交际的需要,辨清两者之间的关系是非常重要的。过于自尊的人,总是把自尊看得很重,这时请把看问题的立足点变一下,不要光想着自己的面子,还要看到比这更重要的东西,比如事业、工作、友谊等。

也许可以把实现实际的目标看得高于自尊,让自尊服从交际的需要,这样对自尊才会有自控力,即使受到刺激,也不至于脸红心跳,甚至可以不急不恼,哈哈一笑,照样与对手周旋,表现出办不成事决不罢休的姿态,成为交际的赢家。

在交际过程中,审时度势,准确地把握自尊的弹性,才会达到最佳的交际效果。注意以下几点。

(1) 在交际场上受到冷遇时,个人的自尊心会面临挑战,这时候不妨多想一想自己的使命、职责,为了完成任务,迅速加大自尊的承受力度。

(2) 花了很多心血做的那件自认为很不错的事情,偏偏得到的是全盘否定。这时肯定会受到强烈的刺激,为了挽回面子,进行辩解、反驳,甚至是争吵,只会使事情更糟,倒不如接受这个事实,效果可能更好一些。

(3) 当一个人受到批评时,特别是当众挨批评,自尊心一定受不了。此时要能够正确地理解批评,采取虚心的态度,这样反而会改变他人的看法,给对方留下一个好印象。有时,批评的内容不实,有些偏颇,而批评者又处在特别的地位,这时如果受自尊心的驱使,当场反击,效果肯定不好。不如理智一些,不要当场反驳,事后再进行说明,这种处理较为有利。

(三) 长时间的应激反应会影响健康——让自己冷静下来

交通严重堵塞,交通指示灯仍然亮着红灯,而时间很紧,你烦躁地看着手表的秒针。终于亮起了绿灯,可是你前面的车子迟迟不启动,因为开车的人思想不集中。你愤怒地按响了喇叭,那个似乎在打瞌睡的人终于惊醒了,仓促地挂上了一挡。与此同时你也在几秒钟里把自己置于紧张而不愉快的情绪之中。

"短时间的应激反应是无害的,使人受到压力的是长时间的应激反应。"压力性疾病的表现,通常就是身体对压力的反应。首先是外表改变,不关心外表,心情郁闷,精神萎靡,疲倦,紧张,激动,忧心忡忡。各种习惯也发生改变,暴饮暴食或食量减少,酗酒,抽烟,经常请假。行为方式也可发生改变,易怒,情绪波动,经常失眠,注意力不集中,绩效变差,决策失误,有攻击性。压力大可导致亚健康,甚至引起疾病。压力过大会导致肾上腺衰竭,血糖不稳定,身体易敏感,也会削弱免疫系统,影响消化系统,加速人体老化,引致精神问题,导致心血管病等状况。

美国研究应激反应的专家说:"我们的恼怒有80%是自己造成的。"他还就此写了一本《不要为小事情浪费精力》,把防止激动的方法归结为这样的话:"请冷静下来!要承认生活是不公正的。任何人都不是完美的,任何事情都不会按计划进行。"应激反应这个词从20世纪50年代起才被医务人员用来说明身体和精神对极端刺激(噪音、时间压力和冲突)的防卫反应。现在研究人员知道,应激反应是在头脑中产生的。即使是处于非常轻微的恼怒情绪中,身体也会分泌出更多的应激激素。这时呼吸道扩张,以便为大脑、心脏和肌肉系统吸入更多的氧气。血管扩大,心脏加快跳动,血糖水平升高。

关于应激有一条黄金规则——"不要让小事情牵着鼻子走",我们要以积极心态面对压力,学会释放压力,做自己情绪的主人,学会交流,及时调节不良情绪。我们应该做时间的主人,善于计划,不超负荷工作;处理好复杂的人际关系;养成良好的生活方式,坚持适当运动,加强自我保健,不让压力控制自己。

(四)关于人际交往的建议

(1)常给陌生人一个微笑。

(2)表现出感激之情。别人会感觉到高兴,你的自我感觉会更好。

(3)学会倾听别人的意见。这样不仅会使你的生活更加有意思,而且别人也会更喜欢你。每天至少对一个人说你为什么赏识他。

(4)不要试图把一切都弄得滴水不漏。这样不仅会使你身心疲惫,也会使别人生气。

(5)不要顽固地坚持自己的权利。这会无谓地花费许多精力。

(6)不要老是纠正别人;不要打断别人的讲话;不要让别人为你的不顺利负责。要接受事情不成功的事实——天不会因此而塌下来;忘记事事都必须完美的想法,因为你自己也不是完美的。这样生活会变得轻松得多。

(7)当你抑制不住生气时,你要问自己:一年后生气的理由是否还那么重要?这会使你对许多事情得出正确的看法。

(五)心理减压,选择性地听音乐——音乐处方

忙碌的现代人需要放松,听音乐就成了他们的首选方式之一。音乐是用来享受的,所以音乐治疗的重点是要依自己的心情选择性地听音乐,以免招致相反效果,继而造成压力。一般而言,能做治疗的音乐有很多,大家可在心理治疗师的指导下选择适当的音

乐处方。

(六) 接受心理医生专业咨询

1. 什么时候要找心理医生

M. Scoot Peck 是美国当代最有影响力的心理治疗专家,曾经一位年轻人问 Peck 博士:"人什么时候才需要接受心理咨询?"Peck 博士回答说:"当你被困住的时候。"

人生多艰,人生多难,人生多变,无论什么人都会有被困住的时候:有人被前途所困,有人被婚姻所困,有人被感情所困,有人被经济所困,有人被工作所困,有人被学习所困……然而,无论被何种问题所困,最明智的做法是接受专业的心理咨询。接受专业的心理咨询,可以缩短解决问题的时间,避免长时间被某一问题困扰而形成心理疾病。另外,接受心理专家的辅导,可以使咨询者学会正确地自我定向、自我发展,避免遭受人生重大挫折的打击;接受心理咨询,还可以帮助咨询者心灵成长,走出心灵的童年,获得真正自信、幸福和充实的人生。

2. 选择适合的心理医生

联合国世界卫生组织(WHO)对健康下的定义为:身体上、心理上和社会适应上的美好状态或完全安宁。哲学家罗素(B. Russell,1872—1970)说:"人类从未像今天这样多忧虑,也从未有如此多导致忧虑的原因。"心理学专家则告诉我们,其实每个人都有一些需要打开的"心结"。于是越来越多人开始试着说:"我要去看心理医生。"

选择怎样的心理医生才能解决我们的心病?用何种治疗方法才能帮助我们找回快乐?大体上说,中国现有的心理医生分为两类:一类是社会心理医生,另一类是临床心理医生。前者主要包括心理学家、社会学家、哲学家、法律学家、教育学家等,后者则主要从事精神医学和临床心理医学。

临床心理医生有医学上的优越条件,但他们取代不了社会心理医生所能起的作用,因为人们所存在的社会心理问题远远多于医学心理问题,当然有些情况是必须寻求临床心理医生帮助的。

3. 心理咨询前的准备

(1) 想好开头说什么。一些求医者见到医生后情绪波动很大,不知从何谈起,浪费了许多时间。如果你事先想好"开场白",就能几句话进入主题,给医生一个好感觉。

(2) 把心理医生看作是一个特别亲密的朋友。心理问题大多要有情感上的倾诉,这是"病人"和医生的共同愿望,且医生会对你的隐私绝对保密。因此,面对心理医生,要尽可能敞开心扉。

(3) "有问必答"比"拐弯抹角"更有利于沟通。一些就医者存在种种顾虑,话说到一半时忽然又后悔了,改变了主题。有些人因害羞等原因不肯说关键的问题。这都不利于达到医治心病的目的。对医生的提问最好是有问必答,使医生的分析、判断更准确。

(4) 不必过分地关注自我的表现与形象。医生并不太关心咨询者表层的东西,而是注重于解决其心理问题。在与医生的谈话中,要尽可能放松,不要在谈话中过多考虑方式、方法。有话直说,开门见山。

(5) 防止就事论事地纠缠于细节之中。有些人生怕医生不了解自己的经历与问题的发生、发展和现状,用大量时间去讲述一件事的细节,这是不必要的。医生更关注当事人的思想观念及对问题的认识。对于事情的叙述,可先大致讲一讲,然后等医生提问再说。

(6) 不要期望心理医生帮你"决策"。比如说离不离婚,与恋爱对象是否继续保持关系等问题。不少就医者希望医生给一个明确的答复。而心理医生的职业准则恰恰是避免这种不能完全负责的"硬性指导"。他们只能给你讲一些观点和道理,启发、疏导你的"症结",最后的"大主意"还得由你自己拿。

(7) 不要希望一次咨询就"根治"。解决心理问题往往要有一个过程,那种希望"一点通"、"仙人指路"走捷径的想法是不现实的。如果与医生面谈不便,可以电话交流。

(8) 心理问题不要等成了"心病"时才去就医。现实中,"心病不算病"的观念还很普遍,不到万不得已,人们似乎还不愿与心理医生打交道。其实预防心理疾病比心理疾病的及早治疗更为重要,在"心理感冒,还未发高烧"时就应该去找心理医生了。

最重要的准备就是必须准备好承受治疗和改变过程中的痛苦。在任何一种治疗过程中,患者都必须承受一些焦虑和痛苦,都必须面对、接受、承受自己的内心冲突,这是任何心理疗法都无法避免的。它相当于外科手术中,不可避免的疼痛和失血。这些痛苦在治疗的一定阶段,甚至会超过心理疾病本身给患者造成的痛苦。伴随痛苦和改变的心理治疗,才是真正的心理治疗。没有勇气承受治疗痛苦的患者,是无法从真正的心理治疗中获益的。

在上述的准备比较充分之后,就可以请医生进行治疗了。治疗中的配合包括多方面,最重要的就是在治疗中尽可能做到真实,真实地表达和表现自己。其实,通常医生对患者几乎没有过多的要求,只要能按时与医生接触,一切就都可以听其自然了。

第二节 心理治疗

心理治疗师会因不同的派别理论而采用不同的心理治疗方式,大致有以下几种。

一、精神分析术

弗洛伊德(S. Freud,1856—1939)在20世纪初创立了这个理论——童年期创伤经验导致压抑本能冲动或情感,是成年后焦虑的根源。

通过精神分析术,个案能回顾、重现过去的情感经验而达到排遣潜意识冲突、重建人格的目的。这种治疗需要密集且持续较长的时间,因此个案要能忍受高度的焦虑和挫折感。阻碍常伴随而生,中断治疗时有发生,心灵的伤痛也在所难免。因此,接受这种治疗模式的个案的焦虑忧郁症状必须仅是较轻微程度,否则在治疗过程中,因紧张挫折的关系,容易导致症状恶化。甚至在极端的个案中,还会产生精神病症状。

二、支持性心理治疗

治疗师以各种语言或非语言的方式营造一种温暖安全、适合沟通的氛围。治疗师采取的策略包括鼓励、保证、忠告、加强现实感、建议、说服等较积极的做法,以期在短期内达到协助个案渡过难关,恢复生活常态,提高对生活环境的适应度,增进沟通技巧等目的。所以支持性心理治疗的适用范围非常广泛。

三、行为治疗

行为治疗依据动物实验得到的学习理论,系统地协助人们改变、适应不良的行为。因此,行为治疗的内容大多是教导性的,培养个案有效的自我管理技巧并且将学习到的心理技巧不断地在生活里练习。治疗者和个案采取合作关系,个案必须主动积极地配合。

四、认知心理治疗

20 世纪 50 年代末,临床心理学家艾里斯(A. Ellis)发展出"理性情绪治疗法",认为思考、情绪与行为间有明显的交互作用。不是事件影响我们的情绪和行为,而是我们对事情的解释(思考模式)决定我们的情绪反应。因此有很多的情感障碍与心理困扰,是来自个人的"非理性思考"。而"非理性思考"是从儿童时期对我们具有影响力的人(通常是父母、老师)那儿学习而来,并且经由自己不断地重复此种情绪体验累积而成。所以治疗的过程,就是要协助个案找出自己的"非理性思考",之后加以驳斥而训练出理性的思考方式,自然就能消除情绪的困扰。在临床施治上,认知治疗常要配合行为治疗,因而全称是"认知行为治疗"。

五、团体心理治疗

人是群居性的动物,团体可以提供个人温暖、保护及滋养的作用,因此团体心理治疗极符合人类这种群居生物的需求。团体心理治疗是将一群事先挑选过有情绪障碍的人,固定的时间集合在一起,由训练有素的治疗师引导团体成员互动,分享自己的经验,彼此鼓励支持而达到改变思考、尝试新的行为模式的目的。团体里的成员由于同病相怜而产生一种强烈凝聚力,吸引着成员固定出席。通过彼此分享的治疗手段,了解许多人生的问题是普遍存在,而不是只有个人默默在承担,让参与的成员不感觉孤单。由于团体中有温馨支持的氛围,成员能坦诚地分享、宣泄个人的情绪。由于以上种种的好处,近年来团体心理治疗有越来越盛行的趋势。

心理治疗的过程需要个案主动参与,达到观念和行为的改变,才能得到满意的效果。好的心理治疗,会让个案觉得自己的思考及行为反应越来越能掌握,情绪以及人际关系也逐渐改善。因此,在接受心理治疗时,如果种种情绪都停滞没有改善,就应该向治疗师说明自己的感受,讨论是否需要调整治疗目标或治疗模式。

第三节 大学生常见的心理困扰

大学生的心理状况日益引起其自身和社会的重视,为了提高读者对心理健康的认识,在此简单介绍一下大学生常见的心理障碍和心理困扰。

一、神经症

神经症是一组有大脑功能轻度障碍的疾病的总称。它是人的精神(心理)方面的疾病,而不是躯体方面的疾病,属于心理障碍的范畴,而且它是比较轻微的,也不是某一种特定的疾病,而是几种疾病的总称。通常,神经症可以分为神经衰弱、焦虑症、强迫症、恐惧症、癔症、抑郁性神经症、疑病症等。

(一)神经衰弱

神经衰弱又称为神经衰弱性神经症,是排除各种躯体疾病以及其他各种神经症和抑郁症以外的,在神经症中程度最轻的一种。它多发生在青少年求学和就业时期,青少年学生和青年知识分子发病率较高。常常表现为全身乏力、睡眠不良、头痛、注意力涣散、健忘、情绪低落、食欲减退等,患者工作或学习效率低下。

(二)焦虑症

焦虑症又称为焦虑性神经症,是指由于精神持续的高度紧张而产生的惊恐发作状态,患者表现出明显的植物性神经功能紊乱,并出现程度不一的头晕、心悸、呼吸困难、口干、尿频、尿急、出汗等躯体不适。这种现象在重大考试,如高考中容易发生。

(三)强迫症

强迫症又称为强迫性神经症,是指以强迫症状为中心的一种神经症,强迫症状就是主观上感觉到有某种不可抗拒、不能自行克制的观念、情绪、意向及行为的存在。患者虽然认识到这些毫无意义,但又难以控制和克服,从而导致严重的内心冲突并伴有强烈的焦虑和恐惧。比如,反复洗手、总担心房门未锁好、总有些念头挥之不去等。

(四)恐惧症

恐惧症又称为恐惧性神经症,是指对某些特殊环境或事物所产生的强烈恐惧或紧张不安的内心体验,并出现回避反应的一种神经症。其主要特点是对某一特定事物、活动或处境产生持续的和不必要的恐惧,并不得不采取回避的态度,不能自控。如异性恐惧症、人群恐惧症、动物恐惧症、学校恐惧症等。

(五) 抑郁症

抑郁症是指一种以持久的抑郁心境为主,并伴有焦虑、空虚感、疲惫、躯体不适应和睡眠障碍的神经症。

其心理主要表现:①自觉心情压抑、沮丧、忧伤、苦闷等;②对日常活动兴趣减退;③对前途悲观失望;④遇事往坏处想;⑤自觉懒散,精神不振,脑力迟钝,反应缓慢;⑥自我评价下降;⑦不愿主动与别人交往,但被动接触良好;⑧有想死的念头,但内心充满矛盾,烦躁,易激怒;⑨自认为病情严重,但又希望治好,要求治疗。

躯体症状主要表现:疲乏、头痛、耳鸣、心悸、胸闷、腹胀、便秘、失眠、多梦、食欲减退、注意力分散、记忆力下降等,而且这些症状可以因情绪改善而减轻甚至消失。

(六) 疑病症

疑病症指由于对自己健康过分关注,而固执地怀疑自己患上了某些莫须有的严重疾病,并因此产生烦恼和恐惧的一种神经症。其重要特征是对自己健康状况和身体某一部分功能的过分关注,怀疑自己患了某种躯体或精神疾病,其实与实际健康状况完全不符,即使得到医生的解释或客观诊断也不能消除其固有成见。

二、人格障碍

人格障碍是指从童年或少年时期开始,并持续终生的显著偏离常态的人格,是一种介于精神疾病与正常精神状态之间的行为特征。常常表现为怪僻、反常、固执,情绪不稳定,不通人情,不易与人相处,常损人利己甚至损人不利己,以恶作剧取乐,常给周围人带来痛苦或憎恶等,但它又不能归属于精神病范畴。

人格障碍常常分为偏执型、情感型、分裂型、暴发型、强迫型、癔症型、反社会型等。较多见的有偏执型、强迫型、情感型人格障碍等。

(一) 偏执型人格障碍

偏执型人格障碍是以多疑、敏感为主要表现的人格障碍。

其特点有以下几点。

(1) 多疑、敏感,不信任别人,易把别人的好意当作恶意、敌意。

(2) 妒忌心强,对别人的成就、荣誉等感到紧张不安、挑衅、指责和抱怨。

(3) 易感到委屈、挫折、怀才不遇,常常产生攻击、报复之心。

(4) 骄傲自大,自命不凡,自尊心强,要求别人重视自己,追求权势。

(5) 主观固执,好诡辩,经常抗议、反对他人的意见,不易被说服,即使面对事实和证据也是如此。

(6) 对别人缺乏同情心和热情,从不开玩笑,警惕性很高,常怕被人欺骗、暗算,处处提防他人等等。

（二）强迫型人格障碍

强迫型人格障碍是指因刻意追求完美而过分自我关注、带有不完善感的人格障碍。其特点有以下几点。

（1）做事犹豫不决、优柔寡断、忧虑重重、谨小慎微、拘泥于烦琐细节之中。

（2）做事要求十全十美，追求完美无缺，反复检查、修改，直到自己完全满意，否则会感到焦虑、紧张。

（3）过于严格认真，具有强烈的自制心理和自控行为，对自己过于克制与关注，责任感过强，怕犯错误，思想得不到放松，按自己的想法要求别人，妨碍他人自由。

（4）循规蹈矩、按部就班、墨守成规、不思变通，遇到新情况不能灵活处理，显得束手无策，呆板，缺乏兴趣爱好和幽默感，没有创新精神。

（5）心里总是笼罩着一种不安全感，常处于莫名其妙的紧张和焦虑状态，平时焦虑、悔恨的情绪多，愉快、满意的情绪少。

这类患者的个性常常表现为刻板、固执、拘谨、单调、惰性、犹豫、克制，易发展为强迫性神经症。（精神分裂：强迫状态可能是精神分裂症早期阶段的主要表现形式，但其强迫观念的内容时常是荒谬、不可理解的，渐渐伴随出现明显的退缩离群、情感淡漠的特点。随着病情的进一步发展，会出现思维联想障碍和妄想、幻觉，这些都比较容易鉴别。）

（三）情感性人格障碍

情感性人格障碍是指以情绪始终高涨，或始终低落，或时而高涨时而低落为主要表现的人格障碍。可以分为三种类型。

（1）情绪高涨型人格障碍：情绪高涨、精力充沛、精神振奋、喜好交往，善于谈笑，给人乐观、诙谐的感觉，对自己的能力评价过高，对周围环境的困难估计太低，做事常有大量的计划和设想，但缺乏深思熟虑、不够实际、有始无终，有时有明显的躁狂表现，因而又称为躁狂型人格障碍。

（2）抑郁性人格障碍：情绪低落、精力不济、精神不振、多愁善感、闷闷不乐、沉默寡言，对自己评价过低，对周围环境困难估计过高，对自己丧失信心，总是内疚自责，对一切不感兴趣，对生活充满悲观色彩，总是抱怨命运不好等。

（3）双向（或称环性）情绪人格障碍：情绪变化不稳定，时而高涨时而低落，在一定时期内交替出现，具有明显的阶段性和两极性。情绪高涨时，表现为情绪高涨型人格障碍的人格特征；情绪低落时则表现为抑郁性人格障碍的人格特征。

三、其他心理困扰

其他心理困扰包括学习问题、人际关系问题、恋爱与性心理问题、求职与择业等心理问题。相比之下，前面所讲的两类心理障碍问题显得要稍微严重些，是偏离正常心理状态的心理问题。这里的困扰主要是由很多现实的社会心理因素所导致的，也往往是暂时性的,经过自己的主动调节或寻求心理咨询老师的帮助,往往可以克服。

(一) 学习问题

大学生常见的学习问题主要表现在以下几个方面:学习目的、学习动力、学习方法、学习态度以及学习成绩等。大学阶段的学习往往不再如高中阶段的学习那样得到绝大多数人的重视,目的不明确、动力不足、方法不合适、态度不好、成绩跟不上等,构成了学习问题的主要方面。

(二) 人际关系问题

这是大学生最关注的问题之一。同高中阶段相比,大学生对人际关系问题的关注程度超过了学习,故而它也成为大学生心理困扰的主要来源之一。人际关系问题常常表现为难以和别人愉快相处,没有知心朋友,缺乏必要的交往技巧,过分委曲求全等,以及由此而引起的孤单、苦闷、缺少支持和关爱等痛苦感受。

(三) 恋爱心理问题

这是大学生常见的心理困扰,一般包括单相思、恋爱受挫、恋爱与学业关系问题、情感破裂的报复心理等。心理问题常见的有手淫困扰,以及由婚前性行为、校园同居等问题引起的恐惧、焦虑、担忧等,还包括异性癖、恋物癖、偷窥狂等等。

1. 面对失恋的心态

恋爱可结出甜蜜的婚姻之果,让恋人享用终身;但也可结出失恋的苦果,使人痛苦。面对失恋,不同的人往往有以下几种不同的心态。

(1) 将爱变成恨。蓄意伤害对方,或攻击谩骂,或纠缠骚扰,甚至残其身、害其命,以泄心头之恨。伤害人身,触犯法律,必然受到法律的制裁。这些人以宝贵的生命为赌注,泄一时之气。这种教训不少,值得深思。

(2) 陷入单相思。你不爱我,我更爱你,寝食不思,忧郁成疾。这些人一旦醒悟,脱离苦海,回首往事,自会觉得可笑。为什么?因为将十分宝贵的时间、纯洁的爱情,投向一个无动于衷的人实在是不值得。

(3) 跳出苦海,奋勇向前,创造更美好的明天。面对现在,展望未来,失恋的往事只不过是生活海洋中的一个小浪花。当失恋者从痛苦的深渊中爬上来后,他会眼前一亮:天地是那样的大,道路是那样的宽广,机遇是那样的多,只要自己努力向上,未来的生活一定更美满,婚姻之果将更甜蜜。

2. 失恋的治疗

(1) 冷静分析失恋的原因。

(2) 及时疏导内心的郁闷情绪。失恋者可以找好友倾诉心中的烦恼,也可以做一些体育运动,甚至关门大哭一场等。要寻求一个合适的发泄途径,一方面消除心理压力,另一方面及时把内心的委屈、痛苦和愤怒发泄出来,恢复心理平衡。

(3) 转移注意力。可以通过改变自己的生活方式来摆脱失恋的痛苦。如投身于学习或集体活动中。不要把自己圈起来,整天唉声叹气,难以自拔。而应鼓足勇气,转移自己的注意力,从痛苦中解脱出来。

(4) 学会精神自励。面对挫折应有一个积极的态度,学会自我鼓励。爱情的挫折是对人生的考验,是人格走向成熟的阶梯。培根有句名言:"一切真正伟大的人物没有一个是因爱情而发狂的人。"要认识到,强制别人接受自己痴情的爱是许多爱情悲剧的根源。因此,应不断鼓励自己走过这段不平坦的路途,迅速振作起来,摆脱眼前的感情危机。

(四) 求职与择业问题

求职与择业问题是大学高年级学生常见的问题。在跨入社会时,他们往往感到困惑和担忧。如何选择自己的职业,如何规划自己的职业生涯,求职需要些什么样的技巧等问题,或多或少给他们带来困扰和忧虑。

第四节　精神分裂症

精神分裂症是个体思维、情感、行为的分裂,以精神活动与环境不协调为主要特征的精神病,是精神疾病中患病率最高的一种。本病多在青壮年发病,以 16~35 岁为最多,在高校大学生因病退学、休学原因中占第一位。因此,加强对精神分裂症的早期防治是十分重要的。

一、临床分型与表现(见表 1-1)

表 1-1　精神分裂症的临床分型与表现

类　型	发病时间	发病速度	临　床　表　现
单纯型	青少年时期	慢性	孤僻、活动减少,情感淡漠、寡言独处,生活懒散、学习兴趣减低、学习成绩下降,对任何事情不关心,行为退缩日益加重。体格检查及生化检查一般无阳性指标
青春型	青春期	急性或亚急性	情感喜怒无常,表情做作,言语增多,内容荒诞离奇,行为幼稚、愚蠢、奇特,本能活动亢进,常有裸体行为,幻觉生动、妄想凌乱。本病虽可自行缓解,但易复发
紧张型	青壮年或中年时期	急性	单独或交替发生的紧张性兴奋和紧张性木僵
偏执型	中年时期	慢性	妄想突出,尤以关系妄想、被害妄想多见,并有泛化的趋向。幻想中以言语性幻听最常见,行为孤僻离群。由于部分病人发病数年后仍能有较好的工作能力,病人并不暴露自己的病态体验,故不易为人发现

二、防治

（一）治疗

目前以药物治疗为主,减少精神不良刺激,以支持性心理治疗和改善家庭、社会环境为辅。

1. 药物治疗

以口服为主,可在门诊或住院治疗,常用抗精神病药物氯丙嗪、奋乃静或氯氮平等。

2. 心理治疗

对病人家庭的心理卫生教育和对病人进行支持性的心理治疗和社交技能方面的训练,改善病人家庭和人际关系,可以明显地降低其复发率。

3. 其他治疗

（二）预防

开展遗传咨询,开展社区精神卫生宣传,营造友爱的人文环境。对曾经出现过精神症状的同学,尤其应注意关心和爱护,避免给予不良的精神刺激。当发现同学有精神异常现象和复发征兆时应及时报告心理辅导老师,使其得到及时治疗。

第五节 网络成瘾

网络成瘾又称网络成瘾综合征(简称IAD),临床上是指由于患者对网络过度依赖而导致的一种心理异常症状以及伴随的一系列生理性不适。有学者认为,网络成瘾是由于重复地使用网络而导致的一种慢性或周期性的着迷状态,并且带来难以抗拒的再度使用欲望,同时对上网带来的快感产生生理及心理依赖。

互联网使用的行为具有阶段性:第一阶段是成瘾阶段,采用完全沉溺于其中的方式,来使自己适应新环境;第二阶段是觉醒阶段,开始减少互联网的使用;第三阶段是平衡阶段,此时进入了正常的互联网使用状态。那些被互联网"俘获"的人主要是不能顺利度过第一阶段,需要他人帮助进入第三阶段。而对于一个已经度过第一阶段并进入第三阶段的网络"老手",也仍然有可能出现滥用,例如他想寻找更有吸引力的聊天室、新闻组或Web站点等。

"成瘾"这一术语一般是指机体对某种物品产生心理或生理上的依赖,如摄入某种化学物质(或麻醉药)的行为,比如吸毒等。而网络用户对网络的着迷不同于对化学物质的依赖。由于过度使用因特网而导致心理、社会功能受损这一行为的存在,已严重影响到网民正常的学习、工作、生活,甚至影响到整个家庭,乃至整个社会的生存和发展。据《网络成瘾诊断标准》描述,其严重时可导致日常生活和社会功能受损(如社交、学习或工作能力)。严重的网络成瘾者不交流、不学习、不工作,除了在网络游戏的虚拟世界里称王称霸,现实的生活状况往往是一团糟。

一、我国有关网络成瘾的相关研究

我国从1994年开始重视成瘾医学的研究和预防。不只网络成瘾,赌博成瘾、工作成瘾、购物成瘾、饮食成瘾、性成瘾、烟酒成瘾等都是成瘾疾病。网络成瘾的患者数量最多,其中,又以玩游戏成瘾的人居多,很多患者到了难以与真实世界区分的程度。有关部门统计,青少年犯罪中76%的人都是网络成瘾者。

我国《网络成瘾诊断标准》的确立,不仅为临床医学增加了新病种,还明确了网络成瘾患者应该由具备有精神科的医疗单位收治,为这些患者得到科学有效治疗提供了途径。"网络成瘾是可以治疗的,一般治疗时间为3个月左右,80%的患者都可以通过治疗摆脱网络成瘾。"

上网成瘾如果没有对社会产生危害性后果,没有影响到日常的工作和学习,没有出现烦躁易怒等戒断反应,没有和现实世界逐渐脱离,变得害怕与人交往等情况,并且不是患者主动要求,是无须进行强制性治疗的。

游戏网络对某些人来说,已经成为一种习惯。习惯的好坏往往对一个人日后的生活有影响,这期间牵涉到度的问题,任何事情,过度就有问题。当然,适量的网络生活,是需要的,合理的。本着网络生活只是生活的一种方式这样一种心态,合理使用网络而不至于成天陷于其中,就可以了。

网络成瘾所致的精神疾病,并非不懂得精神医学的人们所理解的"精神病""神经病"。不是上网时间长就得了精神疾病,还要有具体的诊断标准,例如:具体症状、病程、严重程度、社会功能、戒断反应等。

网友们可以问一问自己:"上网时,是自己发挥主观能动性在利用它,还是它或者它背后的利益集团发挥主观能动性在控制着自己?"

二、网络成瘾诊断标准

按照《网络成瘾诊断标准》,网络成瘾分为网络游戏成瘾、网络色情成瘾、网络关系成瘾、网络信息成瘾、网络技术成瘾5类。

对网络成瘾的诊断有如下标准。

(1) 对网络的使用有强烈的渴求或冲动感。

(2) 减少或停止上网时会出现周身不适、烦躁、易激动、注意力不集中、睡眠障碍等戒断反应。上述戒断反应可通过使用其他类似的电子媒介,如电视、掌上游戏机等来缓解。

(3) 下述5条内容至少符合1条。

①为得到满足感而不断增加使用网络的时间和投入的程度。

②使用网络的开始、结束及持续时间难以控制,经多次努力后均未成功。

③固执使用网络而不顾其明显的危害性后果,即使知道网络使用的危害仍难以

停止。

④因使用网络而减少或放弃了其他的兴趣、娱乐或社交活动。

⑤将使用网络作为一种逃避问题或缓解不良情绪的途径。

网络成瘾的病程标准为平均每日连续上网达到或超过 6 h,且符合症状标准已达到或超过 3 个月。

三、大学生网络成瘾的原因

在校大学生由于学校生活简单,容易将学习和娱乐的重心转移到网络上来。另外青少年所处的年龄段决定了他们的求知欲望强烈、好奇心强、理想高远,但心理承受力差,容易有挫折感。当竞争压力过大,人际关系不和谐以及生活不顺利时,他们常常会选择网络作为发泄、放松或逃避的方式。然而越是沉迷于网络,实际遇到的困难就越无法解决。这种恶性循环导致了沉迷者对网络的依赖性日益加重,最终发展成为网络成瘾。

(一) 大学生自身原因

1. 缺乏自我控制能力

大学生处在人生过渡期,还没有形成比较稳定的世界观、人生观和价值观,对新鲜事物的好奇与探究的欲望十分强烈,很容易受到外界的影响而深陷其中。首先,大学生的自制能力较差,意志力薄弱,不能完全控制自己的行为;其次,由于大学生活单调,当进入大学后的新鲜感逐渐消失时,在以学习为主的生活中感到单调乏味,进而通过网络追求刺激,满足自己的好奇心。

2. 沟通和社交能力低下,孤独感强

大学生渴望友谊和交流,但是部分学生性格内向,不善交际,孤独感强,因人际适应不良,他们怀念过去,对现实生活感到无助,因而到网上寻求支持和帮助。

3. 学习成绩下降,学习上无满足感

进入高等学府的大学生进入大学前大都成绩优秀,头顶上有着许多的光环,居于同辈群体的中心地位并扮演着重要角色。进入大学后,由于学习方法、学习内容与高中时大相径庭,部分大学生产生不适应感而导致学习成绩急剧下降,其价值感和成就感逐渐消失,进而转入网络,在网络中寻找理想自我,用虚拟的理想自我替代现实自我。

(二) 家庭的原因

家庭的经济状况、家庭的教育方式也是大学生网络成瘾的重要影响因素。

1. 经济状况

不少大学生由于家庭经济困难、学习压力和就业压力大等原因,心理负担重,于是他们便开始寻求解脱方式,逃避现实的压力。而网络成为他们逃避现实压力最好的选择。因为网络游戏所营造的是一个虚拟的世界,可以使大学生逃避现实中的许多不愉快。他们在自己能控制的这个虚拟世界中能得到愉快的体验。一旦迷上网络游戏,成瘾心理的形成在所难免。

2. 家庭教育方式

有些父母因忙于工作和生计,仅关注读书和考试,而忽略了与子女的情感沟通,导致父母与子女间出现障碍。有的则教育方式不当,对子女的一些不良行为视而不见。

四、大学生网络成瘾的不良后果

"网络成瘾"是青少年身心健康的新杀手。患有网络成瘾症的学生在网上花费了大量的时间,这给他们身心健康、学习和生活带来了严重的后果:

(一) 躯体方面

长期上网,会使左前脑发育受到伤害,进一步影响右脑发育,长时间大脑中枢神经系统处于高度兴奋状态,会引起肾上腺素水平异常增高,交感神经过度兴奋,血压升高,植物神经功能紊乱,极易引发心血管疾病、紧张性头痛等,严重的甚至会引起突发心脑疾病而死亡。长时间端坐于电脑前,做重复、机械的运动和操作,可引起腰酸、背疼、全身不适,以肩关节、肘关节、腕关节为多见的关节无菌性炎症。同时由于眼睛长时间注视电脑屏幕,视网膜上感光物质视红质消耗过多,若未能及时补充其合成物质维生素 A 和相关蛋白质,就会导致视力下降、眼痛、怕光、暗适应能力降低等。长此以往,会导致大学生的身体健康严重受损。

(二) 心理方面

患者一旦停止上网便会产生上网的强烈渴望,难以控制对上网的需要或冲动,这种冲动使其不能从事别的活动,工作、学习时注意力不集中、不持久,感到记忆力减退;逻辑思维活动迟钝;沉迷于虚拟世界而对日常工作、学习和生活兴趣减少,与现实疏远,为人冷漠、缺乏时间感;不敢面对现实,情绪低落、悲观、消极。

(三) 行为方面

患者表现为频繁寻求上网活动的行为。为了能上网,不惜用掉自己的学费、生活费,借款、欺骗父母,甚至丧失人格和自尊,严重者偷窃、抢劫。网络成瘾的学生最为直接的危害是耽误了正常的学习,他们不能集中精力听课,甚至逃课、辍学。网络中各种不健康的内容,也可造成青少年自我放纵,法律以及道德观念淡薄,人生观、价值观扭曲。网络游戏一般以"攻击""战斗""竞争"等为主要内容,长期玩飞车、爆破和枪战等游戏,不仅会模糊他们的道德认知,还会诱发他们的攻击行为,导致违法犯罪,甚至反社会行为。

(四) 对学习成绩产生影响

上网成瘾的学生由于花费过多的时间沉迷于网络,过分迷恋网络世界,从而导致思维迟钝、精力不足。有的学生甚至搞起了网恋,无心上课,甚至旷课、逃学,学习成绩大大下降。由此可见,网络成瘾对学习成绩所产生的负面影响是巨大的。

(五) 影响大学生的人际交往

大学生如果沉迷于网络,势必会把更多的时间、精力花费在网络构建的虚拟世界,就会更加缺乏人际交往的能力,从而导致逐步出现人际关系障碍。患有网络成瘾症的学生一般喜欢结交网上未曾谋面的朋友,远离身边的老师、同学和朋友,不能有效地融入现实人群,不能积极体验友谊,使人趋向孤立和非社会化,形成畸形的人际社会化过程。另外,这部分大学生的个性特征在人际互动中常表现为不尊重他人,以自我为中心;过于功利、过于依赖、妒忌心强;自卑、敌意、偏激、退缩、内心不合群;等等。

五、大学生网络成瘾的防治对策

(一) 加强思想教育工作力度

高校应不断加强教师队伍建设,发挥专业课教师、思想政治理论课教师和哲学社会科学课教师及辅导员的育人作用,使得思想工作进课堂、进学生公寓、进学生头脑。应采取多种形式,丰富教育内容,吸引学生的注意力。

(二) 加强对校园网络的监管力度

运用网络技术加强对网络内容和学生上网的检查、管理,利用网络技术过滤不良信息;丰富网络资源,为大学生提供真正用于学习和健康娱乐的网络平台,减少大学生接触不良的网络游戏和各种网络色情的机会。加强防火墙技术,对黑客、病毒进行限制,对学生上网内容进行检查,对网络游戏进行选择和控制,使校园网络真正成为大学生学习、交流和师生互动的平台。

(三) 加强心理咨询和辅导,疏缓大学生的心理压力与心理问题

从大学生染上"网瘾"的原因及成功戒除网瘾的实例可见,"网瘾"是过度使用网络而产生的一种心理依赖和行为习惯,必须通过心理治疗和教育等多种措施来解决。为了防范和戒除网络成瘾,就要对大学生加强心理健康教育。针对大学生的年龄特征和心理需要,高校要设立相应的心理咨询机构,配备相关的人员,帮助大学生认识自我,了解自己的心理需要,寻找满足需要的其他途径所在。同时心理咨询教师应给予学生相应的现实生活方面的指导。

心理治疗——自我认知治疗法,可有助于戒除网瘾,包括以下方面。

1. 认知重建

识别和改变导致情绪困扰、不良行为或心理障碍的消极或非理性思维模式或信念。

2. 改变其坚定而又顽固的信念

如"游戏真棒","上网真好玩","再没有比上网更刺激的事了",可以使用辩证法分

析:上网的动机、对网络的态度,不从感情上厌恶和排斥它,采取"导"而非"堵"的态度,让其充分认识到成瘾后的严重后果。

3. 自我提醒

将上网的好处和坏处分别列在一张对称的纸上,按程度轻重排好顺序,每天做思想斗争10～20次,每次3～5 min,尤其是在瘾发时;也可以将好处和坏处分别贴在显眼的地方,如电脑上、卧室里、门上;每天多时段内默念或大声念上网的坏处,战胜自己关于上网合理的观念。

4. 自我辩论

想象自己上网成瘾后的种种极端后果,如成绩下降、被大家看不起、被别人羞辱、对不起自己的亲人等,在瘾发时让"理想自我"与"现实自我"进行辩论,让内心的道德感、责任感与罪恶感、失败感斗争;在感性上战胜自己,痛下戒除网瘾之决心,增强自己的戒网动机。

5. 自我暗示

有想上网的念头时反复自我暗示,"不行,现在应该学习,等周末再说","我一定能行","我一定能戒除",每当抵制住了诱惑,认真学习,度过了充实的一天后,就进行自我鼓励,如"今天我又赢得了一次胜利,继续坚持,加油"。这样不断强化,形成良性刺激,加强自己的意志,使上网的欲望得到抑制。语言暗示既可通过自言自语,也可将提示语写在日记本上,或贴在墙壁上、床头,以便经常看到、想到,鞭策自己专心去做。

(四)丰富校园文化生活,培养大学生广泛的兴趣

多数大学生上网是因为日常的学习和生活比较单调无聊,而网络又充满新奇和刺激,可以满足他们的好奇心和寻求刺激的心理,网络的自由性、虚拟性、交互性使大学生深陷其中不能自拔。所以我们要丰富校园的文化生活,开展各种类型的课外活动,包括文体活动、科技活动和社会实践活动等,使大学生的生活充实而有意义。通过参加校园文化活动,增进同学间的交流和沟通,使大学生活变得充实,兴趣和爱好增多,有利于预防网络成瘾。

(五)科学安排上网时间和内容

科学合理安排上网时间和内容,尤其要为自己约法三章:一是控制上网时间。每周最多3次,每次上网时间一般不超过2 h,而且连续操作1 h后应休息15 min。二是限制上网内容。每次上网前,一定要先明确上网的任务和目标,不迷恋于网络游戏,坚决不上黄色网站。三是准时下网。上网之前,根据任务量限定上网的时间,时间一到,马上下网,不找任何借口,不原谅自己,不宽容自己。

(六)请人监督

戒除"网瘾",寻求别人的支持和帮助非常重要,最好的办法是找到一个人帮助你克服这个问题。这种支持可来自同学、老师、朋友和家庭,可先向他们讲明自己控制上网的计划,请他们监督;当"网瘾"出现时,请他们及时提示,帮助克服。平时要多与同学在一

起，同他们一起上课，一起学习，一起交流，在他们的带动和帮助下，淡化网瘾，把精力集中到学习上。当取得一定成绩时，比如计划已经执行一周，不妨对自己进行奖励或暗示，学会自己为自己加油。

（七）预防为主

对于每个人，特别是青少年来说，一旦患上网络成瘾症，要戒除会很困难。因此，预防是治疗上网成瘾的最好良方。一是提前打好"预防疫苗"。采取各种有效的方法，坚决杜绝上黄色网站，不玩或少玩网络游戏。二是丰富日常生活。平时积极参加社会、学校等举办的各种有益的活动，注意培养自己良好的兴趣、爱好；多与家长、老师和同学交往沟通，获得心灵上的慰藉与成长。三是及时遏制上网成瘾的苗头。当出现上网成瘾的苗头时，立即采取有效的措施，及时控制自我，决不宽容自己，以防止上网成瘾症的发生。

（八）寻求专业人员的帮助

当自己无法解决上网成瘾的时候，一定要积极主动地寻求专业人员的帮助。一是可以找心理咨询师进行个体咨询，二是可以参加团体心理训练，这是戒除网瘾有效的方法。一定条件下丰富多彩的群体互动活动能产生感染、促进和推动作用，帮助当事人改变认知，改变心态，获得心理上的提升，同时学会制定自我管理的行为契约，根据目标行为完成情况进行正强化和负强化。参加团体心理训练，对于预防或戒除网瘾会有显著效果。

第六节　心理危机干预

一、概述

心理危机是指个体遇到某些重大问题，既不能回避，又无法用通常方法来解决时，心理上产生不平衡的情况，由此可能引发自杀或伤害他人等严重后果。心理危机干预是对处在心理危机状态下的个人采取明确有效措施，使之战胜危机，适应生活。

研究心理危机干预是为了进一步完善心理健康教育工作，有效地对大学生心理危机进行干预，提高大学生心理素质和心理健康水平，预防校园心理危机事件的发生，维护校园稳定。

二、心理危机干预对象

（1）在心理健康普查中筛选出来的有较严重心理障碍、心理疾病或具有自杀倾向的学生。

(2) 由于学习基础和能力差,从而导致学习压力过大而出现心理行为异常的学生,如对英语、计算机等学科经过努力但仍然无法通过的学生。

(3) 生活、学习中遭遇突然打击而出现心理或行为异常的学生,如家庭发生重大变故(亲人死亡、父母离异、父母下岗、家庭暴力等)、遭遇性危机(性伤害、性暴力、性侵犯、意外怀孕等)、受到意外刺激(自然灾害、校园暴力、车祸等其他突发事件)的学生等。

(4) 个人感情受挫后出现心理或行为异常的学生,如失恋、单相思而情绪失控的学生等。

(5) 人际关系失调后出现心理或行为异常的学生,如当众受辱、受惊吓的学生,与同学发生严重人际冲突而被排斥、受歧视的学生,与老师发生严重人际冲突的学生等。

(6) 性格内向孤僻、生活十分贫困且出现心理或行为异常的学生。

(7) 身体出现严重疾病,如患上传染性肝炎、肺结核、肿瘤等医疗费用很高但又难以治愈的疾病,个人很痛苦、治疗周期长、经济负担重的学生。

(8) 患有严重心理或精神疾病,并经过专家确诊的学生,如患有抑郁症、恐惧症、强迫症、癔症、焦虑症、精神分裂症、情感型精神病等疾病的学生。

(9) 出现严重适应不良而导致心理或行为异常的学生,如新环境适应不良的学生、就业困难的毕业生。

(10) 由于身边的同学出现个体危机状况而受到影响,产生恐慌、担心、焦虑、困扰的学生,如自杀或他杀者的同宿舍、同班的学生等。

三、心理危机重点干预对象

对于近期发出下列警示信号的学生,应作为心理危机的重点干预对象及时进行心理危机评估与干预:

(1) 谈论过自杀并考虑过自杀方法,包括在信件、日记、图画或乱涂乱画的只言片语中流露出死亡念头者。

(2) 不明原因突然给同学、朋友或家人送礼物、请客、赔礼道歉、叙说告别的话等行为明显改变者。

(3) 情绪突然明显异常者,如特别烦躁、高度焦虑、恐惧、易感情冲动,或情绪异常低落,或情绪突然从低落变为平静,或睡眠受到严重影响的学生。

四、心理危机干预预警机制

(一) 建立学生心理健康汇报机制

1. 班级心理健康教育委员和心理信息员报告制度

每个班设立一名班级心理健康教育委员,每个学生寝室设立一名心理信息员(寝室长),心理健康教育委员和心理信息员一旦确立原则上不允许更换。班级心理健康教育委员和心理信息员要随时掌握全班同学的心理状况,发现同学有明显的心理异常情况要及时向学院心理健康教育中心汇报。

2. 学院心理健康教育中心心理危机报告机制

心理健康教育中心教师在值班期间发现有学生存在心理危机,应在 24 h 以内以书面形式报告给学生工作部和分管校领导。

(二)建立学生心理健康普查和排查制度

1. 新生心理健康测评

心理健康教育中心每年对全院新生进行心理健康测评,根据测评结果筛选出心理危机高危个体,与学生辅导员一起对这些学生做好危机预防和转化工作。

2. 重点人群的排查

学校每年对七类重点人群进行有针对性的排查:①对毕业班不能毕业的学生的排查;②对大一第一次考试不及格学生的排查;③对多门学科考试不及格的学生的排查;④对经济特别困难学生的排查;⑤对失恋学生的重点排查;⑥对受到违纪处分学生的排查;⑦对人际关系非常困难学生的排查。

(三)建立学生心理危机评估制度

学校成立心理健康教育专家指导委员会,其负责具体指导开展心理健康教育,同时开展心理危机评估工作。心理健康教育专家指导委员会对心理咨询教师、班级心理健康教育委员、心理健康协会成员等报告上来的存在心理危机的学生进行及时的心理危机风险评估。

(四)建立重点学生心理档案

心理健康教育中心建立重点学生心理档案,将全校有心理危机倾向及需要进行危机干预的学生信息纳入数据库,对其实行动态管理,同时建立重点学生心理档案。

(五)建立学生心理健康信息反馈制度

心理健康教育中心及时将全校学生的心理健康状况、学生心理危机预警对象名单、学生心理健康测评和排查结果、有心理危机倾向学生名单及其心理评估结果等相关信息反馈给分管校领导。

五、大学生心理危机干预原则

(一)预防性原则

由于自杀原因的复杂性、症状的隐匿性和行为的突发性以及学生自杀或危机干预的困难与失败案例,很多人甚至包括学生工作者都存在一些消极看法,认为大学生自杀是不可预防和干预的,导致被动无为或对自杀危险性评估不足,危机发生时手忙脚乱,影响干预的实效。

(二) 生命高于一切的原则

在处理大学生心理危机案件时,应以保证学生生命安全为主要目的,这是"以人为本"的理念在心理危机干预中的体现,也是基本原则。这一原则要求高校把保证学生的生命安全放在首要位置。自伤或伤人事件一旦发生,对于一个家庭来说就是一场巨大的灾难;对于学生本人来说,可能断送生命;对于他的同学来说,是一种强烈的应激刺激;对于学校和社会来说,造成的损失和影响也是很大的。因此,心理危机干预的首要原则就是"生命高于一切"。

(三) 及时性原则

导致危机最本质的因素是压力和重大问题,当个人经历或目睹重大突发事件发生时,一旦超过其平时身心所能承受的压力,又无法通过常规的问题解决手段去对付面临的困难,便会陷入惊慌失措的情绪状态,从而使个体迷失方向及失去自我控制力。

六、心理危机干预流程

(1) 当严重心理危机发生时,学校心理健康教育领导小组和心理健康教育专家指导委员会要迅速转变为危机干预领导小组,并立即公布危机应对小组工作电话以及心理危机干预机构电话。

(2) 要落实各部门的分工与协调。当重大危机事件发生后,各部门在危机干预领导小组的统一指挥下,各司其职,协调应对。学生处负责大学生心理危机干预的具体协调;办公室负责媒体采访、对外口径以及利用校园网络等宣传媒体进行积极宣传与引导;心理健康教育中心负责危机需求调查、人员培训及心理救助;校医务人员负责对意外事件当事人进行紧急救治;各相关年级负责人负责对学生心理危机信息的收集并及时上报,以此做好学生的心理危机预防和监控。

七、经历意外事件的心理救助

在意外事件中伤者的心理创伤和反应可分成三个阶段:震惊期、修复期、重整期。

震惊期通常为数分钟至24小时不等,在伤者经历意外事件的整个心理过程中,救护员所提供的心理救助主要集中在震惊期的压力处理。

(一) 震惊期的心理救助

这阶段的心理救助主要有以下工作。

1. 照顾伤者

(1) 由于伤者情绪十分混乱并且缺乏理性分析，可能需要替他们做简单的决定(如提议通知哪些亲友)。

(2) 帮助收拾随身物品。

(3) 安慰和鼓励伤者。

(4) 提供水和食物。

2. 陪伴伤者

(1) 让他们在惊魂未定时感到有人关爱，使他们有安全感，促使他们冷静下来。

(2) 如果他们十分激动，可把手放在他们的手或肩上，尝试让他们镇定下来。

(3) 帮助安排亲友或其他医务人员照料他们，避免让他们独处。

3. 让伤者倾诉

(1) 如果他们想与你交谈有关这次意外事件，鼓励并聆听他们的诉说。

(2) 如果他们向你询问有关他们受伤的严重程度或他们亲友的安危，应尽量减轻他们的疑虑，避免提及一些令他们恐惧而不必要的细节。

4. 面对过分活跃、坐立不安的伤者

(1) 如果他们的行为没有影响其他人，不必过分约束他们。

(2) 让他们表达不安、惊慌和愤怒，不必与他们争辩。

5. 面对呆滞和瘫痪的伤者

(1) 如果没有明显创伤使他们瘫痪，他们却不能行动(如步行)，除检查脑部受伤外，可考虑帮助他们离开事故现场，恢复理智。

(2) 尝试与他们交谈，使他们慢慢冷静下来，恢复理智。

(3) 如果一段时间后他们仍然呆滞和不能行动，则需替他们寻求专业人员(如医务人员等)帮助。

6. 面对极度恐慌的伤者

(1) 由于他们的表现会使其他伤者不安，应带领他们离开现场，与其他伤者分开。

(2) 尝试使他们镇定下来，如分散他们的注意力，引导他们谈论事件以外的话题，递给他们一杯水等。

(3) 与他们一同做深呼吸或肌肉松弛练习。

7. 对于伤者的身体反应

如果他们有呕吐、恶心、颤抖等情况出现，帮助他们找一个安全的地方躺下，盖上毛毯，让他们休息。

(二) 预防负面心理压力使反应恶化

在处理伤者的各种实时情绪反应后，救护员在离开伤者前，可向他们或其亲友介绍一些有关伤亡及灾难性事件所引起的心理压力过程和适当的处理方法，减轻事件对他们的负面影响。

(1) 向伤者介绍有关震惊期及修复期的各种压力反应。

(2) 强调这些压力反应是对不正常环境的正常反应，他们并非是唯一表现失控的人。这些反应的持续性因人而异，通常为 2~4 个星期。

(3)向他们介绍一些处理压力的方法。

(4)在某些情形下,应建议他们寻求专业人员帮助(如医务人员、临床心理学家等),以免压力反应恶化,演变为比较严重的心理问题。例如,当他们被压力反应极度困扰持续在1个月以上,或出现以下症状。

①脑海中不停地出现有关事件的惊险片段,使人十分困扰、激动。

②面对事件有关的人、物和地点时,感到极度悲痛,以致影响日常生活和工作。

③表现消极,不愿与人交谈。

④对许多事情失去兴趣或麻木。

⑤长期失眠或其他睡眠障碍。

⑥情绪波动,烦躁不安。

⑦出现幻觉。

⑧无条理及不合逻辑的语言和行为。

⑨难以集中精力。

(5)假如伤者情绪持续激动或出现以下反应,应建议他们寻求专业人员的治疗。

①漠然呆滞甚至不能活动。

②过分活跃甚至失去自控能力。

③无条理及不合逻辑的语言。

④情感陷入瘫痪状态。

⑤持续的失忆。

⑥精神失常,如疯癫、严重暴力行为、有自杀倾向。

(三)救护员提供心理救助的任务及态度

1. 三大任务

(1)稳定伤者情绪。

(2)防止伤者心理创伤恶化。

(3)鼓励伤者面对并解决当前问题。

2. 四大态度

(1)同情心。

(2)尊重接纳。

(3)真诚关心和了解。

(4)用心聆听。

(四)救护员助人后应及时释放压力

救护员在处理伤亡及灾难性事件后,本身或许会承受很大压力而出现各种压力反应。所以,救护员在完成工作后应与亲友、同事分享自己的感受,好好休息和照顾自己,以释放在施救过程中增加的心理负担。

第二章

艺术实践与身心健康

○ 艺术可以给人美的享受
　引领人们达天人合一的境界

传统的生物医学模式主要是从人的生物特征出发,仅以维护人的生存为目标,这是医学的最低目标。然而,新的生物—心理—社会—人文医学模式力求满足人的生物、心理和社会适应的全方位需要,使人们亲身体验到情感愉快,精神自由,生存和谐,以达到健与美的高度统一。这一医学发展的最高目标的客观性,强烈呼吁艺术美学积极参与到医学中来,通过艺术审美与实践对医学实践给以人文的关照和理论的指导。

医学需要实现新的转向,要让反映现代社会疾病发生发展规律的生物—心理—社会医学模式深入人心,进而转化为生物—心理—社会—人文医学模式。要实现这样的目标,现代医学必须要吸收和融合音乐、舞蹈、美术、雕塑、书画、文学、戏剧、电影等诸多艺术形式以及医学美学等学科的理论,引领人们对健康的追求从身体上升到精神的境界。本章将重点介绍音乐治疗和舞蹈治疗的相关理论和应用。

第一节　艺术鉴赏与艺术治疗

艺术治疗又称艺术疗法。一般心理治疗多以语言为沟通、治疗的主要媒介,艺术治疗鲜明的特色主要是以提供艺术素材、活动经验等作为治疗的方式。

一、什么是艺术治疗

简单地说,艺术治疗是指病人通过使用不同的艺术媒介表达并且解决当初使自己接受治疗的种种问题和忧虑。艺术治疗实践以心理治疗的原则作为其稳固发展的坚实基础。常见的艺术治疗形式包括音乐治疗、舞蹈治疗、美术治疗、书画治疗、阅读治疗和心理治疗法等等。与其他心理治疗技术相比,艺术治疗具有形象与象征、游戏与快乐、形式与潜意识的转换等特质。

二、艺术治疗的功能

我们知道,人类左右脑主管的功能不同,左脑主管言语的、抽象的思维,右脑侧重视觉的、形象的思维。情绪是用右脑的图像来存储的,譬如感觉悲伤,他会描述一个图像来表达悲伤的程度:"天都不蓝了,树也不绿了,整个世界一片灰暗";如果他有些情绪无法表达,就会压抑,这样可以让他通过画画或通过艺术介质建立起一个即时的心理疏通渠道。与所有谈话疗法相比,艺术治疗具有其独特的作用和功能。

(一) 有助于情绪、情感的表达、发泄与调节

艺术是一种情绪化语言,既能表达情绪、情感,也能影响情绪、情感。高雅的音乐、鲜艳的色彩、优美的舞蹈首先触动的是人的情绪、情感,而不是认知层面。可以说情绪、情感的力量是本能的和无比强大的,甚至是不可抗拒的。在强迫症、焦虑症和抑郁症等病

例中,我们往往可以看到患者被一种莫名的情绪所左右而不能自制,此时,他们并非不知道何为合理行为,而是无法摆脱一种来自潜意识的强大力量的控制,奇怪的是,当事人还往往无法用语言清晰地表达出这种内心的恐惧、烦恼,从而出现述情障碍。艺术正好为患者表达这种不可不言却无法言说的东西提供了一种途径和方法。

(二) 有助于人际沟通,改善家庭关系,促进个人与社会的融合

在艺术治疗过程中,可以缓解来自家庭和社会的压力,表达自己焦虑,从而加强了自己的自我概念,增强自我意识,改善社会化技能,从而获得持久友谊和社会支持。音乐、舞蹈、美术、文学等艺术是一种世界性语言,具有最为广泛的跨文化传播特性。在艺术世界里,不同语言、不同民族、不同性别、不同年龄的人最容易打破陌生的隔阂,形成和睦的团体氛围。

(三) 有助于感知觉的发展与统合

艺术活动大多是一种操作性行为,需要视听配合,手眼并用,如绘画有助于颜色知觉的学习和手部肌肉精细运动的协调,歌唱有助于节奏的感知和呼吸、口腔肌肉运动的锻炼,舞蹈更是感知和运动结合的综合性全身运动。可以说,完成任何一个艺术活动的过程都是一次感知觉的综合训练。

(四) 有助于器官和肢体功能的恢复

一般认为,歌唱活动有助于肺、支气管等呼吸器官功能的康复,吹奏乐器有助于口腔肌肉的锻炼,弹拨和拉弦乐器及舞蹈有助于肢体肌肉的运动;即使是被动地欣赏音乐,也能诱发听者自发的躯干、肢体肌肉的节奏运动。

(五) 有助于提升个人自信心和社会价值

艺术活动及其创作的艺术作品不仅可以给创作者本人带来愉悦,也可以给欣赏它的人带来同样的快乐,或起到启发和教化作用,或引发某种正向的情绪情感。

(六) 有助于培养健康人格

无论是进行艺术创作还是长期欣赏艺术作品,都会对接受者的世界观、价值观、生活观和行为反应方式产生深远的影响。在艺术治疗过程中,可以鼓励参与者审视自我,通过自我探索促进情感的成长和应对方式由消极向积极的转变,由此参与者的自我形象得到改变。定期从事艺术活动可让参与者获得长期稳定的心理支持。

(七) 有助于移风易俗,具有德育教化作用

音乐的教化功能建立在人的心理对音乐的旋律、音色、音高、音程等声学特性反应的基础之上。古代圣人创作音乐既要考虑人的情性、音律节奏的规则,还要权衡礼义规范,遵循五行的转换,使音乐能促进人生之气的和谐,从而达到"阳而不散,阴而不密,刚气不

怒,柔气不慑,四畅交与中而发作与外,皆安其位而不相夺"的目的。

第二节 舞蹈艺术和舞蹈治疗

广义的"舞蹈"不仅包括舞台艺术舞蹈,也囊括存在于民众之中的旨在自娱、健身、祭祀及娱人的舞蹈。作为八大艺术之一,舞蹈是在三度空间中以人的身体作为语言相互交流的一种人体运动的表达艺术。舞蹈是一项高雅文明的体育与娱乐兼有的运动,它不仅能调节生理健康,还能培养人们举止文明的行为习惯,更能塑造人们自尊、自信、自强的个人品格。在翩翩舞蹈的过程中,能给人以愉悦欢快的美感,能让人们从枯燥单一的日常生活中解脱出来,使其想象力得到充分的发挥,是一种高层次的精神享受。

一、舞蹈对人心理、生理的作用

舞蹈是人类文化,是人类为了满足自娱、娱神、娱人以及表情达意的需求而创造的以人的肢体动作为主要手段的文化,属精神文化范畴。在我国古代,舞蹈则是劳动人民用来防病治病,养生保健的。现代医学研究证实,舞蹈通过活动手足及全身肌肉筋骨等组织,使肢体更具备柔韧性和灵活性,并且促进人体的血液循环,调节血压,对心脑血管、消化系统、内分泌系统和呼吸系统的疾病也有防治的作用。

(一) 舞蹈对人心理发展的作用

1. 能够陶冶高尚的情操

实践经验证明,舞蹈能使人产生一种充实感、满足感。众多调查也表明,坚持舞蹈锻炼可以明显降低部分人群抑郁和焦虑等心理症状的出现。

2. 有利于培养积极向上的人生观

舞蹈可以增强人们的自信心、责任感和集体价值观,培养坚强、毅力、独立等个性品质;使参与者性格变得开朗、乐观、情绪饱满、充满朝气;帮助参与者增进自我认知度,树立起积极向上的人生观。

3. 能使参加者产生良好情感

情感是人的大脑对客观存在与个体需求之间的现实反映,人的情感是以客观事物是否满足其需要为媒介的。舞蹈作为客观存在的事物,它不仅满足了人们娱乐、健身、社交等众多需要,从不同程度上也满足了人们的美感所需。古人云"乐心内发,感物而动,不觉手足自运,欢之至也,此舞之所由起"。所谓"乐心内发"就是指人的心理所需。舞蹈既然能够满足人们的心理所需,自然也能使人产生积极、乐观的态度和赞美趋向等心理体验。长期保持这种良好的情感体验,对身心健康、学习、生活、工作等具有积极影响,它能使人精神饱满,工作效率加快,保持积极的心理状态,有利于人们树立更高层次的理想和信念。

4. 能够锻炼人的意志品质

舞蹈的特征之一就是具有竞技性,即比成绩、比名次。它作为一种竞技项目,对舞蹈参与者的技术要求很高,同时也要求参与者具有良好的舞蹈专业素质。因此,要想获得满意的成绩,只靠一时的兴趣是不行的,必须坚定信念,不断克服种种困难,通过长期的刻苦锻炼来磨炼自己的意志品质。

(二) 舞蹈对人生理发展的作用

1. 舞蹈对于身体形态发展的影响

舞蹈对人身体的形态有良好的改善作用。第一,舞蹈能有效地改善人们身体的健康状态和帮助人们形成正确的身体姿态;第二,经常从事舞蹈锻炼可以减少人体内多余的脂肪,有助于在人体内形成一个健康的内部环境,从而进一步提高人们的自信心。而自我满意的身体状态可以对人们的生活工作等有重要的意义。相关调查表明,舞蹈活动对于人们的自知与自信有着积极作用,每一礼拜参加三次以上的舞蹈活动能够明显提高人们对自己身体的充分认识。

2. 舞蹈对于人们身体健康的影响

"生命在于运动"这句话充分印证了舞蹈锻炼对于人们身体健康的重要性。舞蹈锻炼在改善人体形态的同时,还可以进一步改善人们身体的机能,保持身体的健康。舞蹈运动能够有效地提高人们身体运动系统、呼吸系统、循环系统的功能,提高身体对环境的适应能力。

3. 舞蹈对人自我调节能力的影响

舞蹈运动可以充实人们的生活,消除现代人的空虚感,有效地提高人的自我调节能力。同时,人们还可以通过舞蹈表演等团体性活动,进一步提高自己的团体协作能力,在以后的生活、学习当中能更好地处理各种关系。

二、舞蹈治疗概述

舞蹈治疗(Dance Therapy)是表达性艺术治疗的一个分支,起源于 20 世纪 40 年代的美国,又称舞蹈/动作治疗(简称舞动治疗,Dance/Movemen Therapy,缩写 DMT),美国舞蹈治疗协会把它定义为"在心理治疗中通过运用舞蹈动作,以达到促进个体情绪和身体整合的目的"。作为医学、心理学、艺术学等学科相交叉的产物,舞蹈治疗弥补了传统谈话心理疗法的不足,使患者通过动作这一非语言的方式实现情感自我、精神自我和认知自我与环境的整合。

(一) 舞蹈治疗的两个基本理念

1. 人的身体和心智(mind)是紧密联系的

人的心智问题会在身体上反映为肌肉紧张和一些在强迫或约束下产生的动作模式。因而从身体的动作表面,我们能够看出一个人的内心状态。譬如,一个人紧缩着肩膀、弯曲着身子,这样的身体特征即显示着这个人正无意识地用身体把自己隐藏于世界之外。

反过来,人的身体状态也会对人的心智产生积极或消极的影响。所以,身心的整合才能有益健康;身心的分离必然导致某种疾病的产生。舞蹈治疗的目的,就是寻求人身心的和谐。

2. 创造(力)能够促进人的心理健康

这里所指的创造力,并非伟大人物特有的天赋或才能,而是每个普通人都具有的普通创造能力。从社会学的角度来看,这种普通的创造能力极其重要,它能使人获得满足,给人提供一种对自己和生活的积极态度。在舞蹈治疗中,接受舞蹈治疗的个体即是通过舞蹈动作中的创造活动,来获得自我满足感,建立信心并培养对自我价值的认识。

(二)舞蹈治疗的疗效

舞蹈治疗的过程通常取决于患者所患的疾病和治疗类型。患者在治疗前需向治疗师进行相关咨询,并就治疗目标、治疗期限、治疗性质等问题达成一致。一般认为,舞蹈治疗在心理和生理方面的作用主要体现在:促进患者的重新社会化和融合;使患者通过非语言的创造性方式表达情感;使患者的自我和身体意识趋于完整,提高其自尊心;增加患者的肌肉协调性以及释放动作能力和张力,使患者放松而获得快乐。

三、舞蹈治疗的原理

当你快乐的时候,你会情不自禁地拍起手来;当你生气却又无法发泄的时候,你会不自觉地紧握拳头;人们内心深处的生气、开心、悲哀、疑惑等情感都会不自觉地表现在肢体动作上。相信每个人都有这种经验,我们发现周遭朋友的情绪状态并不是因为语言,而是通过这个人的行为动作判断出来的。舞蹈治疗就是通过这一原理,尝试从身体动作表现去判断了解患者的内心情感和困扰,进一步从身体表达的角度去调适、面对,进而处理情绪困扰,引导情绪到正常健康的轨道上,然后再以健康、冷静的情绪重新面对、解决这一问题,最终再度重塑完整的身心健康。这就是舞蹈治疗的根本原理,这个身与心的交流过程就是舞蹈治疗的基本模式。

从日常角度来看,有些人为了舒缓压力会去上瑜伽课、有氧舞蹈课,上完课后就能感受到内在压力得到了释放;有些人在上完即兴舞蹈课以后,动作经验得到了发展,对自身肢体能力也有了更深一层的认识,这些方式都属于舞蹈治疗的范围。去体验动作所带来的身体感受,是舞蹈治疗的原则之一。简单地说,就是促使身体与心灵、思想对话,借由身体动作的变化和发展,促进身心统一。

四、舞蹈治疗的具体实施

舞蹈治疗的基本目标包括帮助患者发展身体意象,获得自尊,增进对自己生理状态、心理状态、情感和身体的紧张性的了解。舞蹈作为一种肢体语言,不仅带给人们刺激,兴奋感,而且在舞蹈活动的想象力上,留下一个强烈的意象,可以促进健康,并且有助于抒发情绪,让我们认识环境,认知人类情感。

(一)认识身体的发展,了解可被层层剖析的个体

人类个体好比是一个多层的洋葱,被诸多的心理因素包裹着。舞蹈治疗方法是能让这害怕一无所有的洋葱个体,以调节呼吸的方法,作最佳的松弛,以放松自己。

1. 简单的互动

进行舞蹈治疗活动时,主要先应用简单的运动,让参与者放松,使他能跨出第一步——接受别人,如手牵手,从容易的开始,让他感到舒适安全感。进行活动时要注意到不要有伤害性或暴力性的动作,以免发生危险性。在治疗活动过程中,也可使用道具:例如戴面具进行活动,可使病人尽情地、毫无顾虑地将感情发泄出来;或者共同握着一条带子,借着与他人牵手或共同互动的感觉去体会他人的力量,彼此建立互信的关系,让他知道这么多人在帮助他。

2. 身体的充分活动、舒展

如摇动、伸展、旋转、轻拍、按摩均是开始治疗进行的重要活动,这个活动最好是像游戏一般的有欢乐,笑声,尽量减少紧张,若是很严肃的进行,反而更紧张。摇动和伸展比较适合先做,一开始不必全身动,只需局部动作,再慢慢地扩展活动范围,逐渐地发现自己不太灵活的地方,多做调整、放松。

3. 活动的设计

即使同一个主题,也要常换表现方式,才不会令人生厌。如轻拍身体的活动,可轻拍身体各部分或两人互拍,或随音乐边走边拍;节奏的运用,可从拍手或脚踏开始,再依力量、时间及空间做不同的变化。

(二)舞蹈治疗的进行方式

舞蹈治疗的进行,可分为团体活动与个别活动两种方式,团体活动的方式适合于一般人或症状较轻微的精神病患或已习惯团体活动方式的病患,而个别活动就须针对个案特别的状况或需要,另外安排单独的时间与不受干扰的空间,一对一与其进行活动,虽然两者带领的方式不尽相同,但重要的原则与步骤是相同的。

1. 认识身体的律动

观察个体的动作并记录或感受是进行治疗时的第一步,也是建立治疗师与个案之间关系的重要时刻,因此了解动作的基本原则非常重要,动作的原则可分为四个方面。

(1)移动的部分:身体整体的移动或各部位独立移动或搭配一起移动。

(2)移动的位置:空间的移转分为个人空间与外在空间,其中包括高低层次、方向改变、空间转移如伸展、收缩、直线、扭曲等。

(3)移动的方式:包括动作的速度与力度,有轻重缓急快慢强弱等不同的方式。

(4)动作的对象:彼此动作的关系互动成为一种行为语言,会产生对谈的关系。

2. 安排活动

安排活动内容,最主要是要从病人给予的各种反应或是其他信息进行判断与安排,活动的内容常需因应个案不断的发展去变化,实时作调整与引导,不能用固定的课题进度去要求案主跟随,这与一般的舞蹈课程上课方式与要求是不同的,故而治疗师的观察

力在活动过程中必须发挥最大的功能。

3. 动作的主题及连续性的发展

大部分的情况是不太可能照预定的计划来进行。在暖身准备阶段所发现的主题通常才是活动继续的内容依据,基本上可依下列步骤循序渐进。

(1) 身体探索:引导成员对自身的自由探索、碰触。

(2) 深入探索:用不同的方式,如经过、停留、贴合、分开、抚摸、捶击等方式引导成员做进一步的身体探索。

(3) 加入与他人的关系:假如引导成员与其他人配合,不仅要注意每个成员,也要注意彼此间配合的发展。

(4) 加强感知:引导成员去感受特定的身体感官,并将注意力放在这个感知的发展与伙伴互动反应。

(5) 在空间上变化:加入高低层次、距离远近、或与物体发生亲密或疏离关联等条件加入活动中。

(6) 加入音乐:音乐是一项很好的提升心灵成长方式,在舞蹈治疗中音乐背景的配合下,会有双管齐下的效果。

此发展有如一场精湛的舞蹈表演,运用空间、音乐、队形以及舞蹈姿势的动与静、力与美,让病人仿佛置身于国家剧院下安心、热衷地展现自己的每一面,不论是心灵深处或是表面的肢体动作上。

4. 治疗中常用的方法

舞蹈治疗是配合活动成员个别的生活经验,将许多动作原则加以变化应用,虽然每个人的问题或多或少都有相似的地方,但每个人反映出来的特质不同,不能用单一的方式相同对待之,治疗师在处理个人问题时,需仔细观察,先了解案主的感受与想法,才能建立彼此的关心与信任,有了这样一层的紧密关系后,治疗活动才能进一步发挥效果。一般常用的方法如下。

(1) 游戏:它能使人放松心态,提高创造性。

(2) 对空间的觉察:治疗师要很正确地观察参与者的个人空间,也要让参与者了解自己的空间和空间的关系。

(3) 使用道具辅助:治疗中可以使用一些道具来强调环境中的真实性,一些实物的安排可以使参与治疗的成员更清楚地唤醒内在的记忆。

(4) 创造性的发泄:通常有些人会害怕把自己的情绪发泄出来,怕一发不可收拾,在面对生活压力时,要费很大的力气才能去面对,而创造性的发泄在此时可以提供某种程度上的发泄渠道,帮助个案调整自己好的或不好的行为,例如往墙上丢球、重打拳击袋或把泥塑摔碎等方式,既可发泄情绪又不会伤害别人,通常有这样困扰的案主在活动过后就会更清楚这些负面情绪的来源与感觉他的存在并将之清除出来。

(5) 戏剧情节的想象:有些情况可以把幻想用戏剧的方式来表现,治疗师不仅要注意案主对故事的看法与感受,也要注意他对实际环境的知觉,适时给予支持或提醒,让他不断在幻想与现实环境中交叉体会,促成他对自身感觉产生更具体的经验。

(6) 身体知觉的练习:对于一些对身体形象不是很清楚的人或不敢有身体接触的人来说,身体知觉的练习是最根本、必要的,这样的练习可以培养他的专注力与持久力。但有时候个案本身的幻想太过强烈,无法让他对自己身体有直接的关注,甚至逃避这样的关注,这时候,借用其他物品来作为辅助的工具,例如用弹琴的方式来引导其对手指的关注,便可以去除他无法对手指关注的障碍,此后循序渐进回到最初关注的焦点课题上。

第三节　音乐艺术和音乐治疗

音乐是人们抒发感情、表现感情、寄托感情的艺术,不论是唱、奏或听,都与人们千丝万缕的情感相关联。音乐是对人类感情的模拟和升华。人们可以从音乐审美中,体会到情感的抒发和感受,获得感悟和力量。

一、音乐治疗概述

(一) 音乐治疗的定义

音乐治疗(Music Therapy)又称为音乐疗法,简单地说就是运用一切音乐活动的各种形式,包括听、唱、演奏、律动等各种手段对人进行刺激与催眠并用声音激发身体反应,使人恢复健康的治疗方式。世界音乐治疗联盟给出如下定义:

音乐治疗是指具有资格的音乐治疗师使用音乐和/或音乐元素(声音、节奏、旋律与和弦),通过一个有计划的过程推动和促进交流、联系、学习、迁移、表达、组织及其他相关的目标,从而满足来访者或团体在躯体、情绪、心理、社会和认知方面的需要。音乐治疗的目的是发展个体潜能和/或复原功能,从而使他拥有更好的自我与人际关系,并经由预防、康复、治疗获得更好的生活质量。

(二) 当前音乐治疗的主要方法

当前音乐治疗的主要方法有聆听法、主动法、即兴法以及其他方法。聆听法,又称接受式音乐治疗(Receptive Music Therapy),即通过聆听特定的音乐以调整人们的身心,达到祛病健身的目的。聆听法大致包括:超觉静坐法、聆听讨论法和音乐想象法。

主动法,又称参与式音乐治疗(Recreative Music Therapy),即引导病人直接参加到音乐活动中,以得到行为的改善。主动法主要有以下几种方法:工娱疗法,参与性音乐疗法,儿童音乐治疗。

即兴法,又叫即兴演奏式音乐治疗(Improvisational Music Therapy)。由治疗师引导病人随心所欲地演奏。集体的即兴演奏可以帮助病人学习适应社会和改善人际关系。具体的方法主要有:音乐心理剧,奥尔夫的即兴创作法,即兴创作评估。

其他方法大致有按照中医的阴阳五行理论,将五音与五行、五脏对应编制出音乐磁带用于治疗的五行五音疗法,以及将音乐与电疗和针灸治疗相结合的极具中国特色的音乐电疗等等。音乐电疗法,在单纯音乐疗法的基础上,把音乐信号转换成电流,用音乐转换成的与音乐同步的低、中频电流,通过穴位和经络作用于人体,以达到治疗的目的。实践表明,这种中西医结合的现代疗法,对神经衰弱、高血压、神经官能症、冠心病等疾病都能有较好的疗效。

二、情绪、音乐、健康及音乐治疗的机制

(一) 情绪与音乐

人们在听音乐的时候会体验到一些情绪的反应,如忧伤、愉快、兴奋、平静等等。那么音乐与情绪又有什么关系呢?传统的观点认为音乐是有组织的乐音。音乐情绪是音乐欣赏者内心产生的情绪体验。不同的旋律、节奏、速度、力度以及和声的作用下产生了不同的音乐情绪。当机体处于音乐情绪状态中时,生理唤醒水平下降,紧张状态得到缓解,生理状态处于相对接近内稳态的水平。这正是音乐情绪的生物适应性功能所在。音乐情绪反应尽管千变万化,可是他的基本机制却十分简单,生理水平的进展——运动松弛的变化。这一简单运动变化的模式以无限丰富的形式把人的感觉、注意和意识纳入轨道,从而起到缓解紧张状态的作用。

(二) 情绪与健康

音乐与情绪有着天然的联系,而情绪对健康有着巨大的作用,这是人们生活的基本常识,也早已被现代科学所证实。自主神经系统和情绪变化有着密切而直接的联系。在大脑皮质和自主神经中枢的控制下,自主神经系统主要管理各种器官的平滑肌、心肌、腺体和内脏器官的活动,调节机体的新陈代谢。较持久的情绪激动会造成自主神经系统功能紊乱,所以控制情绪激动对健康有益。

各种情绪体验对人类生存具有非常重要的适应性价值,积极的情绪体验会引发积极的行为,从而获得对自身更有意义的生活条件和环境,而消极的情绪体验会促使个体应对或回避有害的情景,具有自我保护的重要功能。

(三) 音乐治疗的机制

尽管对音乐治疗的机制研究还比较薄弱,但是许多研究报告还是能说明一些问题。综合国内外的研究和一些生理实验报告,音乐治疗机制大体可概括为以下几个方面。

(1) 音乐刺激能影响大脑某些递质如乙酰胆碱和去甲肾上腺素的释放,从而改善大脑皮层功能。

(2) 音乐能直接作用于下丘脑和边缘系统等人脑主管情绪的中枢,能对人的情绪进行调节。

(3) 情绪活动的中枢下丘脑、边缘系统及脑干网状结构与植物神经系统密切相关,也是人体内脏器官和内分泌腺体活动的控制者,因而情绪的紧张状态能直接导致某些内脏器官的病变。音乐能调节人的情绪,所以也就能帮助治疗某些心身疾病。

(4) 大脑听觉中枢与痛觉中枢同在大脑颞叶,音乐刺激听觉中枢对疼痛有交互抑制

作用,同时音乐还能提高垂体脑啡吠的浓度,而脑啡吠能抑制疼痛,所以音乐有镇痛作用。

(5) 音乐能改善大脑功能,协调大脑左右半球,从而促进人的智力发展,所以常被应用于儿童的早期智力开发;音乐能改善智力障碍儿童的能力,所以音乐广泛地应用于特殊教育。

(6) 心理学研究显示,音乐能影响人格,情感培养对人格成长至关重要,而音乐包容了人的情感的各个方面,所以能有效地铸造人格;音乐能超越意识直接作用于潜意识,因而在心理治疗中有特殊功效;音乐活动是相对有序的行为,有助于协调身心及建立和谐的人际关系,因此被广泛应用于行为治疗。

三、音乐治疗的应用

(一) 调整亚健康状态、缓解心身疾病

处于亚健康状态或有心身疾患的人往往希望找到一种既有效、便宜,又无副作用,简便易行的调整或治疗方法,而音乐疗法在国外已被作为医院临床非药物疗法之一用于调整亚健康,辅助治疗头疼、手术疼痛、睡眠障碍、胃肠植物神经紊乱、心血管综合征、高血压、免疫性疾病、皮肤病、抑郁及焦虑等等。有关研究已证实,音乐疗法具有使血压降低、脉搏减缓、皮肤温度上升、皮肤电阻增高、使人身心进入放松和舒畅状态的作用。北京中日友好医院已结合我国实际情况,将音乐疗法用于亚健康及其他心身疾病的临床治疗,并取得了可喜的进展。

心身疾病,是指那些主要地或完全地由心理—社会因素引起,与情绪有关而主要呈现为身体症状的躯体疾病。这些疾病通常都有形态上的基础,即在生理机能或组织结构上有具体而明确的损害。心身疾病既不同于单纯躯体疾病,又不同于心理疾病。音乐治疗对由紧张情绪(即应激反应)造成的心身疾病,如消化性溃疡、溃疡性结肠炎等,可以通过音乐放松以缓解紧张情绪、恢复交感神经和副交感神经系统的平衡,进而由心理到生理恢复人的内稳态。

(二) 音乐治疗的养生作用

从物理学角度分析,是声波对人体的影响。声波使机体各器官的振动系统产生有益的共振,而实现机体各种频率节奏上的协调平衡,从而促使人的机体保持健康。从化学角度分析,当声波进入大脑时,可激发神经的兴奋部位,并通过神经体液的调节,促进那些有碍于健康的酶、激素等活性物质的分泌,从而改善神经系统、内分泌系统和消化系统的功能,而且还可改变人的精神状态,以达到健康的目的。音乐中旋律的刚劲与柔美,节奏与节拍的长短与轻重,速度的快与慢,力度的强与弱,音区的高与低等方面的不同,分别表现为镇静作用、镇痛作用、降压作用、情绪调节作用等不同的治疗效果。

1. 镇静作用

平稳柔美的音乐,能调节人的心律和呼吸,可使人消除精神紧张,起到松弛和催眠的

作用。例如在术前让患者听轻松的音乐,可以消除紧张感,减轻恐惧不安的情绪。据日本的报道,术中戴耳机听音乐也具有镇静的效果。又如神经衰弱和失眠的患者,听平稳、柔美的音乐,可以消除烦躁不安情绪,安静入睡。在哮喘病房里播放具有镇静性的音乐,配合药物治疗,效果比单纯服用药物更好。

2. 镇痛作用

活跃、欢快雄壮、激情的音乐对疼痛具有良好的抑制作用,并能提高麻醉的效果。这是由于恐惧、焦虑等情绪会使痛阈降低,愉快、兴奋的情绪可使痛阈升高的缘故。英国剑桥大学口腔治疗室就曾用音乐来代替麻醉剂,成功地为200多个患者拔掉病牙。

3. 降压作用

由于音乐有利于消除精神紧张和烦躁不安感,它对心血管系统有良好的反射作用,促使血管舒张,紧张度降低,从而使血压下降以及改善心脑供血状况。在候诊室里播放抒情、柔美的音乐,可减轻患者的精神紧张,防止血压升高。

4. 调节情绪作用

音乐能使人的情绪产生变化,它可使淡漠的情绪变为积极,相反也可使积极的情绪变为淡漠。例如明快、活跃的音乐能使人心情愉快、精神开朗;抒情、优美的音乐会令人心情舒畅,心胸开阔;激情兴奋的音乐能振奋精神,鼓舞斗志;平稳、柔和的音乐则可使人情绪安静,心平气和等等。

此外音乐还有调节人体各系统生理功能的作用,例如对呼吸系统、循环系统、内分泌系统、消化系统、精神神经系统等具有良好的调节作用。

第四节 其他形式的艺术治疗

每个人总有一些潜藏于内心无法以言语表达的情绪,如压抑的情感或冲突的感觉,这些情绪若没有得到适当的宣泄,就如同水库到达满水位不进行泄洪,终将溃堤。除了通过舞蹈、音乐艺术来转化情绪出口,人们还可以通过文学、戏剧、书法、绘画等艺术形式纾解压力,达到非语言的沟通互动,并经由艺术与心灵的对话,完成自我探索、自我发现及自我成长的目的。

一、文学与文学治疗

在"文学心理治疗"这一概念中,"治疗"一词与创作、阅读、朗诵、口述表演等文学活动几乎同义,同时它另外包含了"针对某种心身问题而专门进行有目的的矫治工作"的语义。就广义的文学心理治疗而言,它还具有促进身心健康,提高心理素质,塑造人格,怡情逸志等功能。

(一)阅读治疗

阅读治疗作为欣赏型文学治疗的一种类型,是指通过读书活动来调节情绪或治疗心理障碍的一种心理治疗方法。阅读的材料可以是心理、卫生、医学科普书籍,也可以是散文、诗歌、小说等促进心理健康的文学作品。阅读治疗的关键在于选好作品。阅读作品实质上是阅读者与作者的一次对话,作品中的人物,情节,观点与思想内容既可能对读者产生良好的治疗作用,也可能带来某种消极影响甚至精神污染。因此,严格意义上的阅读治疗是指在专业心理医生指导下的有针对性的阅读活动。

(二)戏剧治疗

真实的生活里,我们常常没有机会和时间或甚至没有能力,将自己内心深处的感觉表达或释放出来。在心理剧当中,经由导演的引导,借角色扮演的过程将自己内在的抽象感受更具体表达出来。又或者借由戏剧产生的共鸣,透过一种不自觉的参与方式,来抒发情绪及统整自我。心理剧的历程就是把我们成长过程中一些重要的发展经验浓缩再现,借此整理我们的人生经历,并从当中发现内在丰富的资源。

二、美术、书画治疗

美术包括绘画、雕塑、书法等纯美术和工艺美术。美术治疗是指利用绘画、书法、雕塑、摄影等表现性艺术手法,抒发和投射个人内心压抑的情感,展现个人的成就和价值,并将个人的意志和注意力集中于活动的情景之中,从而减轻心理困扰和心理疾病的一种心理治疗方法。

(一)美术治疗

美术治疗提供学员想象、涂鸦的空间,体验不同美术媒介,借由艺术作品的创作与分享,在潜移默化中完成自我整合,进而更加认识自己。美术治疗的过程是一个操作性和参与性都很强的活动,可以促进感知觉和注意力的统合,促进动手能力的发展。接受美术治疗的来访者无须具备美术经验或技巧,实施美术治疗的主要目的在于促使来访者在一个安全、自由的环境中,通过运用美术材料实现其自身的改变和成长。

(二)书画治疗

中国书画以其独特的表现形式和深厚的艺术内涵在世界的造型艺术中占有重要的地位。书画是中国三大国粹之一,是人类、人生的轨迹和记录。

习作和欣赏书画无疑使人精神愉快,调节了心理。好的书画应做到内容与形式的完美统一,才能相得益彰。人们可以从修身养性的名言、警句、诗文、书画中汲取精神食粮。此外,研习书画还可以求德、修德,使人心理上具有高尚情操,乐于助人,与人和睦相处。在获得内心温暖的同时,也调节了情绪,缓解了焦虑,从而有助于提高免疫力,所谓"德高者长寿"由此而来。

生命在于运动,灵魂在于创造。书法除了挥毫运笔运动全身各个部位之外,精神也得到了很好的调理。陈毅元帅讲过"书法系艺术劳动,亦系体育劳动"。现代医学家研究表明,练习书法具有调节人身、心两方面健康的作用。生理上能使呼吸频率减慢、心律转缓并趋向平稳、降低血压、扩张血管等作用。心理上能增强注意力,稳定情绪,使人们心情愉悦,忘记烦恼,减少精神紧张和焦躁的情绪。

同样是书画,但不同的书画可能有不同的心理效应。不少心理学家对书写不同字体所产生的心理效应做过研究,证明长期练习某种字体的书写可能会对人的性格和情绪情感产生潜移默化的作用。

第三章

常见病防治

○ 健康是一，事业、财富、幸福、爱情等都是后面的零。

人们在日常生活中常会遇到一些疾病的发生,掌握这些常见病的防治知识,及时处理,往往可避免发生严重后果,同时可避免滥用药物而导致的不良反应,为下一步规范治疗提供好的条件。

第一节　内科常见病

一、上呼吸道感染

上呼吸道感染是指鼻、咽、喉部由致病微生物直接引起的病变,简称为"上感",又称手传播感冒。

(一) 病因

本病80%～90%是由病毒引起的,部分由细菌所致,一年四季均有发病,而以冬、春季气候剧变时较多。当体弱、有慢性鼻旁窦炎或扁桃体炎、受凉、淋雨、过度疲劳时,容易诱发本病。

(二) 临床表现

起病较急,有打喷嚏、鼻塞、流涕、咽部干燥和疼痛、声嘶、口唇起疱疹、头痛、全身肌肉酸痛等症状。若伴有细菌感染时,则会畏寒、高热(体温达39℃以上),咽痛明显,咽部及扁桃体充血,表面可有黄白色点状脓性渗出物。颈部、颌下淋巴结可肿大和压痛。

(三) 治疗

全身症状明显者应卧床休息,半流质饮食。头痛发热者可用解热镇痛药,如扑热息痛片、布洛芬等。咽痛者可口含薄荷片或碘喉片,淡盐水漱口。流涕及鼻塞严重者可用扑尔敏或1%麻黄素、鼻眼净滴鼻。可酌情用抗生素治疗。

(四) 预防

坚持体育锻炼,以增强身体抗病能力和对寒冷的适应能力。室内空气流通,避免受凉、淋雨、熬夜及过度疲劳等,注意手的卫生,不用脏手揉眼鼻。

二、急性支气管炎

(一) 临床表现

起病往往先有上呼吸道感染的症状,继之出现咳嗽,初期常为刺激性干咳,继之咳出白色黏液痰,随后咳出黄脓痰,咳嗽可延长数周。

(二) 防治

除预防上感的措施外,积极治疗上呼吸道感染,防止病原体向下侵犯支气管为一良策;对于慢性扁桃体炎、慢性咽炎、慢性鼻窦炎要积极治疗;改善环境卫生、防止大气污染;不吸烟、不饮酒;对过敏引起者,要寻找过敏原,并加以去除,避免再次接触。

三、急性胃肠炎

急性胃肠炎是指痢疾、霍乱、伤寒以外的各种致病菌(包括细菌和病毒)引起的急性胃肠道的感染。好发于夏、秋季。

(一) 病因

急性胃肠炎多数是进食被细菌或细菌毒素所污染的食物、瓜果或水而引起的。其致病菌主要是沙门氏菌属及嗜盐菌。毒素主要是金黄色葡萄球菌毒素,偶见肉毒杆菌毒素。

(二) 临床表现

起病急,症状轻重不一,开始时上腹不适或疼痛,继而出现恶心、呕吐和腹泻,呕吐物最初是胃内的食物残渣,继之可吐出黄绿色胆汁。大便呈水样,深黄或黄绿色,含有不消化的食物,腹泻严重时可有发热、脱水或出现休克,肠鸣音亢进。

(三) 治疗

急性胃肠炎患者应卧床休息,保暖。呕吐或腹泻严重时,应禁食,给予静脉补液,并使用抗生素或磺胺类药物。症状较轻者,宜进食流质或半流质食物,可多喝一些糖盐水并酌情进行对症治疗。

(四) 预防

主要是注意饮食卫生,不吃不洁或疑似被污染的食物,不吃腐败变质或超过保质期的食物,不吃半生不熟的鱼虾或各种肉类。平时要注意食具的消毒,养成良好的卫生习惯,如饭前便后用流水、肥皂洗手。

四、泌尿道感染

(一) 临床表现

女性多见,主要为尿频、尿急(好像控制不住)、尿痛、尿道口有灼烧感,查尿可见较多白细胞或脓细胞。

(二) 治疗

多饮水以增加尿量,促进炎性渗出物的排出,选用有效抗菌药物,如治疗恰当,24 h病情明显好转,2～3天内症状即可消失,疗程一般为1周左右。必要时可适当延长,直到症状缓解,尿检查等恢复正常后再维持2～3天,以免转为慢性。

五、泌尿系结石

泌尿系结石是指肾脏、输尿管、膀胱、尿道等部位结石的总称。但多数结石原发于肾脏和膀胱。

(一) 病因

病因复杂,如营养不良、代谢障碍、泌尿道感染、尿道梗阻致使尿液郁积、异物等。长期卧床的人也易患泌尿系结石。

(二) 临床表现

由于结石的大小、形状及部位的不同,其表现的症状也各异。小的结石可自行从尿中排出,大的不移动的结石可无临床症状。在肾盂或输尿管的结石,易引起肾盂输尿管联合部或输尿管梗阻,在肾区或侧腹部可出现严重的刀割样绞痛,且沿输尿管行径向会阴部放射,病人呻吟不安,甚至出现面色苍白、大汗淋漓、血尿等。膀胱结石、尿道结石可出现排尿痛、排尿中断、尿频和终末血尿。经X光照片、B型超声波检查、肾盂造影或膀胱镜等检查能确诊。

(三) 治疗

应根据病情采取不同的方法治疗。如剧烈疼痛可用解痉止痛药,合并尿路感染应用抗生素或服用中草药。经药物治疗无效者,可行手术治疗或体外碎石术。

(四) 预防

结石预防胜于治疗,患过结石者更应注意预防。因结石容易复发,为防止结石的形成,平时宜多饮水,适量限制动物蛋白、少吃含草酸和钙多的饮食,如菠菜、豆类和海带等。同时应积极治疗尿路感染、前列腺肥大等病,以免诱发结石的形成。

 第二节　外科常见病

一、急性阑尾炎

(一) 临床表现

腹痛特点常为转移性右下腹痛。约 70%～80% 的患者开始时为上腹部或脐周疼痛,数小时后转移并固定于右下腹部。常伴有胃肠道症状,早期体温正常或低热,当阑尾化脓或穿孔时有明显发热症状,重者出现化脓性腹膜炎的表现。体检右下腹有压痛和反跳痛,血象中白细胞(WBC)增高。

(二) 治疗

早发现,早治疗,急性单纯性阑尾炎早期以抗生素治疗为主,晚之则手术切除。

二、痔疮

男性多见,痔疮分内痔、外痔、混合痔三种。

(一) 临床表现

内痔以出血多见。外痔合并感染时疼痛明显。混合痔兼有内外痔的表现。

(二) 预防

多饮水,多吃青菜水果,养成每日大便的习惯,防止便秘及排便时间过长。有条件时每日可做 1～2 次提肛运动。

(三) 治疗

(1) 非手术疗法:可内服化痔丸和外用化痔膏。
(2) 手术疗法:方法很多,要选择正规的医院。

三、疖、痈

（一）临床表现

皮肤表面单个毛囊发炎为疖，多个毛囊发炎为痈。皮肤局部有隆起，有的出现黄白色脓点，伴红肿热痛。

（二）治疗

早期热敷、鱼石脂软膏包扎，脓肿形成即切开排脓。

（三）预防

注意皮肤卫生，不要用脏手骚抓皮肤。

四、慢性前列腺炎

慢性前列腺炎情况较为复杂，少数是由于急性前列腺炎未能彻底治愈迁延而来，绝大多数病人则未曾经历过明确的急性阶段。

（一）病因

慢性前列腺炎的致病微生物主要是细菌，其次有病毒、支原体、衣原体以及其他致敏原等。性欲过旺，前列腺充血，下尿路梗阻，会阴部压迫、损伤，邻近器官炎症病变波及前列腺以及全身抵抗力下降等等，都可能是造成慢性前列腺炎的原因，甚至病人的精神状态也是影响症状轻重的一个因素。总之，慢性前列腺炎病因复杂，很可能不同时期存在着不同的病因，或在同一时期存在一个以上的致病因素，以致造成经久不愈。

（二）临床表现

不同病人症状表现相差很大，实验室检查结果与病人自觉症状不完全一致，一些病人症状显著，但前列腺触诊、前列腺液检查可无特殊发现或改变轻微，而另一些病人前列腺液有大量脓细胞，前列腺质地变硬，却可全无症状。因此，症状的轻重可能还和病人的精神因素有一定关系。常见症状如下。

1. 疼痛

后尿道可有烧灼感、蚁行感，会阴部、肛门部疼痛可放射至腰骶部、腹股沟、耻骨上区、阴茎、睾丸等，偶可向腹部放射。

2. 泌尿系症状

炎症累及尿道，病人可有轻度尿频、尿急、尿痛，个别病人尚可出现终末血尿，清晨排尿之前或大便时尿道口可有黏液或脓性分泌物排出，严重者可致尿失禁、尿潴留，后期可致肾积水、酸中毒、肾衰等。

3. 性功能障碍

可有性欲减退、阳痿、早泄、射精痛、遗精次数增多等，个别病人有血精或因输精管炎症而使精子活动力减退，导致不育。

4. 神经衰弱症状

由于病人对本病缺乏正确理解或久治不愈，可有心情忧郁、乏力、失眠等。

5. 继发症状

由于细菌毒素引起的变态反应，可出现结膜炎、虹膜炎、关节炎、神经炎等。腺体增生导致膀胱颈部阻力增加，进而导致腹压增加，引起痔疮、脱肛、血便、疝、下肢静脉曲张等。

（三）诊断

对有上述其中一项或几项症状者，做直肠指诊常可发现前列腺较饱满、质软，仅有轻度压痛或无压痛，或因前列腺纤维化而变小、质韧、硬度不匀。前列腺液检查是目前诊断慢性前列腺炎简单也是最有用的方法。前列腺按摩后取前列腺液涂片行显微镜观察，如每高倍视野有10个以上的白细胞或脓细胞，卵磷脂小体数量减少，同时有上述症状即可诊断为慢性前列腺炎。

尿液和前列腺液分段定位培养用于慢性前列腺炎的诊断，也有一定价值。方法如下。

（1）清洗尿道外口，留尿10 mL，称为VB_1，代表尿道标本。

（2）排尿20 mL弃去，用第二支试管留尿10 mL，称为VB_2，代表膀胱标本。

（3）按摩前列腺，取前列腺液送培养，称为EPS。

（4）按摩后再行排尿10 mL，代表前列腺及后尿道标本。

慢性前列腺炎时前列腺液pH值增高、锌含量降低，对诊断也有一定帮助。

（四）治疗

（1）一般治疗：增强信心，消除思想顾虑，节制性欲，但不宜强制性禁欲。宜忌酒及刺激性食物，高锰酸钾稀释液或热水坐浴每晚1次，局部理疗，改变生活中明显的诱发因素，如避免长时间骑车等。

（2）前列腺按摩：每周1次，定期行前列腺按摩，可促使前列腺炎性分泌物的排出，同时还可进行前列腺液的常规检查，以评价治疗效果。

（3）药物灌注：经尿道插入特制的气囊尿管，向前列腺尿道部注入无菌生理盐水并抽吸数次，吸净脓性分泌物，再注入抗菌素，每周1次。

（4）尿道扩张：对尿道狭窄或不通畅者定期行尿道扩张以利排泄，且在探条通过尿道时，可拉长前列腺开口，有利于腺体引流。

（5）前列腺周围封闭。

（6）抗菌药物：一般的抗菌药物不易进入前列腺组织，这也是临床上治疗较为困难的原因之一。理想的抗菌药物需具备3个条件：①脂溶性、碱性药物；②和血浆蛋白结合少;③解离度高。目前临床上常用的有复方新诺明、多西环素、TMP、诺氟沙星、泌尿灵、红霉素、呋喃妥因等。上述药物可 2～3 种联合应用,或根据前列腺液细菌学培养及药物敏感试验结果选择性应用。

(7) 激素疗法.

(8) 中医中药辨证论治。

第三节　妇科常见病

一、痛经

月经前、后及行经期间,可有轻度下腹疼痛、坠胀、腰酸、乳房胀痛及乏力等感觉,属生理现象。如下腹及腰痛较剧,严重时伴有恶心、呕吐、四肢冷,影响正常工作及学习时,称痛经。痛经为妇科常见症状之一,尤其多见于未婚青年妇女。痛经分原发性和继发性两种。原发性痛经指生殖器官无明显器质性病变的痛经,常发生在月经初潮或初潮后不久,多见于未婚或未孕妇女。继发性痛经指生殖器官有器质性病变,如子宫内膜异位症、盆腔炎症等引起的痛经。

(一) 病因

1. 原发性痛经的原因

目前尚未完全明了。

初潮不久后即出现痛经,有时与精神因素密切相关,也可能由于子宫肌肉痉挛性收缩,导致子宫缺血而引起痛经。原发性痛经多见于子宫发育不良、宫颈口或子宫颈管狭窄、子宫过度屈曲,使经血流出不畅,造成经血潴留,从而刺激子宫收缩引起痛经。

月经期,子宫内膜呈片状脱落,内膜排出前子宫强烈收缩引起疼痛,排出后症状减轻,称膜性痛经。

原发性痛经多能在生育后缓解。原发性痛经的病理机制与子宫内膜的前列腺素有关。已测知痛经患者子宫内膜及血中前列腺素含量高于正常妇女。

2. 继发性痛经的原因

多见于生育后及中年妇女,由盆腔炎症、肿瘤或子宫内膜异位症引起。

子宫内膜异位症系子宫内膜组织生长于子宫腔以外,如子宫肌层、卵巢或盆腔内其他部位,同样有周期性改变及出血,月经期间因血不能外流而引起疼痛,并因与周围邻近组织器官黏连,而使痛经逐渐加重,内诊可发现子宫增大较硬,活动度较差,或在子宫直肠陷窝内扪及硬的不规则结节或包块,触痛明显。

(二) 治疗

通过病史及全身、局部检查,寻找可能引起痛经的病因后,可作如下处理。

1. 一般处理

进行必要的卫生常识宣教,消除焦虑、紧张和恐惧,解除精神负担,及时治疗全身慢性疾病。发育不良、体质虚弱者应设法纠正,适当进行体育锻炼,增强体质。经期避免剧烈运动和过度劳累,防止受寒,注意经期卫生。

2. 前列腺素合成酶抑制剂

为减少前列腺素的释放,可于经前3~5天口服消炎痛或乙酰水杨酸。

3. 针灸治疗

使用针灸疗法进行辅助治疗。

4. 性激素治疗

①抑制排卵:可试服避孕药Ⅰ或Ⅱ号,以抑制排卵,用法同避孕方法,可减轻症状。也可口服安宫黄体酮、炔诺酮或甲地孕酮,月经第5天开始服用,连服20~22天,共3个周期。子宫内膜异位症者及较年长者均可使用。

②雌激素:常用于子宫发育欠佳者。

③孕激素:治疗膜性痛经。通过补充孕激素,使与雌激素重新恢复平衡,月经期子宫内膜得以按正常情况以碎片状剥脱,减轻子宫因痉挛性收缩所造成的疼痛。

5. 止痛解痉

下腹置热水袋,酌服去痛片或颠茄合剂,必要时注射阿托品。最好不用或少用杜冷丁、吗啡等,以防成瘾。

6. 对症治疗

宫颈口小或颈管狭窄病人,月经前用宫颈扩张器,缓慢地按顺序扩至6~7号,使经血流出通畅,并能降低宫颈口周围交感神经纤维的感受能力而达到治疗痛经的目的,必要时可连续2~3个周期。子宫后倾后屈者,可试膝胸卧位,每天1~2次,每次10~15 min。

二、闭经

闭经指从未有过月经或月经周期已建立后又停止的现象。闭经按发生时间分原发性闭经及继发性闭经。女性如果超过18岁还没有月经,或未婚女青年有过正常月经,但已停经3个月以上,都叫闭经。前者叫原发性闭经,后者叫继发性闭经。

有些少女初潮距第二次月经间隔几个月,或一两年内月经都不规律,或两次月经间隔时间比较长,这些都不算闭经。这是因为她们的生殖器官还没有发育成熟、卵巢的功能还不完善,属于正常的生理现象。

一般女青年第二性征开始发育2年来月经。

(一) 病因

1. 原发性闭经的病因

1) 内外生殖器解剖异常

①处女膜闭锁：卵巢和第二性征发育正常。常在青春期发现有周期性腹痛，亦有因阴道宫腔积血而形成下腹包块，严重可引起尿频、尿潴留及便秘等压迫症状。

②先天性无阴道。

③先天性无子宫。

2) 内分泌异常

①甲状腺功能低下：青春期甲低，患者代谢缓慢，性腺成熟减慢，月经来潮延迟。早期甲低可合并性腺发育不全，预后不良。

②高催乳激素血症：可伴有溢乳，有垂体巨腺瘤或微腺瘤或空蝶鞍症，或垂体分泌催乳激素细胞增生所致。PRL 高使 GnRH 及 FSH 受抑制引起低雌激素而闭经，青春期发病则原发闭经。

3) 其他原因

①炎症：幼年脑炎后遗症，使下丘脑分泌受影响。或结核性腹膜炎、盆腔炎，引起子宫内膜结核，子宫内膜瘢痕，引起子宫性原发闭经。

②损伤：幼年恶性卵巢瘤手术切除子宫及双附件，尤其生殖细胞瘤，预后较好，可以存活，但为无子宫无卵巢的原发闭经。放射性治疗引起垂体及卵巢的损伤。

③营养性：营养极差，发育不良可引起闭经。

2. 继发性闭经的病因

女性月经来潮后有 3 个月或 3 个月以上未再行经，称为继发性闭经。正常女性月经是由下丘脑—垂体—卵巢所分泌的内分泌激素的正常调节而完成的，其中垂体促性腺激素在调节卵巢功能和维持月经周期方面起着主导作用。发生继发性闭经时，常伴有精神抑郁，烦躁易怒，腰膝酸软，头晕耳鸣，心悸气短，乏力等症状。

常见原因如下。

（1）营养缺乏。蛋白质、维生素的缺乏导致内分泌腺功能减弱，其中垂体合成和分泌促性腺激素的功能此时最易受到抑制，营养缺乏同时还削弱了靶器官对激素的反应，如子宫内膜对性激素的敏感性，而引起闭经。其主要原因是饮食不当，如偏食、挑食所导致的蛋白质、脂类、维生素摄入不足。

（2）患有某些疾病。妇科疾病、子宫内膜结核、多次刮宫后引起的宫腔黏连、多囊卵巢、卵巢早衰等；内分泌系统疾病，如闭经溢乳综合征、下丘脑垂体功能障碍；全身消耗性疾病，如严重贫血、结核病、肿瘤等，这些都有可能引起闭经。

（3）体重下降和神经性厌食。有些女性常常为了身材苗条而节食，骤然间大量减食，体重减轻，往往会造成闭经。由于内分泌调节失常，闭经时间过长，生殖器官便会发生萎缩，这将影响生育功能从而带来不应有的痛苦。医学上称这种闭经为体重减轻性闭经或减食性闭经。人的大脑内有下丘脑，其中存在着摄食中枢和饱食中枢。当人发生厌食或主观上强制性地要求减食时，大脑皮质就会发生强行抑制，长此以往，下丘脑的两个食欲中枢便会发生功能紊乱，引起人的体重减轻，进一步影响下丘脑的黄体生成素释放激素分泌中枢,使之分泌减少,进而使脑垂体分泌的促黄体生成素和促卵泡素也减少,因而发生闭经。这类闭经的患者,大约有一半可以通过消除发病诱因,恢复体重而康复,另有1/4患者可以用促排卵的药物得以治愈。还有少数病例比较顽固,治疗比较困难。总的来说,闭经时间越短,越早治疗,治愈机会就越多。

临床上还发现,有些长时间过分节食的女性即使恢复饮食,体重上升后还会闭经一两年时间,这是因为长期饥饿使脑垂体功能损伤后,一时不能恢复正常的分泌功能。

通常情况下,一个18岁左右女性的脂肪,至少要占体重的23%,这是她们将来能够怀孕、分娩及哺乳的最低脂肪水平,低于这个水平,就很容易造成原发性闭经,严重的会殃及未来的生育能力。

(4) 运动性闭经。年轻女运动员,在体育比赛或紧张的训练过程中出现的闭经,称为"运动性闭经"。往往是由于运动导致内分泌功能紊乱。无不适症状时不必进行治疗,解除紧张以后月经自会来潮。当有不适症状出现,并且紧张状态早已解除也不见月经来潮,就应积极治疗。

(5) 药物性闭经。可导致闭经的药物如下。

①避孕药:妇女服避孕药,特别是长效避孕药,因其能抑制子宫内膜的生长而使月经过少,甚至闭经。但这种现象一般是暂时性的,大部分妇女停药后可自动恢复月经。对原有月经过少、排卵稀少的未孕妇女不宜使用口服或肌注避孕药法避孕,而应采取其他方法避孕。

②降压镇静类药物:有萝芙木类如利血平,吩噻嗪类,氯丙嗪类等。

③肾上腺皮质类激素:如强的松可抑制促性腺激素的分泌,因而也常可引起闭经。

④某些中药:经前期、经期不宜使用过于寒凉、收涩之药,以防止引起闭经。

(6) 人流后闭经。有些未婚先孕的女性或是刚结婚的初孕妇女,施行人流术后发现自己月经渐渐减少,甚至闭经,有时伴有周期性的下腹痛等。这是由于不当的刮宫手术(包括无菌条件差,术者负压掌握不好和搔刮过度)损伤子宫颈或是子宫内膜的基底膜,造成子宫颈内口黏连或子宫壁部分黏连,继而导致闭经。这样,即使内膜周期性变化,因经血不能流出而潴留于宫腔内,形成周期性下腹痛。对过度萎缩的内膜,用人工周期治疗半年,可望恢复受孕能力,但往往再孕后易发生流产,早产等。因此如若没有物质和思想准备接受妊娠的新婚夫妇一定要事先避孕,以避免发生上述并发症。

(7) 精神应激性。本病多与精神过度紧张有关。如果闭经时间不长,可以回顾一下最近有无特殊情况,如精神刺激,过度紧张,劳累,环境变化,寒冷刺激,营养不良等。有的年轻女性在外出旅游,或紧张的工作学习中也可出现闭经。这些外界因素的变化有时抑制中枢神经系统功能,从而减少垂体促性腺激素的分泌而引发闭经。

(二) 检查

1. 子宫检查

(1) 宫腔镜检查

了解宫腔深度、宽度、形态有无畸形,有无黏连,取内膜检查有无病理改变。

(2) 腹腔镜检查

直视子宫及性腺外观,除外先天发育异常,必要时取卵巢活检。

(3) 子宫输卵管碘油造影

了解宫腔形态,有无畸形,输卵管是否通畅,除外结核病。

(4) 药物试验检查

孕激素和雌激素试验,观察子宫内膜有无反应。

2. 卵巢功能检查

(1) 阴道黏液结晶检查

了解雌激素水平。

(2) 宫颈黏液结晶检查

了解雌激素水平及有无孕激素影响。

(3) 基础体温测定

了解有无排卵及黄体功能。

(4) 雌孕激素水平测定

了解卵巢功能。

3. 垂体功能检查

(1) 测定血中 PSH、LH 含量

高于正常水平提示卵巢功能低下;低于正常水平表示垂体功能低下。

(2) 垂体兴奋试验

一般用药后 15~30 min,LH 值高于用药前的 2~4 倍,为垂体功能良好,如不升高或升高很少说明病变可能在垂体。

(3) 血中催乳素(PRL)测定

如 PRL<50 ug/mL,应进一步作 PRL 兴奋或抑制试验,以鉴别 PRL 的功能性分泌增多与垂体腺瘤。

(4) 蝶鞍 X 线片、核磁共振等检查

除外垂体肿瘤。

4. 染色体检查

除外性发育异常。

(三) 治疗

发现闭经,应及时去医院,查明病因,对症治疗。不可讳疾忌医。否则,闭经时间越长,子宫萎缩越厉害,治疗效果越差。青春期女性闭经能否治愈,取决于闭经的原因。原发性因素引起的闭经要针对病因治疗。对继发性闭经应根据病情给予适当的内分泌治疗(促排卵,雌、孕激素替代疗法)及中西医结合治疗。要去掉精神负担、加强锻炼、充满信心、积极配合治疗。但是有些闭经不能治愈,如天生无子宫、子宫太小或子宫内膜已经因病变受到破坏等原因引起的闭经。一般讲,闭经不能治愈的女性,将来不能生育。

1. 原发疾病

主要包括消耗性疾病,如重度肺结核、严重贫血、营养不良等;某些内分泌疾病,如"肥胖生殖无能性营养不良病"等;体内一些内分泌紊乱的影响,如肾上腺、甲状腺、胰腺功能紊乱等。这些原因的影响,都可能导致不来月经。但是这几种情况引起的闭经,只要疾病治好了,月经也就自然来潮。

2. 生殖道下段闭锁

如子宫颈、阴道、处女膜等处，有一部分女性出现先天性闭锁，或后天损伤造成黏连性闭锁，虽然有月经，但经血不能外流。这种情况称为隐性或假性闭经。生殖道下段闭锁，尽早治疗，是可以治愈的。

3. 生殖器官不健全或发育不良

有的人先天性无卵巢，或卵巢发育不良，或卵巢损坏，不能产生雌激素和孕激素，因此子宫内膜不能发生周期性的变化，不出现子宫内膜脱落，所以没有月经来潮。也有的人先天性无子宫，或子宫内膜发育不良，或子宫内膜损伤，即使卵巢功能健全，雌激素和孕激素的分泌正常，也不会来月经。

4. 结核性子宫内膜炎

这是由于结核菌侵入子宫内膜，使子宫内膜发炎并受到不同程度的破坏，最后出现瘢痕组织，而造成闭经。因此，患了结核性子宫内膜炎的患者，应该及时治疗，不可延误。

5. 脑垂体或下丘脑功能不正常

由下丘脑引起的闭经比较多见。脑垂体能分泌促性腺激素。促性腺激素有调节卵巢功能和维持月经的作用。如果脑垂体的功能失调，就会影响促性腺激素的分泌，进而影响卵巢的功能，卵巢功能不正常就会引起闭经。另外，下丘脑功能不正常也会引起闭经。引起下丘脑功能失调的原因很多，如精神刺激、悲伤忧虑、恐惧不安、紧张劳累，以及环境改变、寒冷刺激等。

（四）预防

做好计划生育工作，尽量减少宫腔手术能有效预防闭经。闭经与七情内伤关系密切，宜调节情志。正确处理产程，防止产时、产后大出血。一旦发生大出血，应及时输血抢救，防止出现席汉氏综合征，发生闭经。

月经是受下丘脑—垂体—卵巢轴的内分泌激素所控制的，该轴的任何一个环节出了问题都会影响月经的正常来潮。该轴线的功能受很多外在因素的影响，例如环境的变化，季节的转换，心情的变化等等，这些均可明显造成月经的不正常，以至闭经。

（五）闭经的饮食原则

引起闭经的原因很多，除查明原因，给予对症治疗外，也应遵循相应饮食原则。体质虚弱者应多食用些具有营养滋补和补血活血通络作用的食物，如鸡蛋、牛奶、大枣、桂圆、核桃、羊肉等；气滞血瘀的闭经患者可多食些具有行血化瘀之品，如生姜、大枣、红糖等，可将红糖煎水代茶饮，或口服红花酒等；极度消瘦的闭经者，应特别重视改变饮食习惯，消除拒食心理，加强营养的全面供给，改善身体的营养状况，使身体恢复到正常状况。总之，全面合理的营养对促进青春期女性的身体、生理发育，体质增强，防治闭经也会起到积极的作用。

卵巢早衰

停经

三、月经不调

月经不调泛指各种原因引起的月经改变,包括初潮年龄的提前和延后,周期、经期与经量、经色、经质的改变以及痛经、闭经、经前期紧张综合征等多种病症。是妇科病最常见的症状之一。

(一) 病因

1. 两大类病因

(1) 神经内分泌功能失调。主要由下丘脑—卵巢的功能不稳定或缺陷引起,即月经病。

(2) 器质性病变或药物。包括生殖器官局部的炎症、肿瘤及发育异常;颅内疾患;其他内分泌功能失调如甲状腺、肾上腺皮质功能异常,糖尿病,席汉氏病等;肝脏疾患;血液疾患等。

使用治疗精神病的药物,内分泌制剂或采用宫内节育器避孕者均可能发生月经不调。某些职业如长跑运动员容易产生闭经。此外,某些妊娠期异常出血也往往被误认为是月经不调。

临床上诊断神经内分泌功能失调性的月经病,必须要排除上述的各种器质性原因。

2. 不良的生活方式及习惯

许多女性发生月经失调后,只是考虑子宫发育不全、急慢性盆腔炎、子宫肌瘤等妇科疾病,而忽视了生活因素。其实,许多没有意识到的不良习惯,都可能是导致月经失调的原因。所以检查自己不良的生活方式及习惯很有必要。

(1) 压力:每天的工作节奏让某些女性月经规律改变,有时提前,有时推后,量也比以前增多。

在排除器质性病变的可能后,正值生育年龄的女性,如果长期处于压力下,会抑制脑下垂体的功能,使内分泌紊乱,卵巢不再分泌女性荷尔蒙及不排卵,月经的规律发生改变,导致月经紊乱。同样,长期的心情压抑或情绪不佳,也会影响到月经。

1) 缓解精神压力,可从事一些全身运动,如游泳,跑步,每周进行 1~2 次,每次 30 min。

2) 多食用一些有减压作用的菜肴,如香蕉、卷心菜、土豆、虾、巧克力、火腿、玉米、西红柿等。

(2) 贪凉:即使在冬天,也有女性穿得很单薄,或者吃冰激凌。女性经期受寒,易使盆腔内的血管收缩,导致卵巢功能紊乱,可引起月经量过少,甚至闭经。

1) 经期要防寒避湿,避免淋雨、涉水、喝冷饮等,尤其要防止下半身受凉,注意保暖。

2) 在食谱中添加大葱、豆类、南瓜、大蒜、生姜、栗子、橘子等食物;另外,醋、酱、植物油、辣椒、胡椒等调料及炖牛肉、鸡肉高汤等,都对这种情况引起的月经不调有一定作用。

(3) 电磁波:电脑、手机、商务通、DV 机、电炒锅、吸尘器⋯女性的生活被电器所包围。但女性的"好朋友"却不像这些电器一样听她指挥,而是时多时少,袭击的时间也没有规律,很是令人烦恼。

各种家用电器和电子设备在使用过程中会产生不同的电磁波,这些电磁波长期作用人体会对女性的内分泌和生殖机能产生影响,导致内分泌紊乱,月经失调。

1) 日常操作电脑时,要做好防护。

2) 在手机上装个免持听筒对话器是比较安全的选择。当然,最好不要长时间使用手机。

3) 少用微波炉,冰箱不宜放在卧室里。科学使用电器,尽量避免多种电器同时开启使用,持续使用时间不可过长,次数不宜过频。

4) 多吃一些胡萝卜、豆芽、西红柿、瘦肉、动物肝脏等富含维生素 A、维生素 C 和蛋白质的食物,常喝些绿茶,能有效预防和减轻电磁污染对人体的危害。

(4) 便秘:工作节奏快,午餐所吃的食物也大多是主食和肉类,水果、青菜很少,容易产生便秘。

便秘可引起女性月经紊乱。直肠内大便过度充盈后,子宫颈会被向前推移,子宫体则向后倾斜。如果长时间反复发生子宫后倾,阔韧带内的静脉就会受压而不畅通,子宫壁会发生充血,并失去弹性。若子宫长久保持在后倾位置,就会发生腰痛、月经紊乱。

1) 甜蜜药方:取麻油、蜂蜜各一匙,搅拌后服用,可滋润肠胃、促进肠胃蠕动。

2) 每日早起空腹喝一碗或两碗热菜汤,对治便秘有显著疗效。

3) 杜仲茶是便秘者的上好饮品,可解除便秘、减少脂肪。每天早晚或饭后喝柠檬汁,能增进肠胃消化,减肥并有软便功效。

4) 核桃、酸奶、青梅干都是润肠通便的食物;少食用咖啡和多吃香蕉也能起到促进排便的作用,但不宜过量。

(5) 滥用药:当感冒、咳嗽时,为了快点康复,有的人总是服很多药,有时还要医生打抗生素针剂。

研究发现滥用或经常大量使用抗生素,可致月经失调、不排卵、闭经,这可能是药物抑制和伤害了人自身的抵抗力,导致了机体功能障碍。

1) 良好的自身免疫力会帮助抵抗轻微的小病。

2) 不要随便给抗生素"升级"。因为病菌对其已产生了耐受力。因此,用药应询问医生,"升级"要慎重。

(6) 蹦迪:都市时尚生活的实践者,经常去蹦迪,乐此不疲。在震耳欲聋的音乐环境中时间待得长了,听力会下降,月经的周期也发生变化,间隔时长时短。因为噪声会导致女性机能紊乱,对月经和生育能力均有不良影响。尽量选择清静的地方聚会,减少对噪声的接触。

(7) 吸烟:经常吸烟的女性,因连续几个月的月经不调到医院诊治,医生开出的药方是:戒烟。烟草中的尼古丁能降低性激素的分泌量,从而干扰与月经有关的生理过程,引起月经不调。每天吸烟 1 包以上的女性,月经不调者是不吸烟妇女的 3 倍。

1) 改变不良生活习惯,戒烟。

2) 适量补充维生素 C。维生素 C 能够减轻吸烟对身体的危害,可服用一些药片,或多吃橘子、橙子、猕猴桃等水果。

(二) 月经不调治疗的注意事项

(1) 养成运动习惯,运动可以增强体力,促进血液循环,并可减少服药时间。

(2) 在水上活动或一般运动后,擦干身体着衣,勿贪凉吹风;若不慎淋雨应尽快吹干头发及换衣保暖;月经期间应避免水上活动。

(3) 日常作息要规律,不要熬夜,以免影响生理节律及内分泌协调性。

(4) 情绪保持平和,紧张焦虑也会使卵巢功能紊乱。

(5) 月经不调治疗的疗程为3个月,第4个月停药观察月经周期。

(6) 月经不调治疗期间,若有感冒,停服调经药物,等感冒痊愈后再服。治疗期间,若有服其他药物类(白凤丸、四物汤等),须告知医师。

(7) 月经恢复正常后,需节制生冷瓜果、冰凉饮料,以免复发。

(8) 调经需较长时间,应按医生要求坚持服用药物。

(三) 月经不调治疗的饮食宜忌

1. 水果类

瓜类(西瓜、香瓜、哈密瓜)、橘子、梨、番茄、椰子、杨桃、葡萄柚、荔枝、芒果、香蕉、龙眼等,上述生冷或燥性水果尽量少食,月经期间避免食用。

2. 冰凉饮料及冰冻物

布丁、果冻等从冰箱拿出放置30 min后,可少服。热咖啡和热茶一般没有限制。

3. 蔬菜类

萝卜、空心菜、大白菜、苦瓜等,这些蔬菜一般在热煮时会加葱、蒜、姜、豆豉等配料,寒性减少,可以食用。

四、青春期功能失调性子宫出血

功能失调性子宫出血发生在青春期称青春期功血。其中以无排卵型为多见,约占功血的80%~90%。

(一) 临床表现

青春期功血约占各种功血的20%。在初潮最初两年内,月经周期不规则是常见的,多数患者能逐渐自行调整。但当发生子宫大量出血、出血时间过长、出血量过多或周期紊乱时,即为青春期功血。出血前常有一段时间停经。由于长期大量子宫出血而发生贫血,可出现头晕、无力、食欲不振、心悸、多梦、失眠等症状。一般无痛经史。检查时多呈贫血貌。妇科检查内、外生殖器均属正常范围,宫颈口松,子宫可稍大、柔软,可有单侧卵巢或双侧卵巢囊性增大。

(二) 辅助检查

(1) 基础体温测定:为单相型。由于有些患者下丘脑—垂体卵巢仅能建立负反馈,而不能建立正反馈,因此月经中期不出现 LH 高峰,阻止了成熟卵泡的排卵作用,故为无排卵型功血。

(2) 阴道分泌物涂片检查:一方面可了解雌激素水平及周期性变化,由于患者卵巢不排卵,故无孕激素作用,无周期性变化;另一方面也可排除罕见的恶性肿瘤。

(3) 雌激素、孕激素测定:无周期性波动,特别是孕激素始终停留在增殖期水平。

(4) 诊断性刮宫:可了解子宫内膜反应,排除宫腔内病变及达到止血目的。青春期器质性病变或恶性疾病患者罕见,一般不需采用诊断性刮宫来协助诊断;除非严重出血或经药物治疗无效者才需采用诊断性刮宫。刮宫是最迅速有效的止血方法。据统计,有一定数量患者,在刮宫后能立即止血并自然痊愈。如刮宫为诊断用,则应在出血前 1~2 天或出血后 12 h 内进行。

(5) 实验室检查:查血常规,血小板计数和出血、凝血时间,以确定贫血程度和有无血液病。

(6) 其他:应常规测甲状腺、肾上腺及肝功能,以除外由这些疾病所引起的无排卵型功血。

(三) 鉴别诊断

(1) 与妊娠有关的各种子宫出血:与妊娠有关的各种子宫出血除停经史外尚有妊娠反应等,且妊娠试验、超声检查均有助于鉴别;如鉴别确有困难或发生大出血时可借助于诊断性刮宫,将宫腔内刮出组织送病理检查以助确诊。

(2) 损伤性出血:有的女孩好动,由损伤引起的出血也较常见。问诊有损伤病史,损伤后外阴局部疼痛。检查可见外阴血肿,外阴皮肤裂伤,甚至阴道口黏膜裂伤。

(3) 严重阴道炎:可引起出血,常有阴道分泌物增多,呈脓性或血性,有恶臭。检查时发现外阴及阴道口均有炎症甚至溃疡。

(4) 卵巢性腺间质瘤:如颗粒细胞瘤和卵泡膜细胞瘤,可造成性早熟及功能失调性子宫出血。妇科检查可扪及卵巢肿瘤。

(5) 血小板减少性紫癜:常以月经过多而起病,但本病的不同点为:①除月经过多外,有其他部位的出血,如鼻衄,齿龈出血等;②血小板减少;③出血时间延长,束臂试验阳性;④20% 病例有轻度脾肿大;⑤骨髓巨核细胞增多,成熟障碍。

(6) 再生障碍性贫血:本病除月经过多外,其他部位也可发生出血。体检除面色苍白外,周围血的特点是出现"三少一多",即红细胞、粒细胞和血小板数减少,淋巴细胞相对增多,骨髓穿刺可协助诊断。

(7) 慢性白血病:可表现月经多或经期延长,病程中有发热、衰弱、进行性贫血、全身其他部位出血、消瘦等表现。血常规特征为白细胞总数极度增多,出现各种类型的粒细胞,骨髓穿刺可助确诊。

(8) 急性白血病:本病发病急,临床表现除出血外,常伴有发热、重度贫血及白血病细胞浸润(包括肝、脾及/或淋巴结肿大、胸骨压痛)。血常规除红细胞及血红蛋白减少外,常有血小板减少及分化程度差的白血病细胞。骨髓穿刺可确诊,原始及幼稚(早幼)细胞显著增多。而功能失调性子宫出血除有贫血外,无血小板减少及白血病细胞浸润,骨髓穿刺有助于诊断。

(9)甲状腺功能轻度低下:此类患者也可发生子宫出血。甲状腺功能轻度低下患者常感明显疲乏、手足发冷、不易出汗、体重增加,测基础代谢率、血清蛋白结合碘、甲状腺碘131吸收率均明显低下。而功能失调性子宫出血无上述临床表现及实验室检查结果。

(10)肝脏疾病:因肝脏疾病患者对雌激素的灭活功能受阻,也可引起子宫出血,通过询问病史、体格检查及超声波、肝功能等检查可明确诊断。

(11)肾上腺皮质功能失调:由于肾上腺皮质与卵巢在功能上互相影响,因此可发生月经失调,其中以月经减少和闭经多见,但偶尔也有表现月经过多和子宫出血。肾上腺皮质功能失调的主要症状,如多毛,痤疮,声音粗而低沉,乳房萎缩,或皮肤、黏膜色素沉着等。通过肾上腺皮质功能检查有助于鉴别。

第四节　五官科常见病

一、沙眼

(一)病因

沙眼是沙眼衣原体感染的慢性传染性眼病,常通过接触被病眼分泌物所污染的手、毛巾、面盆等而传染。

(二)治疗

可选用氯霉素眼药水、利福平眼药水滴眼;晚上可用金霉素或红霉素眼膏涂于眼睑内。

(三)预防

不要用不洁的手、毛巾揉眼;毛巾、面盆不能互用;被污染的毛巾要煮沸或暴晒消毒;发现患者及时治疗,以免传染给他人。

二、急性中耳炎

(一)病因

多发生于游泳及洗头时耳朵进水未及时排出,常伴有细菌感染。

(二)临床表现

一侧或双侧耳部疼痛,有的可见流黄水,治疗不及时可转为慢性中耳炎,有的可出现鼓膜穿孔。

(三)治疗

轻者可滴新霉素滴耳液,痛甚者可选用广谱抗生素口服或肌肉注射。

三、智齿冠周炎

冠周炎是指牙萌出过程中,可能引出的牙冠周围软组织炎,临床上以第三磨牙多见,第三磨牙又称智齿。由于智齿萌出比较晚,一般在 17～27 岁,有的人颌骨比较狭小,没有足够的牙槽骨让第三磨牙萌出在应有的位置上。这样造成牙齿部分萌出,部分有牙龈遮盖,或者是牙位不正,容易嵌塞食物或滞留食物残渣而引起疼痛、发炎。

智齿冠周炎多发生在口腔卫生不良和身体抵抗力降低的情况下,下颌智齿比上颌智齿容易发生。发生冠周炎时要及时找医师检查治疗,必要时也可以拔除,以免反复发作。智齿拔除后,不必安装假牙。

第五节 皮肤科常见病

一、荨麻疹

荨麻疹又称风疹块,与过敏反应有关。

(一)病因

荨麻疹的发生常有许多诱因:如进食某些食物(鱼、虾等),药物因素,某种感染,某些物理(冷、热、日光)因素,动物及植物(花粉)因素,精神(紧张运动)因素,某些内脏或全身性疾病等。

(二)治疗

(1) 找出致敏原,立即停止接触。
(2) 针对不同情况,给予抗过敏、激素等处理。
(3) 对病情危急、皮疹广泛、伴有过敏性休克、喉头水肿的病人,要立即进行抢救。

(三)预防

因诱因种类繁多,所以患者要主动回忆发病前的诱因,在以后的生活中尽量避免再次接触,如饮啤酒、吃鱼虾等。

二、疥疮

(一)临床表现

人与人直接接触(如同卧、握手等)及间接接触(被褥、衣物等)传染疥虫后,常见皮损容易发于指缝、下腹部、股部等皮肤柔嫩部,自觉剧痒,夜间入睡前尤甚。

(二)治疗

硫磺软膏及疥得治软膏是目前常用的可有效杀灭疥螨的药物。

三、真菌性皮肤病

(一)种类

(1)股癣和体癣。男生多见。
(2)手、足癣。
(3)甲癣。可见指甲变厚变色,亦称灰指甲。
(4)花斑癣。男生夏季多见,又称汗斑。

(二)治疗

根据不同部位选用不同药物,药物包括克霉唑癣药水、复方土槿皮酊、皮康霜、达克宁等,用药时间要坚持至皮损正常2周左右,以防复发。

第四章

常见传染病

○ 控制传染源,切断传播途径,保护易感人群。

常见传染病主要经呼吸道、消化道、血液及接触传染。它往往有明确的传染源、传播途径、易感人群,具有发病急、传播迅速的特点。一旦有传染病的发生,需要立即进行现场应急处理,控制传染源,切断传播途径,保护易感人群。

第一节　传染性肝炎

病毒性肝炎是由肝炎病毒引起的一种传染性疾病,分为甲、乙、丙、丁、戊五种类型。甲型、戊型肝炎一般通过饮食传播,毛蚶、泥蚶、牡蛎、螃蟹等均可成为甲肝病毒携带物。乙型、丙型和丁型肝炎主要经血液、母婴和性传播。

一、甲型病毒性肝炎

甲型病毒性肝炎(简称甲肝)是由甲型肝炎病毒(HAV)引起的传染病。本病在临床可分为急性黄疸型与急性非黄疸型。

急性黄疸型甲型肝炎是由甲型肝炎病毒引起的急性肠道传染病。急性非黄疸型甲型肝炎在临床较为少见。本节主要介绍急性黄疸型甲型肝炎。

(一)主要症状

本病潜伏期15～45天,发病可分为黄疸前期、黄疸期和恢复期,病程2～4个月。

(1)黄疸前期:甲肝起病较急,症状有畏寒、发热、食欲下降、乏力、厌油、恶心、呕吐、腹胀、便秘或腹泻、尿色变深。本期一般为5～7天。

(2)黄疸期:发热减退,自觉症状好转,但尿色加深,巩膜、皮肤黄染,肝肿大,压痛及叩击痛,血清谷丙转氨酶升高。本期一般为2～6周。

(3)恢复期:黄疸及各种症状逐渐减轻、消失,肝肿大好转,肝功能恢复正常。本期一般为1个月。

(二)应急要点

(1)养成用流水、肥皂勤洗手的好习惯。生吃瓜果蔬菜要洗净。不喝生水。甲肝病人自发病之日起必须进行隔离。

(2)从事食品加工和销售、水源管理、托幼保教工作的甲肝病人,应暂时调离工作岗位。

(3)对甲肝病人用过的餐具要消毒,在开水中煮15 min以上。

(4)不要与甲肝病人共用生活用品,对其使用过或接触过的公共物品和生活物品要消毒。

(5)如与甲肝病人共用同一个厕所,要用消毒液或漂白粉对便池消毒。

(三) 治疗原则

以休息、营养为主,辅以适当药物,避免饮酒、劳累及使用有害肝脏的药物。

二、乙型病毒性肝炎

乙型病毒性肝炎(简称乙肝)是由乙型肝炎病毒(HBV)引起的传染病。我国目前有乙肝表面抗原阳性者1亿人以上,感染率高居世界之首。

(一) 乙肝两对半的意义

乙肝两对半是指人感染乙肝病毒后化验时出现的血清现象。它包括5项指标:①乙肝表面抗原(HBsAg);②乙肝表面抗体(HBsAb);③乙肝e抗原(HBeAg);④乙肝e抗体(HBeAb);⑤核心抗体(HBcAb)(见表4-1)。

乙肝表面抗原携带者是指血液中乙肝表面抗原(HBsAg)阳性,但没有肝炎症状和体征,各项肝功能检查持续正常的人。乙肝表面抗原携带者,可正常工作和学习,也不需要特别的抗病毒药物治疗,大多预后良好。但应密切监测两对半变化,应定期检查乙肝两对半、肝功能、胎甲球及进行B超检查。

表4-1 乙型肝炎血清免疫学检测结果及临床意义

乙肝两对半检查结果常见组合					临床意义
HbsAg	抗-HBs	HbeAg	抗-Hbe	抗-HBc	
+	−	+	−	+	简称"大三阳"表明感染HBV,病毒不断复制,传染性强
+	−	−	−	+	揭示病毒复制,有一定传染性,如由"大三阳"转变而来,则提示病毒复制趋于停止,传染性小
+	−	−	−	−	感染HBV早期或HbsAg慢性携带者
+	−	−	+	+	简称"小三阳",急性乙肝后期或HbsAg慢性携带者,或感染HBV后,e抗原—抗体系统发生转换,传染性小或无,也有乙肝病毒发生变异者
−	+	−	+	+	曾经感染肝炎,痊愈后产生免疫力,或注射乙肝疫苗后产生保护性抗体,已获得免疫力
−	+	−	+	−	病毒已经清除,故无复制及传染性,且有免疫力
−	−	−	+	+	提示过去曾感染HBV,现病毒已清除,无复制及传染性
−	−	−	−	+	意义同上

(二)传播途径

1. 经血液传播
如输入乙肝病毒阳性患者的全血、血浆、血清或者其他血制品。

2. 母婴传播
乙肝病毒阳性的母亲直接传播给婴儿。在我国,这种传播方式占全部传播方式的60%左右,个别地区高达73%。

3. 医源性传播
如医疗器械被乙肝病毒污染后消毒不彻底或处理不当,共用一个注射器或针头均可引起乙肝传播。

4. 性接触传播
乙肝病毒存在于乙肝病人的分泌物中,可以通过性接触传播。近年国外报道,通过对性乱交、同性恋和异性恋的观察,乙型肝炎的性传播是传染乙肝的重要途径,这种传播包括夫妻之间的传播。

5. 生活密切接触传播
对乙肝无免疫力的人与乙肝病毒阳性患者密切接触,可由唾液、汗液、尿液、血液、胆汁及乳汁,污染的器具、食物、物品经破损的皮肤或黏膜传播。

(三)治疗

对于单一表面抗原阳性者及大小三阳但肝功能正常者暂不需要治疗,需动态观察。乙肝活动期即肝功能异常时,须及早治疗。如治疗不及时或不注意休息,小部分可以发展为肝硬化等严重肝病。

目前国内外用于治疗慢性肝炎的药物品种甚多,归纳起来可以分为以下几种:一是抗病毒药物,主要有干扰素等;二是改善肝功能药物,如肝细胞生长因子、五味子制剂及某些中草药,这类药物对降低转氨酶有一定疗效;三是免疫调节药物,如转移因子、白介素-2、皮质激素等,这类药物疗效还有待观察,且有副作用。目前可有效抑制乙肝病毒的常用药物是吠啶类药物,用药时间较长,效果较好,但治疗费用较高。

(四)预防

(1) 广泛正确开展乙肝疫苗预防注射,这是目前避免感染乙肝最有效的方法。

(2) 严格防止血制品传播,筛查献血员。尽可能不输血或使用血制品,特别注意在日常生活中外伤有伤口时,伤口应避免接触乙肝病人的血液。

(3) 严格无菌操作,注射时使用一次性注射器。对乙肝病人用过的物品应进行消毒,最简单的方法是煮沸法。专家告诉我们,将物品在100 ℃水中煮沸15~20 min可以将乙肝病毒杀灭。

(4) 乙肝病人及无症状乙肝病毒携带者不能直接从事饮食业工作。

(5) 要提高道德水平。不吸毒、不卖淫嫖娼,因为乙肝病毒可以通过性行为传播。

在这里要特别指出的是,乙肝不会通过食品和饮水传染,除非十分密切地接触受到感染的体液和有破损的皮肤。

（五）为什么有的人打乙肝疫苗效果不佳

有些人接种乙肝疫苗后不产生乙肝表面抗体，称免疫应答能力低下。临床有假性和真性应答低下之分。前者可能接种时体内已受乙肝病毒感染，处于非复制期或静止期，化验结果呈假阴性，还可能是因为疫苗纯度不高、过期失活、接种量过小、方法部位不当、接种间歇不规范等等，其在人群中占有相当数量，经过甄别容易使接种成功。

目前国内外公认的补救措施有如下四种：一是更换新一代疫苗；二是增加接种次数及用量（直至化验抗 HBs 阳转或连用 1 年无效时）；三是变更接种途径（皮下注射失败后改为肌内注射，反之亦然）；四是联用免疫兴奋药（如牛痘苗、卡介苗、麻疹疫苗与乙肝疫苗接种）。

 第二节 肠道传染病

一、伤寒

（一）病因

伤寒是由伤寒杆菌经消化道感染引起的急性肠道传染病，春、秋季多见。

（二）主要症状

潜伏期 5~23 天，病程分四期，一般为 2~3 个月。

(1) 初期：起病缓慢，常有全身不适、乏力、食欲减退、腹胀、便秘及腹泻等症状。随体温上升，症状加重，1 周内体温可达 40 ℃ 以上。伤寒杆菌培养阳性。

(2) 极期：病程 2~3 周，初期症状加重，出现稽留高热相对缓脉约 2 周。有神经系统中毒症状，可有表情淡漠、嗜睡、谵妄，甚至昏迷。病程第 7~10 天，部分患者皮肤上可出现玫瑰疹，约 3 天消失。体检可出现脾脏肿大。由于中毒性肠麻痹可出现严重肠胀气。伤寒肥达氏反应阳性。

(3) 缓解期：一般在病程第 3~4 周，各种症状逐渐缓解，体温于 1 周左右降至正常。但此期可出现肠出血、肠穿孔等严重并发症。

(4) 恢复期：至病程第 4~5 周，体温恢复正常，多汗，症状日渐消失，一般约需 1 个月才能完全恢复。

（三）应急要点

(1) 养成用流水、肥皂勤洗手的好习惯。生吃瓜果蔬菜要洗净。不喝生水。

(2)伤寒病人自发病之日起必须进行隔离。
(3)不要与病人共用生活用品,对病人用过的餐具要消毒,对其使用过或接触过的公共物品和生活用品要消毒。
(4)病人的排泄物要用消毒液或漂白粉消毒。

(四)治疗原则

(1)本病应住院治疗。
(2)常用氯霉素、复方新诺明、氨苄青霉素及呋喃唑酮等药物。

二、细菌性痢疾

(一)病因

细菌性痢疾是由痢疾杆菌引起的急性肠道传染病,夏、秋季多见。

(二)主要症状

潜伏期1~7天。

1. 急性菌痢

起病急,畏寒、发热、头痛、乏力及食欲减退等全身症状明显。初为稀便,1~2天内转为脓血便,每日10~20次,伴有阵发性腹痛及左下腹明显压痛,病程7~10天。儿童可见中毒性菌痢,若病情危急,抢救不及时可造成死亡。

2. 慢性菌痢

菌痢反复发作,病程在2个月以上者称为慢性菌痢。

(三)应急要点

(1)养成用流水、肥皂勤洗手的好习惯。生吃瓜果蔬菜要洗净。不喝生水。
(2)痢疾病人自发病之日起必须进行隔离。
(3)不要与病人共用生活用品,对病人用过的餐具要消毒,对其使用过或接触过的公共物品和生活用品要消毒。
(4)病人的排泄物要用消毒液或漂白粉消毒。

(四)治疗原则

(1)复方新诺明、呋喃唑酮等抗生素均可用之。
(2)病情严重者需住院治疗。

三、肠道寄生虫病

肠道寄生虫病有多种,蛔虫病是最常见的肠道寄生虫病。传染源是蛔虫病患者和感染者。大量的虫卵随患者粪便排出,污染蔬菜及泥土,在适宜的温湿度下,约经 2 周,发育为成熟虫卵。虽然蛔虫病多见于儿童,但由于卫生习惯不良,在青少年中亦常有见到,其可导致胆道蛔虫、蛔虫性肠梗阻、肠穿孔及腹膜炎等严重的并发症。

蛔虫主要寄生在小肠。当人们进食了被蛔虫卵污染的青菜、水果和其他食物后,成熟虫卵经口到胃,大部分被胃酸杀死,少数虫卵到达小肠孵化出幼虫,约 2 h 多数幼虫进入肠壁,经小血管沿门静脉进入肝脏,4~5 日后大部分移往肺部,幼虫在肺内脱皮 2~3 次,穿破微血管进入肺泡,再经气管达咽部,随吞咽动作咽下后进入小肠,发育为成虫。蛔虫发育周期约 75 天,在人体内存活约 1 年。

(一) 临床表现

人感染蛔虫后,多数不产生症状,称蛔虫感染。少数人在短期内吞食大量的感染性虫卵时,约一周后出现咳嗽、哮喘、气急、发热、血丝痰等症状。肺部可听到罗音及局部突变体征。有时可发生过敏性荨麻疹。

成虫在小肠内引起的症状:轻重不等,可出现反复发作的脐周痛及上腹部痛。有时可出现食欲不振、恶心、呕吐、腹泻及便秘。严重感染者可引起营养不良、发育障碍。有的可出现精神不安、烦躁、磨牙、瘙痒、惊厥等。

肠内蛔虫一般处于安静状态,但受到各种刺激后(如高热、消化不良、驱虫不当等),易出现蛔虫骚动及钻孔,可引起严重的并发症,常见的有以下几种。

(1) 胆道蛔虫病:系蛔虫钻入胆道而引起,表现为剑突下突然发生阵发性绞痛或钻顶痛,可放射至背部及右肩部,难以忍受,极度不安。常伴有恶心及呕吐。腹壁软,仅疼痛发作时腹壁轻度痉挛,剑突下明显的局限性压痛。当进入胆道的蛔虫退到小肠后,则症状突然消失。若蛔虫进入胆囊管或肝内胆管时,可继发细菌感染而引起急性化脓性胆囊炎、胆管炎或急性出血坏死性胰腺炎;深入肝内胆小管时可产生细菌性肝脓肿。当蛔虫残体或蛔虫卵长期存留胆管或胆囊时,可以其为核心,逐渐形成胆石。

(2) 蛔虫性肠梗阻:多见于小儿。由于虫数较多,扭结成团阻塞肠腔,引起部分肠梗阻。病人有阵发性腹痛、恶心、呕吐、腹壁软,可扪及大小不等粗麻绳样索状物。如不及时治疗,可发展为完全性肠梗阻。

(3) 其他:伤寒或少数胃、十二指肠溃疡病患者感染蛔虫后,蛔虫可穿破病变处引起穿孔,产生弥漫性腹膜炎。蛔虫向上逆行时可由鼻孔、口腔排出,或钻入耳咽管而引起耳鼓膜穿孔,并由外耳道排虫。偶尔蛔虫可到达喉或气管,引起窒息。

治疗不及时可出现严重的并发症:如胆道蛔虫、蛔虫性肠梗阻、肠穿孔及腹膜炎等。

(二) 检查

粪便直接涂片检查。

(三) 治疗

可进行驱虫治疗,服用驱虫药物。

1. 苯咪唑类化合物

为广谱驱虫剂,可杀死蛔虫、钩虫等。其杀虫机制为药物对虫体有选择性、不可逆性地抑制其摄取葡萄糖的作用,使虫体内源性糖原耗竭,致使虫体无法生存与生殖,最终死亡。常用的药物如下。

(1) 甲苯咪唑(Mebendazole):该药驱蛔效果较佳,副作用少见,大量感染用此药驱虫时,可有腹痛、腹泻,但较轻微。

(2) 丙硫咪唑(Albendazole):商品名肠虫清,为新的广谱驱虫剂。按说明所示用法服用。疗效达90%以上。但在大规模治疗中,偶有发生口吐蛔虫的反应。

(3) 左旋咪唑:按说明所示用法服用,本药驱蛔作用不及甲苯咪唑,但较哌嗪为优,副作用轻微,偶有恶心、呕吐、食欲减退等,少数病人服药后出现肝功能轻度损害。早期妊娠、肝、肾疾患应慎用。

2. 驱蛔灵(枸橼酸哌嗪)

按说明书所示用法服用。便秘者加服泻剂。副作用轻,偶有眩晕、呕吐、头痛等。此药已渐少用。

(四) 并发症治疗

1. 胆道蛔虫病

(1) 阿托品、氯丙嗪或杜冷丁解痉镇痛。
(2) 腹痛缓解后再进行驱虫治疗。
(3) 及时采用青霉素、链霉素等抗生素控制胆道感染。

2. 蛔虫性肠梗阻

不完全性肠梗阻者先用内科治疗包括镇静、解痉、止痛及胃肠减压,待腹痛缓解后再进行驱虫。服用豆油或花生油80~150 ml(儿童60 ml)可使蛔虫团松解,缓解症状,症状消失后1~2天再驱虫。氧气疗法也可使蛔虫松解,出现完全性梗阻时,应手术治疗。

(五) 预防

(1) 树立良好的个人卫生习惯,饭前便后流水肥皂洗手,不饮生水、不生吃未洗净的青菜、瓜果。
(2) 加强粪便及水源管理。

第三节 流行性感冒

流行性感冒简称流感,是流感病毒引起的急性呼吸道感染。流感可引起上呼吸道感染、肺炎及呼吸道外的各种病症。流感发病快,传染性强,发病率高。对于老年人、儿童、孕妇和体弱多病的人群,流感容易引发严重的并发症,甚至致死。

一、病因

本病系流感病毒引起,流感病毒可分为甲(A)、乙(B)、丙(C)三型,甲型病毒经常发生抗原变异,传染性大,传播迅速,易发生大范围流行。

二、主要症状

(1) 起病急骤,畏寒、发热,体温在数小时至 24 h 内升达 39～40 ℃,甚至更高。伴有头痛,全身酸痛,乏力,食欲减退。呼吸道症状较轻,咽干喉痛,干咳,可有腹泻。

(2) 颜面潮红,眼结膜外眦充血,咽部充血,软腭上有滤泡。

(3) 与上呼吸道感染的鉴别:流感起病急,局部症状轻,全身症状重,高热常在 39 ℃ 以上,传播迅速;上呼吸道感染起病缓,局部症状重,全身症状轻,常伴有中度发热,散发或小范围传播。

三、检查

(1) 血常规。白细胞计数正常或减低。
(2) X 线检查。
(3) 体液免疫检测。
(4) 病原体培养。
(5) 传染病免疫学检测。

四、应急要点

(1) 有流感症状时,要注意休息,多喝水,开窗通风。
(2) 流感病人应与家人分餐。
(3) 流感病人的鼻涕纸和吐痰纸要包好,扔进加盖的垃圾桶,或直接扔进抽水马桶用水冲走。
(4) 流感病人应与家人(特别是老人和孩子)分室居住。不随地吐痰,打喷嚏、咳嗽时要捂住口鼻;经常用流水、肥皂洗手,不用脏手摸眼、鼻等。
(5) 发生流感时,应尽量避免外出活动,不要去商场、影剧院等公共场所,必须出门时应戴口罩。
(6) 重症病人应在医院隔离治疗。

五、治疗原则

（1）一般治疗。卧床休息，多饮水，给予流质或半流质饮食，漱口，保持鼻咽及口腔清洁。
（2）对症治疗。高热烦躁者可给予解热镇痛药物。
（3）抗病毒治疗。
（4）抗菌治疗。

第四节 肺 结 核

肺结核起病缓慢，病程较长，有低热、乏力、食欲不振、咳嗽和少量咯血等症状。但多数患者症状轻微，常无明显症状，经 X 线健康检查被发现；有些患者突然咯血才被发现，但在病程中可追溯到轻微的毒性症状。少数患者急剧发病，出现明显毒性症状和呼吸道症状，经 X 线检查，往往是急性血行播散型肺结核或干酪性肺炎。此外，临床上还可看到一些患者，特别是老年患者，长期的慢性支气管炎的症状掩盖了肺结核。另有一些未被发现的重症肺结核，因继发感染而有高热，甚至发展到败血症或呼吸衰竭方就诊。

肺结核的临床表现形式多样，尤其在结核病疫情得到控制、发病率低的地区更应注意它的不典型表现。

一、临床表现

（一）全身症状

午后低热、乏力、食欲不振、体重减轻、盗汗等。当肺部病灶急剧进展播散时，可有高热，妇女可有月经失调或闭经。

（二）呼吸系统症状

一般有干咳或有少量黏液痰。伴继发感染时，痰呈黏液性或脓性。约 1/3 病人有不同程度咯血。痰中带血可因炎性病灶的毛细血管扩张引起，中等量以上咯血可因小血管损伤或来自空洞的血管瘤破裂。咯血后低热可能是由于小支气管内残留血块吸收或阻塞支气管引起感染之故；若发热持续不退，多提示结核病灶播散。有时硬结钙化的结核病灶因机械损伤血管，或因为结核性支气管扩张而咯血。大咯血时可发生失血性休克；有时血块阻塞大气道，引起窒息。此时病人烦躁、神色紧张、挣扎坐起、胸闷气急、紫绀，应立即进行抢救。

当炎症波及壁层胸膜时,相应胸壁有刺痛,一般并不剧烈,随呼吸和咳嗽而加重。慢性重症肺结核时,呼吸功能受损,可出现渐进性呼吸困难,甚至紫绀。并发气胸或大量胸腔积液时,则有急骤出现的呼吸困难。

(三)体征

早期病灶小或位于肺组织深部,多无异常体征。若病变范围较大,患侧肺部呼吸运动减弱,叩诊呈浊音,听诊时有呼吸音减低,或为支气管肺泡呼吸音。当肺部病变发生广泛纤维化或胸膜增厚黏连时,则患侧胸廓下陷、肋间变窄、气管移位与叩浊,而对侧可有代偿性肺气肿征。

(四)X线检查

胸片可发现异常。X线既可确定病灶位置、范围、性质,又可前后对照观察动态变化。

二、治疗

抗结核化学药物治疗对控制结核病起决定性作用,合理化疗可使病灶内细菌消灭,最终痊愈。休息与营养疗法仅起辅助作用。

(一)抗结核化学药物治疗(简称化疗)

1. 化疗原则

活动性肺结核才需要化疗。化疗的主要作用在于缩短传染期、降低死亡率。对于每个具体患者,则为达到临床及生物学治愈的主要措施,合理化疗是指对活动性结核病坚持早期、联用、适量、规律和全程使用敏感药物的原则。所谓早期主要指早期治疗患者,一旦发现和确诊后立即给药治疗;联合是指根据病情及抗结核药的作用特点,联合两种以上药物,以增强与确保疗效;适量是指根据不同病情及不同个体规定不同给药剂量;规律即患者必须严格按照化疗方案规定的用药方法,有规律地坚持治疗,不可随意更改方案或无故随意停药,亦不可随意间断用药;全程指患者必须按照方案所定坚持疗程,短程化疗通常为6~9个月。一般而言,初治患者按照上述原则规范治疗,疗效高达98%,复发率低于2%。

2. 化疗方法

(1)短程化疗。目前广泛采用短程化疗,但方案中必须包括两种杀菌药物,异烟肼及利福平,其具有较强杀菌(对A菌群)及灭菌(对B、C菌群)效果。

(2)间歇用药、两阶段用药。实验表明,结核菌与药物接触数小时后,常延缓数天生长。因此,有规律地每周用药3次(间歇用药),能达到与每天用药同样的效果。在开始化疗的1~3个月内,每天用药(强化阶段),以后每周3次间歇用药(巩固阶段),其效果与每日用药基本相同,有利于监督用药,保证完成全程化疗。使用每周3次用药的间歇疗法时,仍应联合用药,每次异烟肼、利福平、乙胺丁醇等剂量可适当加大;但链霉素、对氨基水杨酸钠、乙硫异烟胺等不良反应较多,用药剂量不宜增加。

(3) 督导用药。抗结核用药至少半年,偶需长达一年半,患者常难以坚持。医护人员按时督促用药,加强访视,取得患者合作尤为必要。强化阶段每日一次用药,即可形成高峰血药浓度,较每日分次用药疗效尤佳,且方便患者,提高患者坚持用药率及完成全程。

3. 抗结核药物

理想的抗结核药物具有杀菌、灭菌或较强的抑菌作用,毒性低,不良反应少,价廉,使用方便,药源充足。经口服或注射后药物能在血液中达到有效浓度,并能渗入吞噬细胞、腹膜腔或脑脊液内,疗效迅速而持久。

(1) 异烟肼。具有杀菌力强、可以口服、不良反应少、价廉等优点。其作用主要是抑制结核菌脱氧核糖核酸(DNA)的合成,并阻碍细菌细胞壁的合成。本药常规剂量很少发生不良反应,偶见周围神经炎、中枢神经系统中毒(兴奋或抑制)、肝脏损害(血清丙氨酸氨基转移酶升高)等。单用异烟肼3个月,痰菌耐药率可达70%。

(2) 利福平。为利福霉素的半合成衍生物,是广谱抗生素。其杀灭结核菌的机制在于抑制菌体的RNA聚合酶,阻碍其mRNA合成。利福平对细胞内、外代谢旺盛及偶尔繁殖的结核菌(A、B、C菌群)均有作用,常与异烟肼联合应用。本药不良反应轻微,除消化道不适、流感样综合征外,偶有短暂性肝功能损害。

(3) 链霉素。为广谱氨基糖苷类抗生素,对结核菌有杀菌作用,能干扰结核菌的酶活性,阻碍蛋白合成。对细胞内的结核菌作用较少。妊娠妇女慎用。链霉素的主要不良反应为第8对脑神经损害,表现为眩晕、耳鸣、耳聋、严重者应及时停药,肾功能严重减损者不宜使用。其他过敏反应有皮疹、剥脱性皮炎、药物热等,过敏性休克较少见。单独用药易产生耐药性。

(4) 吡嗪酰胺。能杀灭吞噬细胞内,酸性环境中的结核菌。偶见高尿酸血症、关节痛、胃肠不适及肝损害等不良反应。

(5) 乙胺丁醇。对结核菌有抑菌作用,与其他抗结核药物联用时,可延缓细菌对其他药物产生耐药性。不良反应少,偶有胃肠不适。剂量过大时可起球后视神经炎、视力减退、视野缩小、中心盲点等,一旦停药多能恢复。

4. 化疗方案

视病情轻重、有无痰菌和细菌耐药情况,以及经济状况、药源供应等,选择化疗方案。无论选择何种,必须符合前述化疗原则。

(1) 初治方案。未经抗结核药物治疗的病例中,有的痰涂片结核菌阳性(涂阳),病情较重,有传染性;也有的涂片阴性,病变范围不大,所用化疗方案亦有强弱不同。

初治涂阳患者,不论其培养是否为阳性,均可用以异烟肼(H)、利福平(R)及吡嗪酰胺(Z)组合为基础的6个月短程化疗方案。痰菌常很快转阴,疗程短,便于随访管理。若条件许可,尽量使用短程化疗方案。

初治涂阴患者,除粟粒性肺结核或有明显空洞患者可采用初治涂阳的方案外,可用其他化疗方案。

(2) 复治方案。初治化疗不合理,结核菌产生获得性耐药,痰菌持续阳性,病变迁延反复。复治病例应选择联合敏感药物。药物敏感试验有助于选择用药,但费时较久、费用较大。临床上多根据患者以往用药情况,选择过去未用过的或很少用过的其他方案,联合两种或两种以上敏感药物。

5. 病情判断与疗效考核

病情与疗效考核。按病变的活动程度可分为进展期、吸收好转期及稳定期。一般吸收好转期及稳定期表现为病情好转,进展期为恶化。其判断应根据临床症状、X 线表示及排菌情况综合分析。

(1) 临床症状:注意观察有无午后低热、夜间盗汗、食欲不振、全身乏力、体重下降等结核恶化症状。此类症状减轻或消失提示病情好转;若症状显著或由轻度变重则表明病情恶化。此外,咳嗽、咳痰、咯血等呼吸系统症状的变化亦可作为参考。

(2) X 线检查:是判断病情不可缺少的指标,亦是监测病情转归的重要依据,对无明显临床症状的患者则主要依靠 X 线检查,X 线既可确定病灶位置、范围、性质,又可前后对照观察动态变化。云絮状浸润性病变可能会吸收、消散、范围缩小;或转为密度增高、边界清楚的增殖性病变如纤维化、钙化;原有空洞缩小、闭合等均表示病情好转或痊愈。反之,由增殖性病变转为渗出性病变,或浸润性病变范围扩大,发生支气管播散或急性、亚急性血行播散,出现干酪样坏死病灶、空洞形成等均为病情恶化表现。

(3) 痰菌:肺结核患者痰内排菌与否是判断病情及考核疗效的重要指标。若痰菌持续阳性,则为开放性肺结核,提示病变活动程度高,为结核病的传染源,对周围人群构成威胁。经治疗后反复检查,发现结核菌量少或阴性,表明为好转期;每月至少查痰 1 次,均阴性,则表明进入稳定期。血沉加速提示病变活跃、恶化。

6. 治疗失败

疗程结束时痰菌未能阴转,或在疗程中转阳,X 线显示病灶未吸收、稳定,而进一步恶化,均说明治疗失败,形成所谓难治性肺结核。产生原因除感染耐药结核菌、用药不规范、间断用药或单药治疗外,也与部分患者对化疗药物过敏,不能使用化疗药物或因化疗药物的严重不良反应难以坚持治疗、机体免疫力低下(HIV 感染者)、体质差等因素有关。

(二) 对症治疗

1. 毒性症状

结核病的毒性症状在有效抗结核治疗时多可消失,通常不必特殊处理。干酪样肺炎、急性粟粒性肺结核、结核性脑膜炎有高热等严重结核毒性症状,或结核性胸膜炎伴大量胸腔积液者,均应卧床休息及尽早使用抗结核药物。

2. 咯血

若仅痰中带血或小量咯血,以对症治疗为主,包括休息、止咳、镇静。常用药物有可待因、安络血等。年老体衰、肺功能不全者,慎用强镇咳药,以免因抑制咳嗽,使血块不能排出而引起窒息。要除外其他咯血原因,如二尖瓣狭窄、肺部感染、肺梗死、凝血机制障碍、自身免疫性疾病等。

中等或大量咯血时应严格卧床休息,胸部放置冰袋,并配血备用。取侧卧位,轻轻将存留在气管内的积血咳出。垂体后叶素有收缩小动脉、心脏冠状动脉及毛细血管的作用,减少肺血流量,从而减轻咯血。该药可收缩子宫及平滑肌,故忌用于高血压、冠状动脉粥样硬化性心脏病的患者及孕妇。

若咯血量过多,可酌情适量输血。大咯血不止者,可经纤支镜发现出血部位,用去甲肾上腺素 2~4 mg+4 ℃生理盐水 10~20 mL 局部滴入。必要时应作好抢救的充分准备。反复大咯血用上述方法无效,对侧肺无活动性病变,肺功能储备尚可,又无明显禁忌者,可在明确出血部位的情况下考虑肺叶、段切除术。

咯血窒息前症状包括胸闷、气憋、唇甲发绀、面色苍白、冷汗淋漓、烦躁不安。抢救措施中应特别注意保持呼吸道通畅,采取头低脚高 45°的俯卧位,轻拍背部,迅速排出积血,并尽快取出或吸出口、咽、喉、鼻部血块。必要时用硬质气管镜吸引、气管插管或气管切开,以解除呼吸道阻塞。

(三) 手术治疗

外科手术已较少应用于肺结核治疗。

三、预防

控制传染源、切断传染途径及增强免疫力,保护易感人群等,是控制结核病流行的基本原则。卡介苗可保护未受感染者,使受感染后不易发病,即使发病也易愈合。有效化学药物治疗(化疗)对已患病者,能使痰菌较快阴转,但在其阴转之前,尚需严格消毒隔离,避免传染。

新生儿"出生第一针"接种卡介苗,可有效预防肺结核。但是,接种卡介苗主要对儿童期发生较严重的结核病有预防作用,对学生及成年人的结核病预防作用是非常有限的。因此,预防肺结核的发生,还应该做到以下几点。

(1) 积极发现并治愈在校学生中的肺结核病人。如果发现连续咳嗽、咳痰 2 周以上或有咯血等症状的学生,要及时报告学校医生和领导,尽快与其家长取得联系,及时到结核病防治机构检查。

(2) 一旦确诊得了肺结核,必须休学或休假在家,并接受正规治疗,避免传染其他同学。待经过检查确认没有传染性了,凭结核病防治机构的证明方可以复学、上班。

(3) 积极开展爱国卫生运动,努力改善学习和生活环境,对教室和集体宿舍要经常通风换气,保持室内空气新鲜。

(4) 要养成良好的卫生习惯,在咳嗽、打喷嚏的时候应该将纸巾捂住嘴巴和鼻子,避免结核菌通过飞沫传染他人。

(5) 加强体育锻炼,生活要有规律,注意饮食营养和睡眠充足,保持健康心理,增强机体抵抗力,尽量减少发病机会。

四、预后

肺结核的临床治愈与痊愈有不同的含义。肺结核病变经治疗或轻微病变未经治疗均可愈合。其愈合方式因病变性质、范围、类型、治疗合理与否及机体免疫功能等差异而有所不同。愈合方式有以下几种。

(1) 吸收(消散):渗出性病变因肺组织结构未破坏可完全吸收(消散)而痊愈。

(2) 纤维化：病变吸收过程中伴纤维组织增生，嗜银成纤维细胞显著增多并发生胶原纤维化，最后形成条索状瘢痕而愈合。

(3) 钙化：指干酪样坏死性结核时，当机体抵抗力增强，病灶中结核菌低下，繁殖力减弱时，碳酸钙和磷酸钙沉积于坏死灶内，病灶失水、干燥而形成钙化。

(4) 形成纤维干酪灶：较大干酪样病变不易完全吸收或纤维化、钙化，而是由灶周增生的纤维与肉芽组织包绕，形成纤维干酪灶。较大的成为结核瘤，虽可长期稳定，但病灶内可长期有静止或冬眠状态的结核菌存活，而药物难以渗透至病灶内发挥杀灭细菌作用，成为复燃的根源。

(5) 空洞愈合：空洞形成是干酪样坏死病变液化后排空所致，其愈合可由周围纤维增生并渐收缩而使之闭合；亦可因与空洞相通的支气管阻塞，洞内空气吸收，使洞壁纤维化与坏死组织机化而闭合。此种愈合并不可靠，其内常有结核菌长期生存，称净化空洞或开放愈合。

肺结核的临床治愈是指上述各种形式的愈合而使病灶稳定，停止排菌，结核毒性症状完全消失，但病灶内仍可能有结核菌存活，尤其是纤维干酪灶及支气管阻塞形成的空洞闭合，常有静止状态的结核菌潜伏生存，一旦机体抵抗力下降，结核菌有再次活跃的可能，并可能会繁殖而造成复燃与播散，此种情况并非真正的痊愈，故仅能称为临床治愈。

肺结核痊愈是指病灶彻底消除，包括完全吸收或手术切除，或在上述种种形式的愈合后确证病灶内已无结核菌存活，亦即病理学上的真正的治愈，才能称结核病痊愈。

第五节 水 痘

水痘是由水痘——带状疱疹病毒感染引起的一种急性传染性丘疱疹性皮肤病，主要为呼吸道飞沫和接触传染，通过吸入病人说话、咳嗽、喷嚏时的飞沫或接触到病人的衣服、被褥、玩具等而传染。好发于冬、春季节，一次患病后可终身免疫。

一、病因

水痘是由水痘-带状疱疹病毒感染引起的一种传染性很强的皮肤病。传染源主要是病人，从出疹前2日到出疹后6日具有传染性。传播途径主要是呼吸道飞沫、直接或间接接触传染。

二、主要症状

人体感染水痘病毒数日后发病。

水痘起病快，患病初期可有发热、头痛、全身倦怠等前驱症状，在发病24小时内出现全身皮疹，先见于躯干、头部，逐渐波及面部和四肢。水痘皮疹呈向心性分布，以躯干和头部为多,四肢较少,手掌和脚心更少。开始时,皮疹为不高出皮面的红色斑疹,数小时后变为高出皮面的丘疹,继而变为内含液体的疱疹。疱疹初起清晰,形如露水,以后渐渐混浊,疱壁脆而易破,几天后疱液渐干,中央凹陷,然后结痂,一两个星期后,痂盖完全脱落。皮疹分批出现,所以,可同时见到斑疹、丘疹、疱疹和结痂四种不同的皮损,这是水痘皮疹的特点。

成年人发病时有的可出现高热、头痛、呕吐、周身不适等毒血症状,这可能与成年人对水痘病毒的反应较强有关。

大部分情况下,病人症状都是轻微的,可不治而愈。

三、应急要点

(1) 由于水痘具有很强的传染性,患者宜单独隔离,居室要通风,光线充足,发热时应卧床休息。

(2) 患者从出疹前 24 h 到出疹后 7~10 天内(皮疹干燥结痂时)均有传染性,在这段时间里尽量不要与患者接触,否则极易感染。

(3) 饮食宜给予易消化、富含维生素的流质或半流质食物,发热时要多休息。

(4) 衣被不宜过厚、过多,太热出汗会使皮疹发痒。保持衣服、被褥清洁,以免继发感染。

四、治疗原则

(1) 患者大多能很快自愈,可适当服用中药,如化毒散、板蓝根等。当有继发皮肤细菌感染时,应选用抗生素类药物治疗。

(2) 瘙痒明显者可用 0.25% 石炭酸炉甘石洗剂或 5% 碳酸氢钠溶液局部涂拭,也可口服扑尔敏和苯海拉明等药物,局部外擦阿昔洛韦软膏。如果疱疹已破,可涂抹 1% 龙胆紫药水,继发细菌感染的,可外用新霉素软膏等。

(3) 水痘皮疹主要累及皮肤的表皮层,虽然症状严重,但痊愈后可不留瘢痕。但是,如皮疹被抓破,引起细菌感染,则会损坏皮肤的真皮层,那么,即使水痘治愈后,皮肤也会留下永久的瘢痕,还有可能导致继发细菌性感染,严重的还会发生败血症。

(4) 注意病情变化,如出疹后持续高热不退,伴有呕吐、惊厥时,应立即就医。

(5) 水痘一般 5~10 天即可痊愈。在冬、春水痘高发期,教室和居室应注意通风,保持环境整洁,并做好环境和日常用具的消毒处理工作。有条件的可接种水痘疫苗。

第六节　流行性腮腺炎

腮腺炎是由腮腺炎病毒感染引起的一种急性传染病,主要为呼吸道飞沫和接触传染,通过吸入病人说话、咳嗽、喷嚏时的飞沫或接触到病人的衣服、被褥、玩具等而传染。好发于春季,一次患病后可终身免疫。

一、病因

腮腺炎是由腮腺炎病毒感染引起的一种急性传染病,病人在腮腺明显肿胀前6—7天至肿胀后9日期间具有传染性。

二、主要症状

患病初期可有发热、头痛、无力、食欲不振等前驱症状,发病1—2日后出现颧骨弓或耳部疼痛,然后出现唾液腺肥大,通常可见一侧或者双侧腮腺肥大。

三、应急要点

(1)由于腮腺炎具有较强的传染性,患者宜单独隔离,居室要通风、光线充足,发热时应卧床休息。
(2)患者从腮腺明显肿胀前6—7天至肿胀后9日期间具有传染性,在这段时间里尽量不要与患者接触,否则易感染。
(3)饮食宜给予易消化、富含维生素的流质或半流质,发热时要多休息。
(4)衣被不宜过厚、过多,避免继发感染。

四、治疗原则

(1)患者大多能较快自愈,可适当服用中药,如板蓝根等。当有继发细菌感染时,应选用抗生素类药物治疗。
(2)腮腺炎疼痛较明显时,可用青黛散。如继发细菌感染,则症状较重,严重的还会发生病毒性脑炎。
(3)注意病情变化,当持续高热不退,伴有呕吐、惊厥时,应立即就医。
(4)腮腺炎一般5~10天即可痊愈。在高发期,教室和居室应注意通风,保持环境整洁,并做好环境和日常用具的消毒处理工作。必要时未感染者可接种腮腺炎疫苗。

第七节 流行性出血性结膜炎

流行性出血性结膜炎,俗称红眼病。它主要经接触患者分泌物而导致传染。

一、病因

流行性出血性结膜炎是由病毒引起的急性传染性眼炎。

二、主要症状

眼部充血肿胀,有异物感,眼部分泌物增多。

三、应急要点

(1) 预防红眼病,外出时应携带消毒纸巾,不用他人的毛巾擦手擦脸,养成不用脏手揉眼睛的习惯。外出后回家、回学校或工作单位时,应使用流动的水洗手、洗脸。不与红眼病人共用毛巾及脸盆。

(2) 尽量不去卫生状况不好的美容美发店、游泳池,那里有可能成为红眼病的传染源。患上红眼病应及时就诊,并告知他人注意预防。将生活用品和办公用品与他人分开使用。

(3) 红眼病人应尽量不去人群聚集的商场、游泳池、公共浴池、工作单位等公共场所。

四、治疗原则

(1) 红眼病人使用的毛巾,要蒸煮 15 min 进行消毒。
(2) 红眼病人接触过的公共物品,要用含氯消毒剂进行消毒。
(3) 可以使用抗病毒的滴眼液滴眼治疗。
(4) 在学校等人群聚集的场所发现红眼病病人时,应及时报告有关部门。

第八节 甲型 H1N1 流感

甲型 H1N1 流感原称"猪流感",为避免"猪流感"一词对人们的误导,世界卫生组织在 2009 年 4 月 30 日将此前被称为"猪流感"的新型病毒更名为"A/H1N1 型流感",英文:influenza A(H1N1)。中国按中文惯例将其改称为"甲型 H1N1 流感"。

一、病毒特征

甲型 H1N1 流感病毒是 A 型流感病毒,携带有 H1N1 亚型猪流感病毒毒株,包含有禽流感、猪流感和人流感三种流感病毒的核糖核酸基因片段,同时拥有亚洲猪流感和非洲猪流感病毒特征。医学测试显示,目前主流抗病毒药物对这种毒株有效。

二、病理症状

甲型 H1N1 流感症状与感冒类似,患者会出现发热、咳嗽、疲劳、食欲不振等。有报道说,美国 2009 年疫情中发现病例的主要表现为突然发热、咳嗽、肌肉痛和疲倦,其中一些患者还出现腹泻和呕吐症状;墨西哥发现病例还出现眼睛发红、头痛和流涕等症状。

青壮年体内免疫力太强,反而会导致免疫反应过于剧烈,形成"细胞因子风暴",致使肺部组织严重受损。

三、甲型 H1N1 流感流行病学

(一)传染源

主要为感染和携带病毒的动物和人。

(二)传播途径

主要为呼吸道传播,也可通过接触感染的猪或其粪便、周围污染的环境等途径传播。

(三)易感人群

普遍易感,多数年龄在 25 岁至 45 岁间,以青壮年为主,应注意老年人和儿童。

四、预防措施

(1) 尽量少到公共人群密集的场所;避免手部接触眼睛、鼻及口。打喷嚏或咳嗽时应遮掩口鼻。

(2) 保证饮食以及充足睡眠、勤于锻炼、勤洗手、保持手部清洁,并用正确方法洗手。

(3) 室内保持通风等,养成良好的个人卫生习惯。不随地吐痰,如要吐痰应将分泌物包好,弃置于有盖垃圾箱内。

(4) 在烹饪特别是洗涤生猪肉、家禽(特别是水禽时)应特别注意。特别是有皮肤破损的情况。建议尽量减少与传染源接触机会,猪肉要用高温煮熟后再食用;

(5) 有呼吸道感染症状或发热时,应戴口罩,并尽早就医。若出现流感症状,切勿上班或上学,降低传播的可能性。

(6) 如外游途中或回程后出现发热或类似流感的症状,要马上就医,告知医生有关外游记录。

(7) 普通的抗流感疫苗对人类抵抗甲型 H1N1 流感没有明显效果。

五、治疗

(1)"达菲"在感染后 48 h 内服用有效。
(2)一般抗病毒治疗,如:病毒灵,有一定疗效。
(3)抗生素应对并发症。
(4)对症治疗:解热镇痛药,如扑热息痛。
(5)良好的休息,多饮水。
(6)出现症状及时就诊正规医院。

六、面对甲型 H1N1 流感如何保护自己和他人

1. 如何保护自己远离甲型 H1N1 流感

(1)对于那些表现出身体不适、发热和咳嗽的人,要避免与其密切接触。
(2)勤洗手,要使用肥皂彻底洗净双手。
(3)保持良好的健康习惯,包括睡眠充足、食用有营养的食物、适当锻炼身体。

2. 家中有人出现流感症状,应如何照料

(1)将病人与家中其他人隔离开来,至少保持 2 m 距离。
(2)照料病人时应用口罩等遮盖物遮掩住嘴和鼻。
(3)从商店购买还是家中自制的遮盖物,都应在每次使用后用适当方法彻底清洁。
(4)每次与病人接触后,都应该用肥皂彻底洗净双手;病人所居住的空间应保持空气流通,经常打开门窗保持通风。
(5)如果你所在的国家已经出现甲型 H1N1 流感病例,应按照国家或地方卫生部门的要求处理表现出流感症状的家人。

3. 如果感觉自己感染了流感,应该怎么办

(1)如果感觉不适,出现高烧、咳嗽或喉咙痛,应该待在家中,不要去上班、上学或者去人员密集的地方。
(2)多休息,多饮水。
(3)咳嗽或打喷嚏时,用一次性纸巾遮掩住嘴和鼻子,用完后的纸巾应处理妥当。
(4)勤洗手,每次洗手都应用肥皂彻底清洗,尤其咳嗽或打喷嚏后更应如此。
(5)将自己的症状告诉家人和朋友,并尽量避免与他人接触。

4. 如果自己认为需要医学治疗,应该怎么办

(1)去医疗机构之前,应该首先与医护人员进行联系,报告自己的症状,解释为何会认为自己感染了甲型 H1N1 流感,例如自己最近去过暴发这种流感的某个国家,然后听从医护人员的建议。
(2)如果没法提前与医护人员联系,那么当抵达医院寻求诊断时,一定尽快把怀疑自己感染甲型 H1N1 流感的想法告知医生。
(3)去医院途中,用口罩或其他东西遮盖住嘴和鼻。

七、甲型 H1N1 流感中医药预防方案(2009 版)

中医药在临床实践中丰富的流行性感冒的防治经验,对时行感冒(流感)疗效是肯定的。

1. 生活起居预防

(1)"虚邪贼风,避之有时",及时增减衣物,以适寒温。
(2)"食饮有节",饮食要适时、适量、适温,少进刺激之品。
(3)"起居有常",作息要有规律,多动、早睡。
(4)"精神内守,病安从来",保持心态平衡,"恐则气下,惊则气乱",对流感产生恐惧之心,也可导致气机逆乱,更易招致外感。

2. 饮食预防

饮食宜清淡,少食膏粱厚味之品(易产生积热),所以在日常生活中,做一些简单、美味的小药膳,对预防流感也有帮助。

桑叶菊花水:桑叶 3 g、菊花 3 g、芦根 10 g。沸水浸泡代茶频频饮服。

赤小豆、绿豆适量熬汤服用。

绿豆 60 g、生甘草 6 g(布包)、生薏米 20 g 熬汤后去甘草包,服用。

若口鼻干燥较重,可以棉签蘸香油外涂,具有润燥的功用。

3. 药物预防

建议不同人群在执业医师指导下在流行期间适当服用。服用中药预防注意事项。

关于治疗甲型 H1N1 流感的药物

(1)老人应在医师的指导下适当调整用量服用。
(2)慢性疾病患者及孕妇慎用。
(3)预防感冒的中药不宜长期服用,一般服用 3~5 天。
(4)服用期间或服用后感觉不适者,应立即停止服药并及时咨询医师。
(5)对某些药物有过敏史者禁用,过敏体质慎用。
(6)不要轻信所谓的秘方、偏方和验方。

甲型 H1N1 流感知识问答

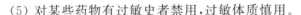

第九节 禽 流 感

一、概述

禽流感是禽流行性感冒的简称,是由禽流感病毒引起的一种急性传染病,能感染人类,感染后的症状主要表现为高热、咳嗽、流涕、肌痛等,多伴有严重的肺炎,严重者心、肾等多种脏器功能衰竭导致死亡,病死率高。此病可通过消化道、呼吸道、皮肤损伤和眼结膜等多种途径传播,人员和车辆往来是传播本病的重要因素。

禽流感是甲型流感病毒的一种亚型(也称禽流感病毒)引起的传染性疾病,被国际兽疫局定为甲类传染病,又称真性鸡瘟或欧洲鸡瘟。按病原体类型的不同,禽流感可分为高致病性、低致病性和非致病性禽流感三大类。非致病性禽流感不会引起明显症状,仅使染病的禽鸟体内产生病毒抗体。低致病性禽流感可使禽类出现轻度呼吸道症状,食量减少,产蛋量下降,出现零星死亡。高致病性禽流感最为严重,发病率和死亡率均高,感染的鸡群常常"全军覆没"。

禽流感病毒不同于 SARS 病毒,禽流感病毒迄今只能通过禽传染给人,不能通过人传染给人。感染人的禽流感病毒 H5N1 是一种变异的新病毒,并非在鸡鸭鸟中流行了几十年禽流感的 H5N2。无须谈禽流感色变。目前没有发现吃鸡造成禽流感 H5N1 传人的,都是和鸡的密切接触,可能与病毒直接吸入或者进入黏膜等原因造成感染。

二、禽流感病毒

(一) 病原体

禽流感的病原体是甲型流感病毒的 H5N1 亚型病毒。1997 年香港的禽流感与目前亚洲 10 个国家和地区发生的禽流感,病原体都相同。H5N1 型禽流感病毒是人与动物共患的流感病原体,容易引起世界性大流行。由于病毒多变异,导致甲型流感反复发生,难以彻底根除。

(二) 病毒抵抗力

禽流感病毒是囊膜病毒,对去污剂等脂溶剂比较敏感。福尔马林、β丙内酯、氧化剂、稀酸、乙醚、脱氧胆酸钠、羟胺、十二烷基硫酸钠和铵离子能迅速破坏其传染性。禽流感病毒没有超常的稳定性,因此对病毒本身的灭活并不困难。病毒可在加热、极端的 pH、非等渗和干燥的条件下失活。

在野外条件下,禽流感病毒常从病禽的鼻腔分泌物和粪便中排出,病毒受到这些有机物的保护,故而极大地增加了抗灭活能力。此外,禽流感病毒可以在自然环境中,特别是凉爽和潮湿的条件下存活很长时间。粪便中病毒的传染性在 4 ℃条件下可以保持长达 30～50 天,20 ℃时为 7 天。

(三) 病毒存活期

禽流感病毒在一定条件下可以存活较长时间。有研究提示,它在粪便中能够存活 105 天,在羽毛中能存活 18 天。

(四) 病毒变异

禽流感病毒抗原性变异的频率很高,且主要以两种方式进行:抗原漂移和抗原转变。

三、禽流感流行病学

（一）传染源

禽流感主要在鸟类中间传播，偶可感染至人，其临床表现与人类流行性感冒相似。流感病毒有 3 个抗原性不同的型，所有的禽流感病毒都是 A 型。A 型流感病毒也见于人、马、猪，偶可见于水貂、海豹和鲸等其他哺乳动物及多种禽类。流感病毒的抗原结构分为 H 和 N 两大类。H 代表 Hemagglutinin（血细胞凝集素），有如病毒的钥匙，用来打开及入侵人类或牲畜的细胞；N 代表神经氨酸酶（Neuramidinase），是帮助病毒感染其他细菌的酵素。

流行性感冒一般分为三种，即甲型、乙型和丙型。乙型和丙型流行性感冒一般只在人群中传播，很少传染到其他动物。甲型流行性感冒大部分都是禽流感，禽流感病毒一般很少使人发病。

禽流感主要在鸟类中间传播，偶可感染至人，其临床表现与人类流行性感冒相似，但人禽流感症状重、并发症多、病死率高，疫苗接种无效，与普通流感有一定区别。

除禽流感以外，常见的流感还有人流感、马流感和猪流感等。禽流感与人流感和人类健康的关系非常密切。由于猪与人的种间差异较小，禽流感病毒可以在中间宿主（猪）体内与人流感病毒杂交，并产生能感染人的新的流感病毒。

（二）传播途径

它可以通过消化道、呼吸道、皮肤损伤和眼结膜等多种途径传播。羽绒制品通常会经过消毒、高温等多个物理和化学处理过程，传播病毒的几率很小。

（三）潜伏期

禽流感潜伏期从几小时到几天不等，其长短与病毒的致病性、感染病毒的剂量、感染途径和被感染禽的品种有关。

四、治疗

1. **隔离治疗**
对疑似和确诊患者应进行隔离治疗。
2. **对症治疗**
可应用解热药、缓解鼻黏膜充血药、止咳祛痰药等。儿童忌用阿司匹林或含阿司匹林以及其他水杨酸制剂的药物。
3. **抗流感病毒治疗**
应在发病 48 小时内试用抗流感病毒药物。
（1）神经氨酸酶抑制剂——奥司他韦（Oseltamivir，达菲）

为新型抗流感病毒药物,试验研究表明它对禽流感病毒 H5N1 和 H9N2 有抑制作用,成人用药剂量每日与儿童剂量不同。

(2) 离子通道 M2 阻滞剂——金刚烷胺(Amantadine)和金刚乙胺(Rimantadine)

金刚烷胺和金刚乙胺可抑制禽流感病毒株的复制。早期应用可阻止病情发展、减轻病情、改善预后。金刚烷胺成人用药剂量与儿童不同。治疗过程中应注意中枢神经系统和胃肠道副作用。肾功能受损者酌减剂量。有癫痫病史者忌用。

4. 中医药治疗

参照流行感冒(流感)及风温肺热病进行治疗。

(1) 治疗原则

1) 及早使用中医药治疗。

2) 清热、解毒、化湿、扶正祛邪。

(2) 中成药应用

应当辨证使用中成药,可与中药汤剂综合应用。

5. 加强支持治疗和预防并发症

注意休息、多饮水、增加营养,给易于消化的饮食。密切观察、监测并预防并发症。抗菌药物应在明确或有充分证据提示继发细菌感染时使用。

6. 重症患者的治疗

重症或发生肺炎的患者应入院治疗,对出现呼吸功能障碍者给予吸氧及其他呼吸支持,发生其他并发症患者应积极采取相应治疗。

五、预防

(1) 加强禽类疾病的监测。

一旦发现禽流感疫情,动物防疫部门必须立即按有关规定进行处理。

(2) 加强对密切接触禽类人员的监测。

当这些人员中出现流感样症状时,应立即进行流行病学调查,以进一步明确病原,同时应采取相应的防治措施。

(3) 接触人禽流感患者应戴口罩、手套、穿隔离衣。接触后应洗手。

(4) 要加强检测标本和实验室禽流感病毒毒株的管理,严格执行操作规范。

(5) 注意饮食卫生。

不喝生水,不吃未熟的肉类及蛋类等食品;勤洗手,养成良好的个人卫生习惯。

(6) 药物预防。

对密切接触者必要时可试用抗流感病毒药物或按中医药辨证施防。

(7) 不去疫区旅游。

(8) 重视高温杀毒。

六、预后

人禽流感的预后与感染的病毒亚型有关,感染 H9N2、H7N7 者,大多预后良好;而感染 H₅N1 者预后较差,据目前医学资料报告,病死率约为 30%。

影响预后的因素除与感染的病毒亚型有关外,还与患者年龄,是否有基础性疾病,治疗是否及时,以及是否发生并发症等有关。

七、并发症

(1) 原发性病毒性肺炎:多见于原有心肺疾病的患者,其肺部病变以浆液性出血性支气管炎为主,患者常常因心力衰竭或周围循环衰竭而死亡。

(2) 继发性细菌性肺炎:最常见的病原菌是肺炎链球菌、金黄色葡萄球菌或流感嗜血杆菌。病人病情逐渐加重,或在暂时的改善后临床症状进一步加重,咳嗽、咳脓痰并出现肺部实变体征。X线发现肺部有片状和斑片状阴影。

(3) 心肌炎:有报道流感病毒性肺炎可以并发心肌炎。

八、禽流感与非典型性肺炎的区别

"非典"是由一种新的冠状病毒引起的。冠状病毒属于冠状病毒科,而禽流感病毒属于正黏病毒科,二者是完全不同的两种病毒。一般来说,"非典"患者的发病和禽流感临床表现,尤其是早期表现很相似,如发热、干咳、少痰、乏力、头痛和全身酸痛等症状及体征,同时可伴有头痛、关节和肌肉酸痛、乏力、腹泻等。所以,要注意二者的区分,最为可靠的区分方法是实验室检测。

第十节 其他少见急性传染病

一、登革热

(一) 病因

登革热是一种由登革热病毒引起的经蚊子传播的急性传染病。

(二) 主要症状

登革热的潜伏期通常为 3~15 天。病人起病急,高热,全身肌肉、骨骼及关节疼痛,极度疲乏,部分病人可有皮疹、出血倾向和淋巴结肿大。

(三) 应急要点

(1) 出现类似登革热的症状时应及时到当地医疗机构就诊。

（2）就医时将近期旅行及外出情况如实告诉医生。配合做好流行病学调查等应急处置工作。

（3）登革热流行季节少去或不去登革热流行地区旅游。

二、狂犬病

（一）病因

狂犬病是一种由狂犬病毒引起的急性传染病。

（二）主要症状

发热、头痛、恐水、怕风、四肢抽搐、喉肌痉挛、牙关紧闭等。一旦发病难以治愈，病死率极高。

（三）应急要点

（1）被狗、猫等动物抓伤、咬伤后，应立刻接种狂犬病疫苗。第1次注射狂犬病疫苗的最佳时间是被咬伤后的 24 h 内，之后，第 3 天、第 7 天、第 14 天和第 28 天再各注射 1 次。

（2）被狗、猫等动物咬伤、抓伤后，首先要挤出污血，用 3%～5% 的肥皂水反复冲洗伤口，然后用清水冲洗干净，冲洗伤口至少 20 min；最后涂擦浓度 75% 的酒精或者 2%～5% 的碘酊。只要未伤及大血管，切忌包扎伤口。

（3）如果一处或多处皮肤形成穿透性咬伤，伤口被动物的唾液污染，必须立刻注射疫苗和抗狂犬病血清。

（4）将攻击人的动物暂时隔离，立即带到附近的动物医院诊断，并向动物防疫部门报告。

三、流行性出血热

（一）病因

流行性出血热是一种由汉坦病毒引起的自然疫源性疾病。

（二）主要症状

发热，出现"三痛"（头痛、腰痛、眼眶痛），"三红"（颜面、颈、上胸部潮红），皮肤、黏膜出血及肾脏损害等。

（三）应急要点

（1）病人要早发现、早休息、早治疗和就近治疗。出现流行性出血热症状时应及时到医院就诊,确诊后立即进行隔离治疗。

（2）发现有死老鼠应深埋或焚烧,接触死老鼠时应戴手套或使用器具。病人用过、接触过的物品要进行消毒。

（3）与病人有过接触者,发现身体不适时应立即去医院就诊。

四、霍乱

（一）病因

霍乱是由霍乱弧菌所引起的烈性肠道传染病,俗称 2 号病。以夏、秋季多见,7～10 月为发病高峰期。

（二）主要症状

1. 潜伏期

潜伏期一般为 1～3 天,多为突然发病,出现剧烈的腹泻和呕吐,继而出现脱水及电解质紊乱,严重者会危及生命。

2. 泻吐期

病人先泻后吐,初为黄色稀水便,继之为"米泔水"样便,量大而频繁。少数人可有腹痛,但无里急后重。呕吐可呈喷射状,先为胃内容物,后可为"米泔水"样或清水样。一般不发热。本期持续数小时至一两天。

3. 脱水期

脱水期可有皮肤干燥皱缩,眼窝甚至眼球下陷,烦躁、神志淡漠,如不及时抢救可因严重脱水而危及生命。由于大量失水,血压下降,可导致循环衰竭。由于钠盐丧失可引起腓肠肌及腹直肌痛性痉挛。由于钾盐丢失可引起肌张力消失、鼓肠、心律不齐等,亦有人出现尿少、尿闭、酸中毒及尿毒症。

4. 恢复期

脱水纠正后,病人的大多数症状消失,逐渐恢复正常。病程 4～6 天。

（三）应急要点

（1）出现类似霍乱症状时,应立即到附近医院就诊。

（2）确诊病人应向医务人员如实提供进餐地点、所用食物和共同进餐的其他人员名单。

（3）配合疾病预防控制人员对病人使用过的餐具,接触过的生活用品和办公用品等进行消毒。

（4）确诊病人要在医院接受隔离治疗。补充液体和电解质是治疗的关键。同时可用四环素、复方新诺明、痢特灵、多西环素等。

五、钩端螺旋体病

(一) 病因

钩端螺旋体病是由各种不同血清型的致病性钩端螺旋体(简称钩体)所引起的一种人畜共患的急性传染病。受感染的鼠类和猪是两大主要传染源。

(二) 主要症状

临床表现极为复杂,病情轻重有很大差异。临床特点为:骤然发热,全身酸痛,软弱无力,结膜充血,腓肠肌压痛,表浅淋巴结肿大和触痛等。重型有肺部大出血,黄疸、出血等。严重的可因肝坏死、肝、肾功能衰竭和抢救不及时而死亡。

(三) 应急要点

早期发现,早期诊断,早期治疗,就地隔离治疗是重要的原则。

预防钩体病的关键是灭鼠,管理好牲畜,防止牲畜尿液污染水源。防涝,避免在流行地区和流行季节的河沟或池塘中涉水或洗澡。合理施肥或施洒农药,用草木灰或石灰等改变农田水质,以消灭钩体。另外,注射菌苗可增强人群免疫力。

第十一节 春季常见传染病预防要点

(1) 在人群聚集场所打喷嚏或咳嗽时应用手绢或纸巾掩盖口鼻,不随地吐痰,不随意丢弃吐痰或擦鼻涕使用过的纸巾。

(2) 勤洗手,不用污浊的毛巾擦手。

(3) 双手接触呼吸道分泌物后(如打喷嚏后)应立即洗手或擦净。

(4) 避免与他人共用水杯、餐具、牙刷、毛巾等物品。

(5) 注意环境卫生和室内通风,如周围有呼吸道传染病症状病人时,应增加通风换气的次数,开窗时要避免穿堂风,注意保暖。衣服、被褥要经常在阳光下暴晒。

(6) 多喝水,多吃蔬菜水果,增加机体免疫力。

(7) 尽量避免到人多拥挤的公共场所。

(8) 避免接触猫狗、禽鸟、鼠类及其粪便及排泄物,一旦接触,一定要洗手。

(9) 发现死亡或可疑病患的动物,不要触摸,应立即报告。

(10) 出现传染病疫情时,应积极配合当地卫生部门采取疫苗应急接种,扩大疫苗接种面,提高少年儿童等易感人群的免疫力,实现科学预防。

第五章

生殖健康与性传播疾病

○ 了解自己的身体,
　明白自己的需求,懂得性。

人的成长过程或状态,不仅包括发育期间身体上的变化,而且涉及感情上、心理上和社会经验上的差异。为了顺利度过这一时期,学习生殖保健及性心理等生殖健康的知识十分必要。

第一节 生殖系统解剖及性发育

一、男性生殖系统解剖及性发育

男性生殖器按其所在部位,分为内生殖器和外生殖器。内生殖器包括睾丸、附睾、输精管、射精管、尿道球腺、精囊腺及前列腺。外生殖器包括阴茎和阴囊(见图5-1)。

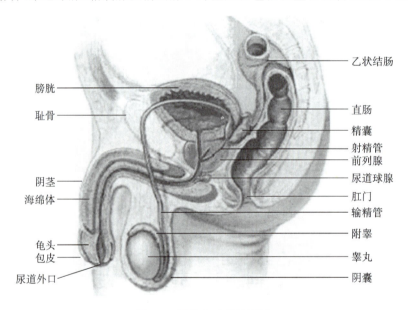

图 5-1 男性生殖系统图解

(一) 内生殖器

1. 睾丸

睾丸位于阴囊中,左右各一,功能是产生生殖细胞——精子及分泌男性激素(雄激素)。在性成熟时,睾丸的间质细胞主要分泌以睾丸酮为主的雄激素,自青春期开始分泌增多,老年时减少,但可维持终生。雄激素主要生理作用如下。

(1) 刺激男性性器官发育,并维持成熟状态。

(2) 作用于曲精小管,有助于精子生成与成熟。

(3) 刺激附性征出现,并保持正常状态。

（4）维持正常性功能。

（5）刺激红细胞生成及长骨生长。

（6）参与机体代谢活动，促进蛋白质合成（特别是肌肉、骨骼、生殖器官等部位）。

2. 附睾

附睾位于阴囊的后上方，功能是贮存精子。

3. 输精管、射精管

输精管为输送精子的管道，在膀胱底的后方与精囊腺的排泄管合并成射精管。

4. 附属腺：精囊腺、前列腺及尿道球腺

精囊腺位于膀胱的后方，分泌碱性黏稠的液体，内含前列腺素，参与精液的组成。

前列腺位于膀胱的下方，分泌物呈弱碱性，参与精液的组成。功能：分泌前列腺液。其作用是可以中和射精后精子遇到的酸性液体，从而保证精子的活动和受精能力。前列腺液是精液的重要组成成分，约占精液的20%。内分泌作用：前列腺还可以分泌激素，称之为前列腺素，对不同的组织、细胞的作用常不相同，对生殖系统、心血管系统、呼吸系统、消化系统、神经系统均有一定的作用。

尿道球腺能分泌黏液，参与精液的组成。

（二）外生殖器

1. 阴茎

阴茎悬垂于耻骨联合的前下方，具有排尿和排精两种功能。可分为阴茎头、阴茎体和阴茎根三部分，头体部间有环形冠状沟。阴茎头为阴茎前端的膨大部分，尖端有尿道外口，头后稍细的部分叫阴茎颈。

阴茎由两个阴茎海绵体和一个尿道海绵体，外面包以筋膜和皮肤而构成。尿道海绵体内尿道贯穿其全长，前端膨大即阴茎头，后端膨大形成尿道球。每条海绵体的外面包被着一层纤维膜，海绵体的内部有结缔组织、平滑肌构成的小梁，小梁间空隙腔称为海绵体腔，海绵体腔与血管相通，若腔内充血海绵体膨大，则阴茎勃起。海绵体根部附着肌肉，协助排尿、阴茎勃起及射精。阴茎皮肤薄而易于伸展，适于阴茎勃起。阴茎体部至颈部皮肤游离向前形成包绕阴茎头部的环形皱襞称为阴茎包皮。

2. 阴囊

阴囊是阴茎后下方的皮肤囊袋，容纳睾丸、附睾。阴囊除保护睾丸及精索外，并使阴囊内保持较低的温度，是精子正常发育不可缺少的条件。精细胞对温度比较敏感，所以当体温升高时，阴囊舒张，便于降低阴囊的温度；当体温降低时，阴囊收缩，以保持阴囊内的温度。如果男孩出生后，睾丸一直不能从腹腔下降至阴囊内，称为隐睾症，如不及时进行手术治疗，会影响成年后的生育功能。

（三）男性性发育

男性生长期发育最早的信号表现为睾丸增大，阴茎和阴囊出现变化，这些变化发生在12岁前后。按照生长期发育的顺序，男性生长突增出现得较迟，要到其生殖器和睾丸发育已经较完善才开始。许多男性，特别是发育较晚的男性，为生长突增迟迟不来而深

感苦恼,他们总以为发育一开始生长突增也就开始了,其实并非如此。

成年男子要比女子长得高,这是因为男性发育期生长突增开始较晚的缘故。生长突增开始的年龄,女性约为9~11岁,男性通常晚2年,约为11~13岁,由于男性青春期发育开始年龄比女性晚,骨骼停止生长的时间也相应晚,加之突增幅度大,故到成年时男性的平均身高一般比女性高10 cm。

男性发育中出现外部征兆(长胡须和变音)的时间比生殖器的发育晚。男性生殖器发育以及男性体毛(第二性征)的出现与发育期并不是同义的。发育期被定义为获得生殖能力的时期,男性的睾丸一开始增大就产生精子,但这种精子未必有可育性。当一个男性在发育期的夜间出现遗精并产生具有活力的精子时,毫无疑问,可以说他具有生殖能力了。男性睾丸在外形与质地上有个体差异,因此了解自己的解剖很重要。

(四) 男性外生殖器自检

取直立位,斜靠着靠背以及坐位时进行生殖器自检。最好在洗了热水澡以后进行,因为热可以使阴囊皮肤松弛,睾丸下沉。这种让睾丸易触摸的状态更容易发现不正常情况。

首先,注意一下提睾肌收缩和松弛的周期,体会进行提睾反射。然后检查一侧或两侧睾丸。可将双手的拇指分别放在两侧睾丸上方,将食指和中指放在下方,然后对睾丸实施很小量的压力,并让睾丸在指间滚动。睾丸表面光滑,硬度方面很结实。两侧睾丸可以直接进行比较,这有助于发现异常(尽管两个睾丸在大小上通常有轻度的差异)。有些肿胀或触摸时感到疼痛的区域可能提示有感染。附睾位于每个睾丸的后方,有时会被感染,在触摸时有压痛。此外,用指尖触摸睾丸,如果发现有硬或不规则的肿块(可能触摸时不会感到疼痛),这个肿块可能不会大于一颗小豌豆,但可能提示早期的睾丸癌。这种癌症尽管相对少见,却可能进展非常迅速。早期发现和治疗对于成功康复非常关键。

检查生殖器的时候也要注意阴茎有无异常变化。阴茎表面任何地方有溃疡或不正常的肿块都可能是感染、性传播疾病或很少见的阴茎癌的症状。尽管阴茎癌是所有癌症中最少见的,它却是创伤性最大的癌症之一,如果没有早期诊断和治疗,就会导致死亡。阴茎癌通常开始是在阴茎头上出现一个小的、无痛性溃疡,或者在未进行包皮环切术的男性包皮上出现类似的病变。溃疡可能会数周、数月甚至数年保持不变,直至它变为菜花状的肿块,这是慢性过程,在首次发现溃疡之后应立即就医,此时有治愈的希望。

(五) 男性生殖保健

在多数人的观念中,男性生殖健康仅仅是成人话题。这一观念需要转变,男性生殖保健应该贯穿男性一生。

小儿生殖健康对于许多人还是个观念"盲区",小儿包茎是最常见的问题,3岁以后开始显现。其他的小儿生殖器官疾病还包括隐睾、隐匿阴茎和尿道下裂等疾病。小儿生殖器官发育异常的情况,要及早发现及时治疗,并注意小儿的生理卫生。

青春期性健康教育开始走进学生课堂。性器官逐渐成熟的同时,往往性知识缺乏、性心理尚不成熟。如果缺乏正确教育和引导,当体征变化、异性吸引、遗精、手淫等现象出现后,有的青少年会产生很大的心理压力,甚至影响学业和身心健康。应以适当的方式进行正确引导,提供帮助。

性生活及性心理、不育症及生殖系统健康是困扰成年男性的主要问题,尤其勃起功能障碍(简称 ED)对男性性生活质量影响很大。ED 受生理、社会、心理等多种因素影响,治疗也应分清具体情况。值得注意的是,ED 是许多内科疾病的先兆症状,中华医学会男科学会建议在进行 ED 诊治前先进行内科检查。此外,前列腺炎也是中青年男性的常见病,并且类型复杂,应根据具体症状及时诊治。男性健康不能只靠医药保健品,体育锻炼、饮食营养和良好的生活习惯才是改善健康状况的根本之道。

二、女性生殖系统解剖及性发育

女性生殖系统由内生殖器和外生殖器两部分组成(见图 5-2)。

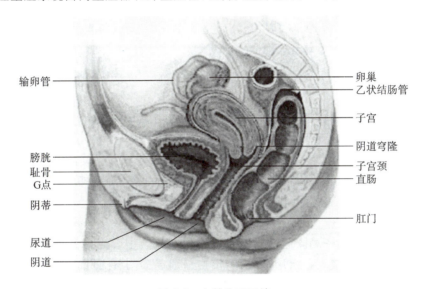

图 5-2　女性生殖系统

(一) 内生殖器

包括卵巢、输卵管、子宫、阴道。前二者称子宫附件。

1. 卵巢

卵巢位于骨盆侧壁,子宫两旁,输卵管的后下方。有产生生殖细胞——卵细胞和分泌女性激素的功能。青春期前,卵巢表面光滑;青春期开始排卵后,表面逐渐凹凸不平;成年妇女的卵巢约 4 cm×3 cm×1 cm 大,呈灰白色;绝经后卵巢萎缩变小变硬。

2. 输卵管

具有输送卵细胞作用,是卵细胞与精子受精的部位。为一对细长而弯曲的管,位于子宫阔韧带的上缘内,内侧与宫角相连通,外端游离,与卵巢接近。伞部为输卵管的末端,开口于腹腔,游离端呈漏斗状,有许多须状组织,有"拾卵"作用。

3. 子宫

子宫位于盆腔中央,膀胱与直肠之间,下端接阴道,两侧连接输卵管和卵巢。子宫的正常位置呈轻度前倾前屈位,主要依赖子宫韧带及骨盆底肌和筋膜的支托作用。

一般成年未产妇的子宫呈倒置的梨形。子宫为一壁厚、腔小、以肌肉为主的器官。腔内覆盖黏膜称子宫内膜,青春期受性激素影响发生周期性改变并产生月经;性行为后,子宫为精子到达输卵管的通道;孕期为胎儿发育生长的部位;分娩时子宫收缩胎儿及其附属物娩出。未产妇的宫颈外口呈圆形,已产妇的宫颈外口受分娩影响而形成横裂。

宫颈:主要由结缔组织构成,含有平滑肌纤维、血管及弹力纤维。宫颈管黏膜上皮细胞呈柱状,黏膜层有许多腺体,能分泌碱性黏液,形成宫颈管内的黏液栓,将宫颈管与外界隔开。宫颈阴道部为复层鳞状上皮覆盖,表面光滑。在宫颈外口柱状上皮与鳞状上皮交界处是宫颈癌的好发部位。

4. 阴道

为经血排出及胎儿娩出的通道及性行为器官。位于骨盆下部中央,呈上宽下窄的管道,前壁长 7~9 cm,与膀胱和尿道相邻;后壁长 10~12 cm,与直肠贴近。上端包围宫颈,下端开口于阴道前庭后部。

(二) 外生殖器

又称外阴,指生殖器官的外露部分,位于两股内侧之间,前面为耻骨联合,后面以会阴为界。包括阴阜、大阴唇、阴蒂、阴道前庭、前庭大腺。

1. 阴阜

即耻骨联合前面隆起的脂肪垫。青春期该部皮肤开始生长阴毛,分布呈尖端向下的三角形。阴毛疏密、粗细、色泽可因人或种族而异。

2. 大阴唇

为邻近两股内侧的一对隆起的皮肤皱襞,起自阴阜,止于会阴。大阴唇皮下脂肪层含丰富血管、淋巴管和神经。当局部受伤,出血易形成大阴唇血肿。未婚妇女的两侧大阴唇自然合拢,遮盖阴道口及尿道外口,经产妇大阴唇由于分娩影响向两侧分开;绝经后大阴唇呈萎缩状,阴毛稀少。

3. 小阴唇

为位于大阴唇内侧的一对薄皱襞。无毛,富含神经末梢,故敏感。两侧小阴唇前端相互融合,再分为两叶包绕阴蒂,前叶形成阴蒂包皮,后叶与对侧结合形成阴蒂系带。

4. 阴蒂

位于两小阴唇顶端的联合处,它与男性阴茎海绵体相似,具有勃起性。分为三部分,前端为阴蒂头,富含神经末梢,极敏感,中为阴蒂体,后部分为两个阴蒂脚,仅阴蒂头露出,其直径 6~8 mm。

5. 阴道前庭

为两小阴唇之间的裂隙。其前为阴蒂,后为阴唇系带。在此区域内,前方有尿道外口,后方有阴道口,阴道口与阴唇系带之间有一浅窝,称舟状窝(又称阴道前庭窝)。在此裂隙内尚有以下各部。

(1) 前庭球。

(2) 前庭大腺。

(3) 尿道口。其后壁上有一对并列腺体称尿道旁腺,其分泌物有润滑尿道口作用,此腺常有细菌潜伏。

(4) 阴道口及处女膜。阴道口位于尿道口后方、前庭的后部,为阴道的开口,其大小、形状常不规则。阴道口周缘覆有一层较薄黏膜称处女膜。膜的两面均为鳞状上皮所覆盖,其间含结缔组织、血管与神经末梢,有一孔多在中央,孔的形状、大小及膜的厚薄因人而异。处女膜多在初次性行为时破裂,受分娩影响产后仅留有处女膜痕。

(三) 女性性发育

大约一半的女性在 12 岁之前就已经出现发育期开始的信号。女性最早出现的发育信号通常是乳房发育。乳房发育的开始标志着发育期生长突增的开始。一般情况下与此同时开始出现阴毛,但有时阴毛生长先于乳房的发育。如果两者发育的时间间隔相差超过 1 年(不管哪个先发育),就有可能是出现疾病的预兆。

在乳房开始发育后的 18 个月中,乳房、阴毛的生长速度均日益增长,但是月经初潮(月经开始)要到生长突增高峰过后乳房和阴毛发育完善时才出现。第一次初潮后,有些女性月经不规则现象会持续 2～5 年。这是因为这时期的月经不是有规则地与排卵相联系,这种现象直到排卵呈有规则的循环时(平均一般要 2 年,有时长达 5 年),月经才能有规则地出现。因此,在初潮后的几年中,月经周期不规则是正常现象,但倘若这种现象持续 5 年以上,则应请教医生。女性完成发育期所有发育的年龄是各不相同的,其中 50% 的女性在 3 年之内可完成发育,3% 的女性只用 18 个月,而 47% 的女性要满 5 年时间才能完成发育期所有阶段的发育。

(四) 月经的形成

子宫内膜随卵巢的周期性变化而发生改变,一般分为四期。

1. 增生期

经期后,在雌激素作用下,子宫内膜基底层细胞开始增生,先是修复剥脱处创面,随后因继续增生而变厚,腺体增多、变宽,并渐屈曲。血管也增生,渐呈螺旋状。间质则增生致密。此期相当于卵泡发育成熟阶段,即月经周期的第 5～14 天左右。

2. 分泌期

约为月经周期的 15～23 天,相当于排卵后黄体成熟阶段黄体分泌的孕激素和雌激素,将使增生期内膜继续增厚,腺体进一步扩大、屈曲、出现分泌现象。血管也迅速增长,更加屈曲。间质变疏松并有水肿。此时内膜厚且松软,含有丰富营养物质,有利于受精卵着床发育。

3. 月经前期

相当于黄体退化阶段,约经期的 24～28 天。黄体退化时,孕激素、雌激素水平逐渐下降。激素的这一减退,将使内膜间质水肿消退变致密,血管受挤压而使血流郁滞。最后出现局部血管的痉挛性收缩,造成内膜缺血、坏死,血管破裂出血。

4. 月经期

为月经周期第 1～4 天。在内膜功能层(在基底层以上的部分,厚约 5～6 mm)形成的散在小血肿,将使坏死的内膜剥脱,随血液排出,称之为月经。内膜的基底层随即开始增生,形成新的内膜。故月经期实际上是一个周期的结束,也是下一周期的开始。

第二节 常见生殖器异常

一、两性畸形

人们俗称的"阴阳人",在医学上叫两性畸形。它是一种先天的生殖器官畸形,是由性染色体异常所引起的。可分真两性畸形和假两性畸形两类。

(一) 真两性畸形

这种人体内既有男性性腺睾丸,也有女性性腺——卵巢。而且形式多种多样,有的长一个卵巢和一个睾丸,有的则两个卵巢和两个睾丸,有的卵巢和睾丸连在一起。外生殖器长得像男性又像女性,比较典型的是前面有一个发育不全的小阴茎,后面长有大阴唇,中间还有一个小小的阴道口,里面连着发育不全的子宫。

(二) 假两性畸形

这种人体内只有一种性腺,不是睾丸就是卵巢,并非两种共存。只是外生殖器长得不男不女,体内长卵巢的两性畸形患者,医学上称为女性假两性畸形,从本质上来说,这种人是女性,但外生殖器往往像男性,肥大的阴蒂很像阴茎,阴道外部不发育,常被误认为男性。体内长睾丸的两性畸形患者,医学上称男性假两性畸形。这种人是男性,但外生殖器又往往像女性,阴茎很小,类似女性的阴蒂,外阴两侧隆起的阴囊又像女性的大阴唇,常误认为女性。

"阴阳人"可到医院检查,在医生的指导下,根据医疗处理的可能性进行性别"改造"。

二、石女

"石女"就是指从未来过月经的女性,属于生殖器发育异常的一种先天性疾病。一般包括以下三种情况。

(一) 先天性处女膜闭锁

这种情况使经血不能外流。青春期以前的女孩对处女膜闭锁毫无感觉,当进入青春期,月经来潮后,由于经血不能外流,有明显腹痛,阴道胀痛,部分患者阴道口有紫色黏膜膨出。

（二）先天性阴道横膈

这种患者，一般外阴正常，但是在阴道的某一部分有一层横膈封闭，除了阴道深度不够，月经血亦不能流出。在月经期间，有腹痛，下腹部胀痛等症状。

（三）先天性无阴道

这种患者，外阴部发育正常，唯独没有阴道。一般先天性无阴道的人，大多无子宫，所以无月经，也没有下腹胀痛的症状。但是一般有卵巢，因此，第二性征发育良好，也就是说，女性所有的外表特征和心理，她都具备。

前两种情况，即先天性处女膜闭锁和先天性阴道横膈，一般情况下，只要做一个小手术，切开闭锁的处女膜和阴道横膈，经血就可排出，这类人结婚后不影响性生活和生育。第三种情况，即先天性无阴道，也可以医治，即施行人工阴道形成手术。这种人婚后，人工阴道也能使夫妻获得满意的性生活，但没有月经，不能生育。

三、包茎

随着年龄长大，直到青春期，男性包皮口狭小或包皮与阴茎头黏连。使包皮不能上翻，不能露出尿道口和阴茎头者，叫作包茎。

严重包茎包皮口极度狭小，排尿时包皮鼓起如球形甚至可造成排尿困难。包皮内积垢或形成结节，容易引起包皮阴茎头炎，长期炎症刺激可能诱发阴茎癌。炎症反复发作会引起包皮与阴茎头黏连或尿道口狭窄，形成尿路梗阻。

由于包皮口狭小，包皮被勉强上翻，露出阴茎头，但包皮口紧勒在阴茎冠状沟处，造成包皮和阴茎头的血液和淋巴回流障碍，称为嵌顿包茎，若不能及时复位，局部可发生水肿，使包皮的狭窄环越来越紧，可形成溃疡和组织坏死。

包茎应尽早手术治疗，宜童年时期进行包皮环切术。并发炎症时，应先消炎后手术。

四、包皮过长

男性包皮遮盖全部阴茎头和尿道口，但可上翻露出阴茎头，称为包皮过长。包皮过长只要保持局部清洁，经常洗涤不使积垢，对健康并没有什么影响，不需治疗，如果不注意局部卫生，易引起包皮阴茎头炎，可使包皮与阴茎头黏连，成为继发性包茎。包皮过长并且经常发炎时，应到医院进行包皮环切术。

五、隐睾

一侧或两侧睾丸未降入阴囊内者，称为隐睾。隐睾多为单侧，双侧较少。隐睾的主要表现是阴囊的一侧或两侧无睾丸。有的可在阴囊侧上方触到正常大小或小于正常的睾丸,有的隐睾停留在腹腔内则触摸不到。隐睾常常发育不良。

若两侧出现隐睾可使生精功能丧失而造成不能生育。隐睾发生癌肿的机会较多,比正常高几十倍。隐睾者应尽早手术治疗,最好在两岁前手术为宜,手术过晚可影响睾丸的发育,手术目的是保全生育能力,避免心理上的不良影响和预防可能发生的并发症。

第三节　性生理卫生与青春期性心理

一、男性生理卫生

(一) 遗精

遗精属正常生理现象。有些男性把精液看得很神秘、很珍贵,遇有遗精就惊慌失措,误把生理现象视为病理现象。精液是精子和多种黏液组成的,水分占90%以上,其余为蛋白类物质,因此排出几毫升的精液对身体并没有什么危害,一般每月遗精两三次均属正常,青少年频繁遗精一般有学习生活过度紧张,手淫和与性有关的语言、文字和声像刺激敏感等原因。

防止频繁遗精的主要措施是合理安排学习生活,劳逸适度。临睡前不要大量饮水,不要过度兴奋,也不要看有色情刺激的小说或电视。可做些轻松的体操和散步,争取很快入睡。内裤要宽松些,床铺不要过暖过软,被子不要盖得太厚太重。睡觉姿势最好是侧卧,因为仰卧、俯卧容易刺激外生殖器,在医师指导下使用冷水浴锻炼,可逐步增强体质,对治疗频繁遗精有一定作用。

(二) 手淫

手淫是一种性自慰行为,是青春期男女常易发生的,自我获得性快感的性活动。偶尔也可在儿童或成人中发生。开始时往往是无意中玩弄或内裤太紧造成阴茎部或阴蒂部受刺激,后发觉可带来一定的快感,又加上性器官的发育成熟,出现性的冲动,为了满足性的要求,就情不自禁地经常手淫,日久便成为了习惯。如果思想意识在性刺激的挑逗下,不能自我控制,手淫就可能成为一种不能摆脱的不良习惯。据国内外有关研究资料表明,男青少年有手淫行为者占70～80%,女性较男性少见。

手淫在一般情况下偶尔发生对健康无害。但经常沉湎于手淫,会有害于健康。部分青少年常因手淫而紧张、焦虑、自责自罪和恐惧,这种心理矛盾很易引起神经过度紧张,其结果会导致局部或全身性功能失调。

引起手淫的原因有:包皮过长、龟头炎、包皮垢积聚、前列腺炎、婚后性生活无度、经常阅读淫秽书刊、听黄色录音、观淫秽录像,以及内裤太紧、被子太重太暖等。

预防和治疗手淫的措施,除针对上述病因外,特别要注意加强自我调控与疏导,积极参加健康的文体活动,学习和掌握科学知识,正确对待异性。建立科学、健康、文明的生活方式。要保持生殖器的清洁卫生,包皮过长并经常发炎者应行包皮环切术,有前列腺炎等给予治疗。对手淫者最好的忠告是不要有罪恶感、羞耻感及恐惧心理。

二、女性生理卫生

(一) 经期卫生

月经是女性的正常生理现象,但是,在经期及经期前后,身体会发生一些变化,如大脑的兴奋性降低而导致容易困倦疲劳,抵抗疾病的能力减弱,因而易患伤风感冒或其他疾病。同时,生殖器官的某些防御机能被破坏,如子宫内膜脱落形成创面,阴道内的酸性杀菌黏液被经血冲淡,子宫颈口又微微张开,很容易受病菌入侵。由于这些不利因素,在经期不注重保护,很可能引起全身性疾病、月经病或生殖器官的病症,以致影响健康或生育能力。在月经期间应注意以下几个方面。

(1) 月经期要保持外阴清洁,勤用温开水冲洗。

(2) 注意保持卫生巾清洁,用一次性消毒卫生巾。

(3) 经常保持精神愉快,适当参加文娱活动,可转移由于经期内分泌变化而引起的烦躁、郁闷心情。

(4) 忌食生冷,保暖,防止因过度劳累而引起盆腔充血。但是适当的劳动和体育活动可以促进血液循环,使经血保持通畅,并可减轻下腹胀满和腰酸背疼的感觉。经期游泳对大多数女性来讲是不适合的,可引起月经不调及生殖系统感染。

(5) 少吃刺激性食物,多吃蔬菜和水果,保持大便通畅。月经期大脑皮质的兴奋性下降容易出现疲劳和嗜睡,情感波动也较大,故最好不喝浓茶、咖啡等。同时要注意有规律的生活和充足的睡眠。

(二) 经前期紧张综合症

有些人在月经来潮之前7～10天就有预感:头痛、头晕、失眠;恶心、呕吐;乳房发胀,一碰就痛;下腹部有坠胀感,眼睑水肿;易冲动,心情烦躁或抑郁,这些症状会越来越重,直到月经来潮才消失,这种症状称为经前期紧张综合症。引起经前不适的原因,现在还不清楚,但多数医生认为和性激素有关。雌性激素多了,或者由于黄体素生成过少而显得雌性激素过多,使身体的钠盐排出量减少,体内存钠量大,大量存留水分,结果引起水肿。上面所述的一系列症状都是水肿的后果。水肿发生在脑,就会有头痛及精神上的症状,水肿出现在躯体上时,就会有乳房胀痛,颜面水肿的表现。

有经前不适的人,来月经之前要少吃盐,避免水肿加重。有头痛一类症状时,可以服止痛片,或用针灸治疗。严重的需要医生用激素调整。

(三) 白带

阴道在正常情况下是比较湿润的,里面有一种奶白色像蛋清一样的分泌物,这就是

"白带",健康的妇女都有。

白带,来源于子宫颈和阴道,使阴道保持一定的湿度,可防止病菌的入侵。

女性在青春期,阴道内寄生大批"阴道杆菌",这类细菌能使阴道液变成酸性,使外来的病菌不易生存。但阴道杆菌不能在干燥的环境里生长,必须在湿润的环境下它才能生长旺盛。所以阴道内湿润和具有酸性的环境,对健康是有好处的。

子宫颈,分泌相当黏稠的碱性液,平时,这种黏稠液体把子宫颈口糊住,细菌就通不过,而那些不怕酸的病菌即使能通过阴道,到达子宫颈口也不易生存。白带成为有力的"防御线"。

青春期,生殖器官发育,白带生成(这是因为雌激素增多的缘故)。月经前及月经期中,白带会增多。此外,怀孕期间、热天从事体力活动以及性冲动时,这些液体会增加,少数人在排卵期白带中可带有血丝,亦属于正常现象。经常用温开水洗外阴,保持外阴清洁,能减少病菌的入侵和滋长。

三、青春期性心理发育

青春期第二性征和性发育成熟,性意识日趋浓厚。开始对性知识产生关注和追求,这是正常心理的表现。获得科学的性知识,改变对性的无知状态,破除对性的神秘感和好奇心,促进性心理的健康发展,为生理和心理的进一步成熟打下良好的基础。

(一)青春期的性心理发展阶段

青春期的少男少女相互之间产生好感和爱慕,这是伴随着性机能成熟而逐渐产生的一种正常心理现象,其发展大体经过以下三个阶段。

1. 疏远异性期

青春期刚开始,少男少女内心动荡不安,少男怕人家看到自己长出了阴毛和勃起的阴茎,少女怕自己乳房膨隆起来。男女界线较清,甚至有时还对异性产生反感。在学校组织的一些活动中,男女不在一起,相互不接触。有的男女生稍有接触,就遭其他同学私下议论,因此,异性间有相互躲避的现象,但内心对异性充满好奇。

2. 接触异性期

步入青春期的年轻人,由于生理发育,第二性征日趋明朗与完善,性机能也不断成熟,遗精、手淫、射精等性行为的表现,进一步促进了性意识的发展。男女开始出现情感上的吸引,逐渐摆脱心理上的两性隔离状态。他们喜爱看爱情文艺作品,对情爱场面表现出热情,时常出现性幻想。开始喜欢在同龄异性面前表现自己,想与异性接近、交谈。此时的爱慕并不一定针对某一个异性,但已蕴藏着对异性的爱恋之心。

3. 两性初恋期

这个时期是少男少女由青春期向青年人过渡的阶段,进入更加成熟的时期。此期他们对异性的爱慕和追求专一,往往以精神上的寄托来显示爱恋之情,情爱易激发,也易波动,但性心理成熟的青年男女并不以直接的性行为来表达爱情。

(二) 正确对待青春期的性心理变化

进入青春期的男女青年互相爱慕吸引,主动接近、依恋,并出现性欲望与性冲动是正常现象。但是现代社会,人已经远远超脱了动物式的单纯的性欲需要,而是更理智地追求心理上、感情上和精神上的需要与满足。

情窦初开的男女青年,要用精神文明来节制冲动,明确认识在校期间必须理智地实行适度的性压抑。这种性压抑对青少年的成长及身心健康发展都是有益的。要把主要精力放在学习、工作和事业上;要增强理智,学会通过恰当的途径来调节自身的情爱和性爱的需要,使之得到升华或替换;要增强性道德观念及道德意志力,这是纯洁爱情的基础。

要加强法治观念,避免陷入性犯罪的深渊,所谓"泛爱"的"性解放",是一种放纵动物原始本能的社会倒退逆潮,在西方已经造成极为严重的社会后果。对谁都爱实际上是没有爱,淫荡和纵欲使家庭解体,子女受害;更严重的是引起各种性病的流行,尤其是艾滋病的蔓延,这将导致难以预料的社会后果。青年人在人生的非理性深渊前,要亮起理智的红灯,不要在春天就去摘取秋天的果实。

(三) 青春期异性交往的好处

男女青年随着年龄的增长,对异性的向往必然导致异性间交往的增加,这就存在着一个如何对异性交往进行指导的问题。在异性交往中,一方面要防止对性的放纵态度以及出言不逊,甚至挑逗的言行;另一方面,也要破除"男女授受不亲"的封建陈腐观念。由于封建观念的不良影响,使有些人对男女青少年的交往特别敏感,认为男女之间只能有爱情,不能有友谊。其实异性交往至少有以下几点好处,应予提倡。

(1) 有利于能力上取长补短。因为思维方面女性擅长于具体形象思维,而男性擅长于抽象逻辑思维,通过交往,有助于男女双方的思维互补,从而提高各自的智力水平。

(2) 有利于情感的交流。女性的情感比较细腻温和,富有同情心,而男性的情感粗犷热烈,且易外露,通过交往,有助于男女双方情感互补。

(3) 有利于个性的发展。由于异性间的个性差异远大于同性间的个性差异,因此,男女之间的交往能使性格更加开朗,情感体验更丰富,意志更坚强。

(4) 有利于活动中相互激励。"异性效应"是一种普遍存在的心理现象,因为当有异性参加活动时,异性间心理接近的需要得到了满足,从而使人获得愉悦感,并激发其潜在的积极性和创造力。

(5) 有利于增进性心理健康。男女交往,可满足青少年的心理需求,达到性心理平衡;若缺乏异性交往,易发生性心理扭曲,导致性变态或性功能障碍。

(6) 有利于妥善处理婚恋问题。只有具备了在正常氛围中异性交往的经验,才能掌握友谊与爱情的区别,从而更稳妥地把握自己的情感,更认真地择偶,恋爱、婚姻的成功率也会更高。

但在异性交往时也应注意交往尺度,如过分拘谨、随便、冷淡、亲昵、卖弄、严肃或违反习俗都易造成不良后果。

第四节　恋爱与性心理

在许多人的眼中,世界上除了"母亲"之外,再也没有比"爱情"更美丽、更让人心驰神往的字眼了。而能够获得美满的爱情,能够全身心地去享受爱情的甜蜜,大概也是所有社会人在人生长河里所愿意的。遨游于知识海洋中的大学生们,往往要面临一个亘古常新的课题——爱情,她不知不觉地、悄悄地潜入你的心扉,撞击你的心灵。然而,爱情既可以是美醇佳酿,给人以莫大的幸福和快乐,也可以是涩水苦果,给人带来无穷的痛苦和烦恼。

恋爱与性心理问题,是大学生常见的心理困扰。一般包括:单相思、恋爱受挫、恋爱与学业关系问题、情感破裂的报复心理等。性心理问题常见的有:手淫困扰,以及由婚前性行为、校园同居等问题引起的恐惧、焦虑、担忧等,还包括异性癖、恋物癖、偷窥狂等等。

一、正确对待性好奇

我国青少年的性教育曾经是个禁区,改革开放之后好不容易打开这扇门,却把门缝留得小小的,而且冠以"青春期教育",还是羞羞答答、扭扭捏捏地回避实质性问题。这样越发使青少年觉得性是神秘的、见不得人的事,结果越是遮遮掩掩,他们就越要弄明白对他们保密的那部分内容。

如果不从正确的途径获得性知识,他们只能从不正规的途径获得以讹传讹的错误信息。因此学校或家长应该把科学的性知识告诉他们,彻底消除这种神秘感。性教育并不单纯是性知识的教育,它还包括许多内容。性教育实际上是爱的教育,它将教会青少年什么是爱,如何去爱,如何做人,如何处理人际关系,如何保护自己,如何爱护尊重他人,它寓性道德教育于性知识教育之中,也只有掌握科学的性知识,才能更好地用性道德准则约束自己。

随着性生理成熟的到来,青少年的性意识开始觉醒和萌发,惊喜、紧张、惊慌失措,其主要表现可以分为几个方面。

(一) 对性知识产生浓厚兴趣

社会的封闭激起他们的逆反心理,课本里不讲,自然有大量低级趣味的传单之类的东西找上门,投其所好。所以应该普及科学知识,呵护青少年身心健康。

(二) 喜欢接近异性

在性激素作用下青少年产生向往或爱慕异性的心理是合情合理的,是他们性心理发育的体现。可惜由于他们的性心理远远不如性生理那么成熟,因此出现二者相差甚远的状况。这就造成他们不能妥善处理这一阶段的心理变化,有人说他们容易早恋,实际上他们这时的心理状况并非恋,而仅局限在一般的向往和爱慕,根本与恋爱无关。

由于有了与异性接触的冲动,而且具有十分不稳定的特点,忽而热血沸腾,恨不得一下投入对方的怀抱,忽而发脾气,发誓再也不见对方了。因此这时容易出现过分的冲动,不能控制自己的情感和行为。由于不善于驾驭感情,不能用伦理道德约束自己,他们不能冷静地分析人和事,往往一失足成千古恨。所以这时决不宜进入卿卿我我的二人世界,只应保持与异性的广泛交往和正常的友谊。

(三) 具有性欲望和性冲动

这是由性成熟后性激素水平迅速升高而形成的。然而,人是有思想的,所以人的本能冲动可以受大脑的理性控制,不让它像洪水一样四处泛滥。只要青少年的生理发育正常,到了这一年龄后会产生性欲望,即对性感兴趣,这包括爱看言情小说,做有性内容的梦,出现性的幻想和憧憬,性欲强烈时还会发生手淫的自慰现象。其实这是每个人都必然经历的发育阶段,因此要承认青少年这时出现的性冲动是合理的,只是要引导他们正确对待和处理这些问题。既不能把性欲望和性冲动看作是思想不健康或低级下流的事,从而自责或产生内疚感;也不能让欲望控制自己,突破性道德和性文明的约束,模仿西方的性自由和性解放,从而出现性病感染、未婚先孕等不文明的恶果,使自己的身心受到严重伤害。

因此,在接受科学性教育的同时,应注意自觉抵制性挑逗、低级庸俗和不健康的读物,克服这方面的好奇心,因为好奇有时像吸毒一样,开始谁也没打算一辈子吸毒,或吸得倾家荡产,只不过出于好奇,谁知抽上一口就再也摆脱不了。对黄色书刊和录像也是一样,有了第一次,自然就有第二、第三次了。青少年成长过程实际上也是不断培养自己意志力的过程,没有一点儿意志力的人必将一事无成。

与此同时要培养强烈的事业心,青少年正是长知识、长身体的时刻,这二者都是将来干事业的基础,所以把主要精力投入学习和身体锻炼中,搞好自己的文化和身体素质至关重要。这样就很难把精力再分散到其他方面去。

二、健康的爱情观

(一) 何谓爱情

古希腊哲学家苏格拉底认为:"爱情是爱一切的善,是一种动人的欲望。"
英国哲学家休谟认为:"爱情是人的自然本性,是美貌、肉欲、好感三种情感的结合。"
人本主义心理学家卡尔罗杰斯说:"爱是深深的理解和接纳。"
爱情是人类永恒的美,永恒的力量,人类一代接一代,爱情永远是人类生机勃勃、代代相传的最坚实的纽带。可见,爱情是性爱基础上高度升华而成的人类崇高的社会性情感,是两性的一种特殊的社会关系。

(二) 爱情不同于喜欢

喜欢的对象是广泛的,爱情的对象是单一的;喜欢产生的是满足、愉悦的体验,而爱情产生的是一种依恋与关怀;喜欢的目的是从喜欢的对象那里获得满足与愉悦,即是一个"取"和"得"的过程;爱情是以别人为出发点,其目的在于"给"和"予"。

（三）爱情的性质

1. 依恋性

陷入爱情中的人，充满了对对方的依赖和思恋，以至于茶不能思，饭不能进。

2. 关注与奉献性

关注对方的情感状态，感到对方快乐就是自己最大的快乐，愿意为对方的快乐牺牲和奉献自己的一切。

3. 亲密性

恋爱双方强烈的心理依恋必然导致亲密，而对于亲密的渴望成了爱情中最热烈也就最美丽的向往。

4. 排他性

爱情在表达亲密的同时，还具有强烈的排他性，具有一对一的对应关系。正如我国教育家陶行知所言："爱之酒，甘而苦，两人喝，是甘露；三人喝，酸如醋；随便喝，毒中毒。"

（四）大学生恋爱的类型

常有如下几种：情欲型；功利型；慰藉型；友情型；理想型；志趣型。

三、网上情缘

（一）网恋诱人的原因

网上谈恋爱可以说占据了天时、地利和人和。天时，是指网络近年来在中国发展迅速，网民人数众多；地利，是说网络作为新的资讯和传播手段，创造了得天独厚的条件；人和，是因为上网的多数是年轻人，对爱情充满了憧憬与渴望。

网络就像一层厚厚的面纱，隔开了两个人，也遮住了两个人的真实面目。即使有所了解，也是"犹抱琵琶半遮面"，因而总有一种雾里看花的感觉，总是吸引着人们去一探究竟。素不相识的双方在表达爱情时就更加热烈奔放，把所有想到的挂念、关心或者自己的心事和不愉快都毫无保留地通过网络传递过去。

网络爱情还为朋友间的交流提供了合适的距离。在网上，你想成为一个什么样的人，你就能成为什么样的人。调查表明，人们在网上表现出的性格往往与现实生活中的真实性格相去甚远，一般都比他们的"原有性格"好。网上的男士多是潇洒、幽默、博学、体贴的理想型男子汉，女士也都温柔、善良、可爱，这些网上男女比起我们目光所及的男男女女显然更容易令人动心。

（二）网恋对人们的影响

网络给人们提供了一个虚拟性与真实性并存的情感环境，一部分青年人对网恋的虚幻性缺乏足够的认识，一味地投入真情，对于"下网散，见光死"的可能后果缺乏心理准备，结果是"竹篮打水一场空"，感情受到伤害；另有一些青年人上网只是玩玩，他们大肆与网友调情,却缺乏真诚与责任心,并迅速在网络上确定恋爱关系。网恋一般很容易上瘾,网恋不仅严重影响学习和工作,而且容易使他们减少与他人之间的交流,不愿意参加集体活动,性格变得孤僻,甚至造成人格分裂。

(三) 网恋的结果

真假难辨的"网男网女"在网上产生的爱情火焰究竟能燃烧多久?其实,网络就像一把锋利的双刃剑,无情地冲击着现代社会的婚姻,有利也有弊。

网络爱情的发展不外乎三种结果:一是在网上无疾而终,这未必是件坏事,也许还可以拥有一份美好的回忆;二是发展到线下进行,结果却发现这个他(她)不是网上的那个他(她);三是网上恋人在现实生活中也真的是你要找寻的人,那么童话在你身上变成了现实。但是在现实生活中,这样的童话毕竟不多,我们看到更多的是网恋给当事人带来的痛苦与不幸。网恋虽然看起来极为浪漫,却陷阱重重,原因在于以文字为载体的网恋具有很大的蒙蔽性,它所虚拟的环境无论多么真实,却终归是虚拟的、不可捉摸的。

(四) 网友:面临道德考验

人与人之间的交往讲求一个"信"字,彼此之间也需要时间和各种身体语言来慢慢建立信任。但是,网络的速度很快,因此缺少了需要建立信任的时间,也就削弱了情感中所需要的重要元素。

要提醒的是,在网上的情感交流中,不少人倾诉心事时也伴随着谎言,网络聊天室也可能成为婚外恋的温床。可以设想,当越来越多的人在虚拟的网络空间里,以虚拟的身份建立起虚拟的人际关系时,我们现有的传统道德,不可避免将面临新的考验。

四、矫正恋爱中的不良行为

行为是受人的心理支配的,是心理活动的外在表现。人们的恋爱行为是其恋爱心理作用的结果。在青年人的恋爱中,有些不良行为与社会道德的要求格格不入,应予必要的矫正。

(一) 亲昵过度

处于恋爱过程中的青年人,由于性心理的作用,与恋人有一些亲昵的举动,这是一种生理和心理的本能,是爱的重要表达方式。作为有较高文化修养的大学生在恋爱过程中一定要掌握和控制好亲昵的尺度,保持一种适度的羞涩感,做到文明恋爱。

(二) 三角恋爱

由于性爱的排他性特征,三角恋爱会产生极为不良的后果。争风吃醋、反目成仇、行凶报复等恶性案件的发生大都是三角恋引起的。

(三)婚前性行为

婚前性行为是社会文明和校规校纪所不提倡的,易受到社会、家庭的指责,当事者也会产生较重的心理压力,特别是可能给女方造成身心痛苦。恋爱中的大学生,既要对自己负责,更要对恋人负责,一定要用理智驾驭感情,把握住自己,这样爱才会更长久、更甜蜜,这样才能获得真正的幸福。

五、面对失恋的挫折

恋爱可结出甜蜜的婚姻之果,让恋人享用终身;但也可结出失恋的苦瓜,令人痛苦。身陷失恋的苦海该怎么办?一是不能失去理智,要冷静反思,找出原因,完善自我,友好地说声再见。二是不能失志,"失之东隅,收之桑榆",失恋不是失去爱的权利,也不是被爱神永远抛弃。只要扬起生活的风帆,就一定能获得更加甜蜜的爱情。

失恋时有的人会出现以下情况。

一种是将爱变成恨蓄意伤害对方,或攻击谩骂,或纠缠骚扰,甚至残其身、害其命,以泄心头之恨,出一时之气。伤害人身,触犯刑律,必将受到法律的制裁,杀人还得偿命。以宝贵的生命为赌注,泄一时之气。这种教训不少,很值得深思。

另一种是陷入单相思。你不爱我,我更爱你,寝食不思,忧郁成疾。这些人一旦醒悟,脱离苦海,回首往事,也觉可笑。为什么?因为将十分宝贵的时间、纯洁的爱情,投向一个无动于衷的人实在是不值得。

面对失恋应注意如下几点。

(1)要冷静分析失恋的原因。

(2)要及时疏导内心的郁闷情绪。失恋的青年可以找好友倾诉心中的烦恼;也可以做一些体育运动;甚至关门大哭一场等。要寻求一个合适的发泄途径,一方面消除心理压力,另一方面及时把内心的委屈、痛苦和愤怒发泄出来,恢复心理平衡。

(3)转移注意力。可以改变自己的生活方式消除失恋的痛苦。如投身于学习或集体活动中,不要把自己圈起来,整天唉声叹气,难以自拔。应鼓足勇气,去做自己感兴趣的事,从痛苦中解脱出来。

(4)学会精神自励。面对挫折应有一个积极的态度,学会自我鼓励。爱情的挫折是对人生的考验,是人格走向成熟的阶梯。培根有句名言:"一切真正伟大的人物没有一个是因爱情而发狂的人。"要认识到,强迫别人接受自己痴情的爱是一切爱情悲剧的根源,孤掷的爱是软弱无能的表现。因此,应不断鼓励自己走过这段不平坦的路途,迅速振作起来,摆脱眼前的感情危机。

跳出失恋,奋勇向前,创造更美好的明天。面对现在,展望未来,那失恋的往事,只不过是生活海洋中的一个小浪花。当失恋者从痛苦的深渊中爬上来后,他会眼前一亮:天地是那样大,道路是那样的宽广,机遇是那样的多,只要自己努力向上,奋勇前进,未来的婚姻之果将更甜蜜。

第五节 性保护与性安全

一、防范性骚扰和性侵害

一般认为,只要是一方通过语言的或形体的有关性内容的侵犯或暗示,从而给另一方造成心理上的反感、压抑或恐慌,都可构成性骚扰。性侵害主要包括:暴力型性侵害、胁迫型性侵害、社交型性侵害、诱惑型性侵害、滋扰型性侵害。性骚扰和性侵害的对象常为女性。因此,女性有必要了解一些性侵害和性骚扰的基本情况,掌握一些基本应对方法。

(一)性侵害的主要形式

1. 暴力型性侵害

指犯罪分子使用暴力和野蛮的手段,如携带凶器威胁、劫持女性,或以暴力威胁加之言语恐吓,从而对女性实施性侵害等。暴力型性侵害的特点如下。

(1) 手段残暴:当犯罪分子进行性侵害时,必然遭受受害人的本能抵抗,所以很多犯罪分子往往要施行暴力且手段野蛮和凶残,以此来达到自己的犯罪目的。

(2) 行为无耻:为达到侵害女性的目的,犯罪分子往往会厚颜无耻地不择手段,比野兽还疯狂地任意摧残凌辱受害人。

(3) 群体性:犯罪分子常采用群体性纠缠方式对女性进行性侵害。这是因为人多势众,容易制服受害人的反抗而达到目的,还会使原来单个不敢作案的罪犯变得胆大妄为,这种形式危害极大。

(4) 容易诱发其他犯罪:性犯罪的同时又常会诱发其他犯罪,如引发聚众斗殴或为了逃避制裁而杀人灭口等。

2. 胁迫型性侵害

指利用自己的权势、地位、职务之便,对有求于自己的受害人加以利诱或威胁,从而强迫受害人与其发生非暴力型的性行为。其特点如下。

(1) 利用职务之便或乘人之危而迫使受害人就范。

(2) 设置圈套,引诱受害人上钩。

(3) 利用过错或隐私要挟受害人。

3. 社交型性侵害

指在生活圈子里发生的性侵害。与受害人约会的大多是熟人、同学、同乡,甚至是男朋友。受害人身心受到伤害以后,往往出于各种考虑而不敢加以揭发。

4. 诱惑型性侵害

指利用受害人追求享乐、贪图钱财的心理,诱惑受害人而使其受到的性侵害。

5. 滋扰型性侵害

其主要形式:一是利用靠近女性的机会,有意识地接触女性的胸部,摸或捏其躯体和大腿等处,在公共汽车、商店等公共场所有意识地挤碰女性等;二是暴露生殖器等变态式性滋扰;三是向女性寻衅滋事,无理纠缠,用污言秽语进行挑逗,或者做出下流举动对女性进行调戏、侮辱。

(二)易遭性骚扰或性侵害的时间和场所

1. 时间

(1)夏天是女性容易遭受性侵害的季节。夏天天气炎热,夜生活时间延长,外出机会增多。夏季校园内绿树成荫,罪犯作案后容易藏身或逃脱。同时,由于夏季气温比较高,女性衣着单薄,裸露部分较多,因而对异性的刺激增多。

(2)夜晚是女性容易遭受性侵害的时间。因为夜间光线暗,犯罪分子作案时不容易被发现。所以,女性应尽量减少夜间外出。

2. 场所

(1)公共场所:在教室、礼堂、舞池、溜冰场、游泳池、车站、码头、影院、宿舍、实验室等公共场所人多拥挤时,不法分子常乘机袭击女性。

(2)僻静处所:公园假山,树林深处,夹道小巷,楼顶晒台,没有路灯的街道楼边,尚未交付使用的新建筑物内,下班后的电梯内,无人居住的小屋、陋室,茅棚等僻静之处,若女性单独行走、逗留,很容易遭受到流氓袭击。

因此,女性最好不要单独行走或逗留在上述场所。

(三)积极防范,避免发生性骚扰或性侵害

(1)夏季应尽量缩短在户外的活动时间并尽量不要在人多拥挤的场合逗留;夜间外出时结伴而行。

(2)筑起思想防线,提高识别能力。女性特别应当消除贪小便宜的心理,对一般异性的馈赠和邀请应婉言拒绝,以免因小失大。谨慎待人处世,对于不相识的异性,不要随便说出自己的真实情况,对自己特别热情的异性,不管是否相识都要加倍注意。一旦发现异性对自己不怀好意,甚至动手动脚或有越轨行为,要及时向有关部门报告,以便及时加以制止。

(3)行为端正,态度明朗。在部分情况中,如果自己行为端正,坏人便无机可乘。如果自己态度明朗,对方则会打消念头,不再有任何企图。若自己态度暧昧、模棱两可,对方就会增加幻想,继续纠缠。在拒绝对方的要求时,要讲明道理、耐心说服,一般不宜嘲笑挖苦。中止恋爱关系后,若对方仍然是同学、同事,不能结怨或成为仇人,在节制不必要往来的同时仍可保持一般正常往来关系。参加社交活动与男性单独交往时,要理智地有节制地把握好自己,尤其应注意不能过量饮酒。

(4)学会用法律保护自己。对于那些失去理智、纠缠不清的无赖或违法犯罪分子,不要惧怕他们的要挟和讹诈,不要怕他们打击报复。要学会依靠组织和运用法律武器保护自己。不能"私了","私了"的结果常会使犯罪分子得寸进尺,没完没了。

(5) 学点防身术，提高自我防范的有效性。一般女性的体力均弱于男性，防身时要把握时机，出奇制胜，狠准快地出击其要害部位，即使不能制服对方，也可以制造逃离险境的机会。人体各部位都可用来进行自卫反击，头的前部和后部可用来顶撞，拳头、手指可进行攻击，肘朝背部猛击是最强有力的反抗，用膝盖对脸和腹股沟猛击相当有效，用脚前掌飞快踢对方胫骨、膝盖和阴部常十分有效。同时，要注意设法在案犯身上留下印记或痕迹，以备追查、辨认案犯时做证据。

二、无保护性行为应急要点

（一）概述

有些时候，人们会在意外的、没有任何保护措施的情况下发生性行为，如何防止在这种情况下的意外妊娠是需要掌握一定的特殊知识的，这就是我们将要介绍的应急避孕措施。

（二）无保护性行为的危害

很可能在毫不知情的情况下感染性病。大多数患有淋病的女性只表现出轻微症状，如小便不适或女性生殖道有黄色液体流出，意识不到自己需要治疗，无保护的性行为就会将这些疾病传染给男性。

另外，患有生殖器疱疹的男性在非发病期也不会出现很明显的临床症状，如疼痛等。人乳突瘤病毒（HPV）的感染是目前较为普遍的传染性性病。它通常没有明显症状，但如果得不到及时治疗而传染给女性，可导致宫颈癌的发生。

（三）应急要点

若及时获得紧急避孕帮助，绝大多数妇女可以避免人工流产所带来的身心伤害。具体方法如下。

(1) 口服复方18-甲基炔诺酮避孕片（短效片）在性行为后 72 h 内服用或遵医嘱服用。此药药房有售。

(2) 口服单纯孕激素避孕药（左炔诺孕酮片）在性行为后 72 h 内服用或遵医嘱服用。此药商品名为"毓婷"，药房有售。

(3) 口服抗孕激素避孕药（米非司酮片）是当今广泛用于抗早孕的新药，在性行为后 72 h 内服用或遵医嘱服用。此药商品名为"息隐"，目前仅在医疗机构有供应，需处方购买。

如果在服用以上药物后 2 h 内发生呕吐，均应重新服用一次同等剂量的药物。

(4) 放置宫内节育器，性行为后按医生要求放置，并可作为今后的常规避孕措施长期使用此方法对身体有伤害，不推荐。

紧急避孕方法对服药时间要求严格。必须在无避孕措施的性行为后或短效避孕措施失败后的 72 h 之内服药，超过 72 h 则达不到满意的避孕效果。如果发生了避孕失败的紧急情况,应抓紧时间就医服药。人工流产虽然可以终止早孕,但毕竟对女性的身心有很多伤害,容易发生并发症,影响女性健康。

需注意:紧急避孕药物只能对这一次性行为起保护作用,因此如再发生性行为,仍必须采取有效的避孕措施。而且,紧急避孕药物毕竟不如常规避孕方法,多次服用还会扰乱月经周期。因此,不可用它来代替常规避孕。

(四)未婚女性可选择的避孕方法

未婚女性自我保护意识差,对生殖健康知识缺乏了解,甚至根本没有认识,因此,未婚女性的性行为具有不稳定性、盲目性和多向性的特点。有生殖系统炎症及性传播疾病的女性患者中,未婚女性约占40%。未婚女性的避孕问题和性健康问题,已引起临床医生的高度重视。因此未婚者的避孕应根据自己的实际情况,选择不同的避孕方法。

(1)性伴侣较稳定,性活动较频繁的女性,相对来说日常生活较规律,情绪较稳定,月经周期如果有规律,就可以选用安全期加屏障避孕法避孕。即在非安全期宜采用避孕套,在安全期采用避孕药膜等避孕。

(2)如与固定的男朋友同居,发生性传播疾病危险性低,宜选择避孕工具。要加强随访,定期检查。

(3)性伴侣不稳定的女性,由于容易感染性病、艾滋病等,从性安全、性卫生角度考虑,应选用避孕套避孕。避孕套使用方便、效果好、副作用小,且易得易用(药店和安全套售套机取套方便),对避孕和预防性病有双重效果。

多次人工流产可致盆腔炎、继发性不孕等疾患,严重影响妇女的生殖健康。所以未婚女性,在无保护的性行为后应采用紧急避孕方法。紧急避孕的特点是:①只限于应急使用,而不作为常规方法使用。②只在非保护的性行为后使用。③紧急避孕是预防意外妊娠的措施。

未婚女性的避孕是一个现实问题。未婚女性要根据自己的实际情况咨询医师,进行避孕知情选择。不要讳疾忌医,不要由于羞涩而找个体游医。

第六节 婚前性行为的心理基础

婚前性行为和未婚先孕的女性,在现实生活中为数不少。据妇产科医院婚前检查的统计资料来看,发生婚前性行为的现象,已到了十分普遍的地步。有不少女性因未婚先孕,严重地影响了她们的身心健康。为什么未婚前有性行为,未婚先孕的现象成为一个客观存在的现实问题呢?

有人对未婚先孕而做人工流产的少女进行了一次调查后发现,发生婚前性行为的,主要有以下几种心理。

1. 热恋心理

两人由初恋进入热恋,感情如胶似漆,有"一日不见如隔三秋"之感。恋爱达到白热化程度,一旦海誓山盟,性行为也随之而来。这类少女做"人流"虽有羞涩之感,但并不感到空虚和沮丧,甚至还认为这是自己对男友的一种无私的奉献。

2. 迎合心理

这些少女认为男友各方面条件都比自己好,当男友提出性要求时,因怕失去对方,便默然应允,迎合对方。

3. 占有心理

这类女性认为男友不错,同时别的少女与她又有一定的竞争性,为了不使自己在竞争中失利,便发生性行为,造成既成事实,达到占有目的。

4. 掩饰心理

她们常常是在迫不得已的情况下与男友发生性行为的。当男友提出性要求时,从她们内心来讲并不想这样做,但又抵挡不住而屈从之。

5. 侥幸心理

首次发生性行为后,大多产生怕怀孕的紧张恐惧心理。但时间一长,发现没事,便产生了侥幸心理。结果最终怀孕了。

6. 屈从心理

这些女性常有求于男性帮助解决困难时被男方要挟、控制,尽管她们内心并不愿意,但还是忍气吞声地发生了性行为。

7. 好奇心理

进入青春发育期的女性,随着体内性激素水平的增高,在身体发生一系列变化的同时,对性也产生了好奇心理。这些女性是抱着好奇的尝试心理而发生性行为的。

8. 逆反心理

这些女性的婚姻常常因受到家庭、亲友、组织的阻挠,不准她与心上人交往,于是,产生逆反心理,发生性行为。

9. 无所谓心理

这些女性受到"性解放"思想的影响,对婚前性行为抱着无所谓的态度。

10. 性觉醒提前

青春期的女性产生了朦胧性感,喜欢结交异性。影视剧中性镜头的增多,丰富的青春交际,纷繁的社会熏陶,使她们喜欢幻想的性觉醒超前了,银幕上情人的一个飞吻、画刊上一个多情的姿态、小说中一段入微的性描写、公园里的一个亲昵动作……都会很自然地引起性朦胧期少女的关注和思索,使她们激起结交异性的愿望并隐隐产生性冲动。她们的社会经验不丰富,涉世浅,又不容易控制自己的感情,容易坠入"情网"而不能自拔,甚至"一失足成千古恨"。

为了预防和减少发生婚前性行为和未婚先孕现象,青年要学习适当的性生理、性心理和性道德方面的知识。家长和老师不能简单、粗暴地干涉她们的社会交往,要进行正面教育和正确引导,帮助她们树立正确的性道德观,教导她们不要沉溺于对异性的盲目追求而荒废学习,贻误宝贵的青春。对影视片中的拥抱、接吻镜头,对小说中的性描写,对画刊上性感强烈的照片、画像,要增强辨识能力,培养正确的审美意识,帮助她们取精华去糟粕。少女在同异性的接触中要做到自尊、自重、自爱、自强,牢固地筑起心理防线,清除杂念。一旦发生婚前性行为和未婚先孕时,要施以正确的教育和帮助方法,不歧视、讽刺、挖苦和责骂,避免增加她们的精神创伤;要尊重她们的人格,从爱护、帮助和同情的角度出发,劝导她吸取教训。医务人员要树立良好的医德,抱着治病救人和与人为善的态度。只有整个社会都动员起来,才能减少和杜绝青少年婚前性行为和未婚先孕的不正常现象,才能使青少年顺利地度过青春危险期,使他(她)们的身心能健康地发育、成长。

第七节 性与优生

一、不孕(育)的原因

(一)女性不孕的原因

习惯性流产;免疫性不孕;卵巢性不孕;宫颈性不孕;子宫性不孕;输卵管性不孕;性传播疾病不孕;外阴、阴道性不孕;内分泌失调性不孕;全身疾病与不孕;子宫内膜异位性不孕;性行为因素等引起的不孕。

(二)男性不育的原因

免疫性不育;性功能异常不育;精子精液异常不育;射精障碍引起的不育;精道异常引起的不育;睾丸异常引起的不育;内分泌异常引起的不育;附属腺异常引起的不育;精索静脉曲张引起的不育;外生殖器异常等引起的不育。

二、威胁男性生殖健康的因素

科学家通过对男性精子数量减少原因的研究时发现9项男性生殖"杀手"。

(1)快餐食物。快餐食物中含有很多大豆制品。但是大豆中含有一种类似于雌性激素的荷尔蒙,如果这种荷尔蒙的摄取量较大的话,会显现出一些人类雌性激素的效果,从而诱发男性生殖问题。

(2)驾车久坐。连续驾车久坐超过2小时就足以损害男性精子质量。驾车时候男性应该开车1小时就离开车内活动10分钟。

(3)交通污染。空气中的氧化氮和铅一类的污染物质是男性生殖问题的另一杀手。科学家发现每天在高速公路附近工作或生活6个小时以上的男性精子质量,明显比同年龄其他男性的差。

(4)杀虫剂。研究证实,长期接触杀虫剂对男子生育能力有影响。男子生殖器官是对周围环境中化学有害物质最为敏感的器官之一,杀虫剂弥漫在空气中后,其有害物质首先直接作用于生殖器官,从而导致男性激素分泌失衡,并最终影响整个生殖系统。

(5) 吸烟。经常吸烟的男性不育的概率是从不吸烟男性的 3 倍,抽烟对 30 到 40 岁之间的男性生殖损害最大。但是,如果戒烟,两个月后男性的精子质量将得到改善。

(6) 紧身裤和热水浴。穿紧身内裤或者紧身的皮裤会诱发男性生殖问题。洗澡时水温过高也会损害男性生殖健康。

(7) 咖啡。咖啡中含有的咖啡因令精子不活跃,因此科学家建议男性喝咖啡宜适量。

(8) 不爱饮水。不爱饮水也会导致男性生殖问题。虽然科学家还没有完全弄清缺水究竟是如何具体影响男性生殖健康,但是事实显示饮水多的男性生殖能力更强。

(9) 暴食。科学家发现,当男性暴食的时候,其精子的质量便会受到损害。因为从大量食物中摄入过多的脂肪等营养物质令精子的温度升高而受损。

三、避孕失败的处理

(1) 在口服避孕药期间怀孕——最好不要(长期使用口服避孕药在计划怀孕时,以停药 6 个月后再受孕为妥)。

(2) 带环受孕——应流产。

(3) 使用杀精剂后受孕——最好不要。

(4) 避孕套、阴道隔膜、安全期避孕及体外排精等避孕方法——可以要。

四、优生与出生缺陷

(一) 晚婚晚育及遗传与优生

1. 晚婚、晚育

青年人是建设社会主义的生力军,是人的一生中精力最旺盛的时期。如果早婚、早育势必分散精力,影响学习、工作,加重生活负担,也不利于身体的健康成长。另外,根据医学的观察,结婚过早、生育过多,妇科病的发病率明显增高。从生理方面看,人体的生殖器官虽在 20 岁左右已具有生育能力,但整个身体的发育并没有达到完全成熟。然而,35 岁以后生第一胎者,其难产和胎儿畸形的发生率也明显增高,所以过晚结婚也是不适宜的。最佳的结婚生育年龄为 25～28 岁左右。

2. 遗传与优生

目前多是通过父、母双亲采取医学遗传学或临床医学方面的措施,在一定范围内避免有严重遗传疾病的孩子出生。也就是通过遗传咨询、产前诊断、选择性人工流产等三结合的医疗措施来提高民族素质,实现优生。

优生的主要目的是减少或消灭各类遗传病,以保证后代的健康。而优育是使优良的遗传素质能够得以充分地体现,两者是密不可分的。优育包括从开始受精以后的全部胚胎发育过程,直到分娩后婴幼儿的保育工作。只有优生与优育密切地结合起来,才能使我国人口质量不断提高,使我们的民族更加优秀。

(二)优生措施

1. 近亲不能结婚

近亲结婚,除了可引起与单基因常染色体隐性遗传病外,还可发生部分多基因遗传病。如脊柱裂、无脑儿、先天性心脏病、精神分裂症等。这些患者家族成员间,如果近亲结婚,其子女得病的几率较非近亲结婚的高3倍以上。此外,近亲结婚的患者,流产发生率、新生儿及婴幼儿死亡率等均有所增加。

2. 婚前保健、优生检查

对于一些不利于优生和两性生活的因素,务必在婚前发现,并给予处理,以免日后出现麻烦,妨碍家庭幸福。

(三)婚前检查的主要内容

1. 优生咨询

主要是了解男女双方是否属于近亲。本人、父母、祖父母以及外祖父母等,三代直系亲属的病史(包括遗传病)。了解男女双方三代旁系近亲的遗传病病史(包括精神病史)以及发病情况。

2. 保健检查

对男女当事人、身体重要器官和生殖器官的发育和神经系统功能等情况进行检查。对少数民族地区应特别注意女性Rh血型等问题。并根据情况给予优生指导。

(四)出生缺陷及其预防

出生缺陷是严重的公共卫生问题,严重的出生缺陷可导致新生儿和儿童死亡,或者造成患者的终身残疾。出生缺陷和残疾所造成的后果严重,是不可逆的,因此出生缺陷和残疾的关键是预防。有相当一部分出生缺陷和残疾是完全可以预防的。

出生缺陷和残疾干预措施的落实,有可能将现有的出生缺陷和残疾减少半数以上。

妇女孕前应服用叶酸增补剂或强化叶酸食品;要确保妇女孕前接种风疹疫苗;确保妇女孕前检查、治疗生殖器感染和某些严重慢性疾病;禁止近亲结婚;禁止妇女孕期吸烟或饮酒;避免妇女孕期接触农药或有毒有害物质以及进行新生儿遗传代谢病早期筛查等都可以有效地预防出生缺陷和残疾的发生。

目前已知的"两免"政策(免费婚前医学检查和免费孕前优生检测)的主要目标:是使已婚和待孕夫妇自我预防出生缺陷发生的风险意识和能力全面提高,使育龄群众生殖健康和优生科学知识基本得到普及,缺陷预防网络体系和工作机制基本形成,使出生人口素质进一步提高得到了保证。

第八节 性病与艾滋病

性病是一组以性行为为主要传播途径的传染病。近年来,随着医学科学的发展,特别是社会条件以及人们对性行为认识的某些变化,性病的种类明显增多。以往我国医学界性病只包括梅毒、淋病、软下疳及性病性淋巴肉芽肿,称为"经典性病"(VD)。目前该类疾病已达20余种。

性病在世界范围流行,对人类危害甚大,性自由、同性恋、性犯罪、静脉药瘾者是其传播的途径。淋病可致不育、失明、盆腔炎、菌血症;梅毒可导致残疾、死亡,还可以传给胎儿,影响后代;艾滋病死亡率极高,迄今无特效治疗方法,已引起了各国的关注。目前性病的防治已成为我国的迫切任务。对人们加强道德教育,普及性病防治知识,对被患者所污染的衣物用具等严格消毒,就能够真正做到防患于未然。

预防艾滋病知识问答

性病防治管理办法

艾滋病防治条例

一、淋病

淋病是淋菌性尿道炎的简称,致病菌是淋病双球菌,主要引起泌尿生殖系统化脓性炎性疾病,治疗不及时,可经血行播散,引起关节炎、心内膜炎、脑膜炎、菌血症、败血症,甚至造成不育、不孕、失明。轻症或无症状的淋病患者是主要的传染源。男性淋病主要通过性行为传染,女性淋病既可通过性行为直接感染,也可能经污染用具间接传染。

淋病双球菌在干燥环境中 1~2 h 死亡,在 55 ℃下 5 min 即死亡,一般消毒剂即可杀灭。淋病多发年龄:男 20~24 岁,女 15~19 岁。

(一) 临床表现

1. 男性淋病

淋病的临床症状常在不洁性行为后 2~5 天发病,也有感染后 1~14 天发病的。最早症状为尿道口红肿、发痒及轻微刺痛,伴有稀薄黏液流出,引起排尿不适。24 h 后,症状加剧,尿痛、排尿困难,尿道口流脓。还可伴有发热、头痛、全身不适。急性淋病约 1 周后症状可逐渐减轻,1 个月后症状完全消失。淋病在一定条件下,如治疗不彻底可转为慢性淋病,未经治疗的慢性淋病病人在 5~10 年后可发生尿道狭窄,还可合并前列腺炎、精囊炎、附睾炎等,导致不育。

2. 女性淋病

女性淋病包括尿道淋病及生殖道淋病。最常见的感染部位为宫颈、尿道、尿道旁腺、子宫内膜及输卵管。因女性尿道短,故尿道症状往往不明显,而常以白带增多、下腹痛等生殖道症状为主。因此女性病人在临床治疗时除做尿道分泌物涂片外,还应做宫颈涂片,否则易漏诊。10%～20%妇女可伴有盆腔炎,继发不孕或异位妊娠等妇科疾病。

上述的临床表现均有助于淋病的诊断,但尿道炎的种类很多,致病菌不同,则治疗方法及预后都不同,为此还需借助实验室诊断区分各种类型的尿道炎。因为非淋球菌(主要是沙眼衣原体及支原体)引起的尿道炎已超过淋球菌引起的尿道炎,居尿道炎首位。

(二) 治疗

(1) 青霉素皮试无不良反应者以青霉素为主,可合用丙磺舒、壮观霉素或头孢霉素等抗生素。治疗适当并充分的话,症状在短期内可明显改善或消失。无并发症的淋病可用普鲁卡因青霉素。

(2) 青霉素过敏者,可用四环素、红霉素等抗生素。四环素0.5 g,每日4次,连服7天。它对衣原体引起的尿道炎也有治疗作用,但不适用于儿童和孕妇。

(3) 对青霉素过敏的孕妇及儿童感染者须遵医嘱用药。

(4) 耐青霉素菌株患者,应选用有效抗生素。可用壮观霉素(淋必治)及头孢三嗪(菌必治)。

(5) 淋病治疗后1～2周,应再次做细菌培养,如呈阴性,方为治愈。

二、非淋菌性尿道炎

非淋菌性尿道炎即非特异性生殖道感染,它是一种常见的性传播疾病,严重地危及人类健康。非淋菌性尿道炎40%～50%是由沙眼衣原体引起,20%～30%是由支原体引起。与人类有关的支原体有肺炎支原体、人型支原体、生殖道支原体。支原体、衣原体可存在于健康携带者中。

非淋菌性尿道炎通过性接触传染,侵犯泌尿生殖道器官。有尿道炎存在,但尿道分泌物查不到淋球菌。到目前为止,本病在西方国家发病率已超过淋病,居性传播疾病首位。

目前已引进国外衣原体酶标诊断试剂盒,其原理是酶联免疫吸附试验,但女性非特异性生殖道感染的早期症状不明显,所以容易发生严重并发症,如子宫内膜炎、输卵管炎和盆腔炎,进而导致不孕、异位妊娠和流产等。研究表明,避孕套是唯一可降低支原体感染传播的避孕方法。阴道隔膜和宫颈帽也有类似的预防作用,而且它们不像阴茎套那么容易破裂,对于男方不愿意使用阴茎套的妇女来说,它们可以为妇女提供一定的保护作用。

(一) 临床表现

非淋菌性尿道炎是指临床症状表现为尿道炎,但涂片或培养找不到淋球菌的尿道炎。主要是由沙眼衣原体和其他病原体引起的尿道炎,以及淋病患者治疗后经培养或涂片未发现淋球菌但尿道炎症状不消失的疾病。本病是性传播疾病的一种,可与淋菌性尿道炎同时存在或交叉感染,好发于青年性旺盛时期。

临床表现:潜伏期长,一般为1～3周。尿道刺痒或灼热感,时轻时重,伴有不同程度尿急、尿痛、排尿困难。尿道口分泌物常为浆液性,比淋菌性尿道炎稀薄,量也比淋病时少,自行流出者少见,长时间不排尿或早晨首次排尿前才发现有溢出分泌物,结成痂膜封住尿道口(称为糊口)或污染了内裤。检查尿道口有红肿,但不如淋病时显著。有些病人可无任何症状,或症状不典型,约有50%的患者在初诊时被漏诊。约有19%～45%的淋病患者合并有沙眼衣原体感染,经治疗后仍持续或反复出现尿道炎,可能是淋球菌被杀灭,而衣原体仍存在,即为非淋菌性尿道炎所致。

男性患者约有1/3的病人可无任何自觉症状。只是在例行检查时才被发现。50%病人初诊被忽略或误诊,约有10%～20%的患者同时有淋球菌双重感染。亚急性期常合并前列腺感染,患者常出现会阴部胀痛、腰酸、双股内侧不适感或在做提肛动作时有自会阴向股内侧发散的刺痛感。男性同性恋者,可患直肠炎及咽炎。男性非淋检查时,有的需由后向前按挤前尿道才可能有少许分泌物由尿道口溢出。有时病人有症状无分泌物,也可无症状而有分泌物。有时病人无任何自觉症状。

女性患者多见以子宫颈为中心扩散的生殖系炎症。多数无明显自觉症状,少数重症病人有阴道下坠感,当感染扩及尿道时,尿频、尿急是病人的主要症状。女性非淋检查时发现,宫颈水肿、糜烂,白带增多,所以经常造成外阴或阴道瘙痒。前庭大腺患病的女病人,前庭大腺肿大,局部红肿,也可能形成脓肿,需要切开引流。宫颈炎不经治疗,30%～40%将上行发展成为子宫内膜炎,8%～10%发展成为输卵管炎,盆腔炎等,可导致慢性腹痛、不孕、异位妊娠等相应的症状。

新生儿通过产道感染的,生后3～13天可发生眼结膜炎,眼部有黏液脓性分泌物,也可无分泌物。但多不侵犯角膜。生后2～3周可发生肺炎。症状不断加重,呼吸急促为其特点,但不发热。其中半数患儿有眼结膜炎。极少数病人可伴发:尿道炎、关节炎、角膜炎、结合膜炎及皮疹。

凡有尿道炎症状的患者一般都能主动提供病史,配合实验检查,诊断本病并不困难。本病常与淋病同时感染,前者先出现淋病症状,经抗淋治疗后,淋球菌被青霉素杀死,而衣原体、支原体依然存在。因在感染1～3周后发病。临床上很易被误认为淋病未治愈或复发。

(二) 治疗

本病如不积极治疗,症状可持续数月之久,并有发生合并症的危险,一旦确诊,查明病原体,应立即进行治疗。

一般选用四环素每次500 mg,每日4次,服用1周,然后改为250 mg,每日4次,服用2周,或选用其他抗生素。中药对治疗非淋菌性尿道炎有一定优势。若合并淋病,首先治疗淋病。由于非淋菌性尿道炎患者症状不典型,治愈标准除自觉症状消失、无尿道分泌物、尿沉淀物涂片无白细胞外,还有碘染色涂片阴性或经检查病原体消失。

三、生殖器疱疹

生殖器疱疹(genital herpes)主要是由单纯疱疹病毒Ⅱ(HSVⅡ)引起的性传播病。
在西方国家其发病率仅次于淋病和非淋菌性尿道炎,在我国亦为常见性传播病之一。本病发病率高,可通过胎盘及产道感染新生儿,导致流产及新生儿死亡,与宫颈癌的发生也有关,危害较大,又无特效疗法,已受到人们的重视。

生殖器疱疹的症状轻微,可有疱疹、水肿或疼痛。女性好发于阴唇,疱疹常呈簇状成群存在,水疱破溃后疼痛加剧。病程1~2周,可以反复发作。美国每年有60万新病人,每年患病人数可达500万~1000万。对于单纯疱疹病毒Ⅱ来说,无特异的杀病毒药物,无环鸟苷仅可预防或减少症状的复发,并不能真正治愈这种疾病。

生殖器疱疹是由单纯疱疹病毒(HSV)感染所引起。单纯疱疹病毒分为两型即HSV-1和HSV-2。HSV-1通过呼吸道、皮肤和黏膜密切接触传染,主要引起口唇、咽、眼及皮肤感染,少数(约10%)亦可引起生殖器感染。HSV-2则是生殖器疱疹的主要病原体(90%),存在于皮肤和黏膜损害的渗出液、精液、前列腺分泌物、宫颈、阴道分泌物中,主要通过性行为传染,引起原发性生殖器疱疹。原发性生殖器疱疹消退后,残存的病毒经周围神经沿神经轴长期潜存于骶神经节,当机体抵抗力降低或某些激发因素如发热、受凉、感染、月经、胃肠功能紊乱、创伤等作用下,可使体内潜伏的病毒激活而复发。人类是疱疹病毒的唯一宿主,离开人体则病毒不能生存,紫外线、乙醚及一般消毒剂均可使之灭活。

(一) 临床表现

感染后平均约4~5日,外阴患部先有灼热感,旋即发生成群丘疹,继之形成水疱。数日后演变为脓疱,破溃后形成糜烂或浅溃疡,自觉疼痛,最后结痂自愈,病程约2~3周。皮损多发于男性的包皮、龟头、冠状沟和阴茎等处,偶见于尿道口;女性则多见于大小阴唇、阴蒂、阴阜、子宫颈等处,亦见于尿道口。原发性生殖器疱疹,往往伴有全身不适、低热、头痛等全身症状,局部淋巴结肿大。本病常复发,复发性生殖器疱疹较原发者轻,损害小,往往无全身症状。男性同性恋可出现肛门直肠HSV-2感染,其发病率仅次于淋球菌所致的肛门直肠炎,临床表现为肛门直肠疼痛、便秘、分泌物增加和里急后重,肛周可有疱疹性溃疡,乙状结肠镜检常见直肠下段黏膜充血、出血和小溃疡。

(二) 诊断

根据外阴部成群水疱、局部灼热感、有复发史、病程较短等典型特点,诊断不难。对某些不典型损害可进行实验室诊断。

(三) 治疗

(1) 原发性生殖器疱疹治疗:可选用无环鸟苷或阿昔洛韦,用药时间一般为7~10天。

(2) 复发性生殖器疱疹治疗:亦可选用无环鸟苷或阿昔洛韦等抗病毒药物,剂量有调整,用药时间一般为5天。

(3) 复发频密的生殖器疱疹:可采用抑制疗法,通常治疗1年宜停药观察。

(4) 重症患者:需住院治疗,可静脉滴注无环鸟苷至临床症状消失。

(5) 合并HIV感染患者:合并HIV感染的生殖器疱疹应用抗病毒药物,在一定剂量范围内剂量越大,疗效越好。

与生殖器疱疹有关的长期危险使宫颈癌的发病率增加8倍,所以感染后的妇女应半年做一次宫颈涂片细胞学检查。

四、阴虱

阴虱很小，多寄生于阴毛处，吸食人血为生。寿命约 30 天，但离开人体仅存活 24 小时。传播途径较多，除性行为之外，还可通过被单、毛巾、睡袋等传播。阴部瘙痒是其主要症状。治疗是剃毛，彻底更换衣物并煮沸消毒。

五、软下疳

软下疳是杜克雷嗜血杆菌引起的一种急性有选择的自限性疾病，能自身接种。通常侵犯生殖器部位，表现为疼痛性溃疡，常合并腹股沟淋巴结化脓性病变。潜伏期 2~4 天，好发于阴道口下方的舟状窝和尿道口，溃疡症状明显，圆形、椭圆形或不定型。溃疡基底粗糙，上覆脓性分泌物。周围炎症显著，有红晕和肿胀，触之异常疼痛。6~8 周后可自愈。

早期用药治疗可预防横痃（腹股沟淋巴结脓肿）的发生，磺胺药、四环素、红霉素及氯霉素也均有效。横痃不宜切开，可反复抽取脓液后注药。

六、淋病性淋巴肉芽肿

旧称第四性病，血清型沙眼衣原体所致，主要侵犯腹股沟淋巴结及其周围皮肤，淋巴结中的星状脓肿为特征性表现，磺胺、四环素等药物均有效。

七、滴虫病

阴道滴虫是一种单细胞生物，滴虫病可以在男女之间传染，故属于性传播疾病。如要确诊须对双方同时进行治疗。滴虫病患者的白带明显增多，呈泡沫状，白色或黄色，有恶臭。显微镜下检查阴道分泌物，可发现有四条鞭毛的滴虫。口服甲硝唑效果较好。

八、梅毒

梅毒是一种全身性慢性传染病，梅毒、结核、麻风并列为世界三大慢性传染病。梅毒是古老的性病之一，青霉素是治疗梅毒的有力武器，但它的根治至今仍是一件困难的事。梅毒的特点是 3 周内无明显症状，3 周后生殖器开始出现硬丘疹，随后破溃形成溃疡。溃疡的边缘发硬并隆起，称为"硬下疳"。要注意与软下疳、生殖器疱疹相区别。6 周后可由血液检查作出诊断。也有些人不出现症状，但有传染他人及晚期发展为脑梅毒的危险性。定期查血，发现阳性要及时治疗。

（一）病因

梅毒的病原体是梅毒螺旋体，肉眼看不到，在光镜暗视野下，人们仅能看到梅毒螺旋体的折光性,其活动性较强。梅毒螺旋体是厌氧菌,在体内可长期生存繁殖,只要条件适宜,便以横断裂方式一分为二地进行繁殖。在体外不易生存,煮沸、干燥、肥皂水和一般的消毒剂(如升汞、石碳酸、乙醇等)很容易将它杀死。

(二)临床表现

本病是由梅毒苍白螺旋体引起的传染病。主要通过性行为传染,是性传播疾病。临床分3期。

1. 一期梅毒

即硬下疳,潜伏期2~4周,外生殖器部位发生暗红色硬肿块、浅溃疡,有软骨样硬度,周围淋巴结肿大。

2. 二期梅毒

在一期梅毒1~2个月之后,全身皮肤、黏膜发生对称性泛发玫瑰色皮疹、斑疹、丘疹、脓疱疹等。黏膜可发生黏膜斑、扁平湿疣,传染性强。

3. 三期梅毒

发生在感染后2~3年至10年,皮肤为树胶样肿,还可涉及骨、关节、心血管,表现为主动脉炎、主动脉瓣闭锁不全和主动脉瘤等,侵及神经(脊髓痨),全身麻痹(麻痹性痴呆)。

4. 先天梅毒

有早期先天梅毒,晚期先天梅毒。主要为实质性角膜炎、神经性耳聋、哈钦森氏齿(上门齿中央切痕,下小上大,宽厚相等)、佩刀形胫骨等。

各期之间可有潜伏梅毒,无症状,仅血清反应阳性。

(三)传染方式

梅毒患者的皮肤、黏膜中含梅毒螺旋体,在与梅毒患者的性接触中,皮肤或黏膜若有细微破损则可染病。极少数可通过输血或其他途径传染。获得性梅毒(后天)的传染源是早期梅毒病人,95%是通过不洁性行为传染,少数通过接吻、握手、输血、接触污染的内衣、湿毛巾、茶杯、烟斗、哺乳、尿布等传染。胎儿梅毒(先天):孕妇体内梅毒螺旋体,一般在妊娠3~4月通过胎盘感染婴儿。

(四)治疗

主要以西药为主,中药起辅助作用。西药治疗不同阶段、不同类型的梅毒的方法如下。

1. 早期梅毒(一期、二期及早期潜伏)及晚期梅毒(三期皮肤、黏膜、骨骼梅毒、晚期潜伏梅毒及二期复发梅毒)

主要采取青霉素疗法。对青霉素过敏者可用盐酸四环素及多西环素。

2. 心血管梅毒

应住院治疗,如有心衰,首先治疗心衰,待心功能代偿时,从小剂量开始注射青霉素。

3. 神经梅毒

应住院治疗,为避免治疗中产生吉海氏反应,在注射青霉素前一天口服泼尼松。

4. 妊娠梅毒

首选青霉素,对青霉素过敏者,用红霉素治疗。

5. 胎传梅毒(先天梅毒)

首选青霉素,对青霉素过敏者可用红霉素治疗。

梅毒治疗诊断必须明确,治疗越早效果越好,剂量必须足够,疗程必须规则,治疗后要追踪观察。应对传染源及性伴侣或性接触者同时进行检查和梅毒治疗。

(五) 孕妇梅毒的治疗

(1) 有梅毒病史的已婚妇女在孕前要进行全面梅毒检查。

(2) 有过不洁性生活或者曾感染过梅毒的女性怀孕前,应去正规医院做全面梅毒检测,对于那些梅毒治疗完成、梅毒症状不明显的已婚女性也要在确定梅毒完全治愈后,才能怀孕。

(3) 梅毒检测的项目包括:梅毒血清筛查试验、梅毒试验,以及 FTAABS 或 TPHA 试验,其中的任何一种结果为阳性都需要选用药物进行驱梅治疗。

(4) 健康的孕妇如果在妊娠期内感染梅毒,这时血清检查结果可能是阴性,在妊娠末3个月一定要及时给予驱梅治疗。

在艾滋病出现之前,梅毒是危害最大的性病,临床表现极为复杂,可以侵犯身体的各种脏器和组织。早期侵犯皮肤与黏膜,晚期除黏膜与皮肤外,特别容易侵犯心脏与中枢神经系统。目前尚见不到晚期病例,在60年代末国内尚可见到梅毒性心脏病、树胶样肿等晚期梅毒病例。

九、尖锐湿疣

本病又称尖圭湿疣、生殖器疣或性病疣。是由人类乳头瘤病毒(HPV)感染引起的一种性传播疾病。HPV 有多种类型,引起本病的主要类型为 HPV1、2、6、11、16、18、31、33 及 35 型等,其中 HPV16 和 18 型长期感染可能与女性宫颈癌的发生有关。在我国发病数仅次于淋病,居性病发病率的第二位。以 20~40 岁为好发年龄。

(一) 发病机理

尖锐湿疣的 HPV 感染通过性接触传播,接触部位的小创伤可促进感染,它可因直接接触或少见的自动接种或经污染的内裤、浴盆、浴巾、便盆感染。病毒感染人体后,可潜伏在基底角朊细胞间,在表皮细胞层复制,HPV 侵入细胞核,引起细胞迅速分裂,同时伴随病毒颗粒的繁殖与播散,形成特征性的乳头瘤。治疗后残余的 DNA 常可导致疾病的复发。

(二) 临床表现

本病潜伏期 1~12 个月,通常为 3 个月。初期为淡红色丘疹,渐增大、增多,呈乳头状、菜花状或鸡冠状增生物,主要见于生殖器、会阴、肛门。

确诊须经病理检查,要与生殖器癌、女性假性湿疣、二期梅毒扁平湿疣等疾病区别。

(三) 诊断

(1) 不洁性行为史。

(2) 典型皮损为生殖器或肛周等潮湿部位出现丘疹，乳头状、菜花状或鸡冠状肉质赘生物，表面粗糙角化。

(3) 醋酸白试验阳性，病理切片可见角化不良及凹空细胞。

(4) 核酸杂交可检出 HPV-DNA 相关序列，PCR 检测可见特异性 HPV-DNA 扩增区带。

(5) 患者多有不洁性生活史或配偶感染史，少数通过接触污染的用具感染，新生儿亦可通过产道受感染。潜伏期 1~8 个月不等，平均为 3 个月。

(四) 治疗

由于目前没有特效的抗病毒药物，尖锐湿疣的治疗必须采用综合治疗，一般只要坚持规则的综合治疗都可治愈。

1. 一般治疗

(1) 治疗诱因：白带过多，包皮过长、淋病。

(2) 提高机体免疫力。

2. 药物疗法

(1) 足叶草酯(尤脱欣、疣迪)：本疗法适用湿润区域的湿疣，例如发生于包皮过长而未曾做包皮环切除术的龟头及会阴部的湿疣。对宫颈尖锐湿疣不能用足叶草酯治疗。用 20% 足叶草酯酊剂涂到皮损处或用药前，先用油质抗菌药膏保护皮损周围的正常皮肤或黏膜，然后涂药，用后 4~6 小时，用 30% 硼酸水或肥皂水清洗，必要时 3 天后重复用药，该药是国外用于本病治疗的首选药，一般用一次可愈。但有很多缺点，如对组织破坏性大，使用不当可引起局部溃疡，毒性大，故使用时必须谨慎，发现毒性反应时，应立即停药。

(2) 抗病毒药物：可用 5% 酞丁胺霜剂，或用 0.25% 疱疹净软膏外涂。无环鸟苷口服或用其软膏外用。α—干扰素注射或干扰素注入疣体基部，每周 2 次，连用 2~3 周，主要副作用为流感样综合征。局部用药副作用较少且轻微，有条件的话可选用优力康等药物。

(3) 腐蚀剂或消毒剂：常用有三氯醋酸、饱和二氯醋酸，或 18% 过氧乙酸。也可用 10% 水杨酸冰醋酸或 40% 甲醛、2% 液化酚、75% 乙醇蒸馏水 100 mL 混合溶液，点涂局部，用于龟头、肛周湿疣，每日或隔日一次，效果甚好。消毒剂可用 20% 碘酊外涂，或 2.5%-5% 碘酊注射于疣体基部，每次 0.1~1.5 mL，或用新洁尔灭外涂或以 0.1%~0.2% 外敷。

(4) 抗癌药。

1) 5—氟尿嘧啶(5-Fu)：一般外用 5% 软膏或霜剂，每日 2 次，3 周为一疗程。

2) 噻替哌：主要用于 5-Fu 治疗失败的尿道内尖锐湿疣，每日用栓剂(每个含 15 mg)，连用 8 天，也可将本品 60 mg 加入 10~15 mL 消毒水中，每周向尿道内滴注，保持半小时,副作用有尿道炎。主要用于经其他方法治疗后,尚有残存疣体或复发者。也可将此溶液稀释两倍浸泡局部,以防复发。

3) 秋水仙碱:可用2%～8%的生理盐水溶液外涂,涂两次,间隔72小时,治疗阴茎湿疣,涂后可出现表浅糜烂。

抗疱疹、湿疣药物种类繁多,治疗机理各不相同,使用不当反会加重肝脏负担,因此应选择性应用。在应用抗病毒药的同时,还应注意查明导致肝、肾功能不良的副作用,标本兼治,才能达到保护身体健康、清除体内病毒的目的。

(5) 中药:香附、木贼、薏仁水洗,有一定疗效。

3. 免疫疗法

(1) 自体疫苗法:可用于顽固性肛周湿疣。

(2) 干扰素诱导剂:可用聚肌胞及梯洛龙。

(3) 干扰素、白介Ⅱ、灵杆菌素,利百多联合应用,疗效较佳。

(4) 干扰素疗法:局部注射湿疣内,每次注射≤3个,每周3次,3周为1个疗程。因副作用较多仅用于顽固难治者。

4. 其他治疗

(1) 手术疗法:对于单发、面积小的湿疣,可手术切除;对巨大尖锐湿疣,可用Mohs氏手术切除,手术时用冷冻切片检查损害是否切除干净。

(2) 冷冻疗法:利用-196 ℃低温的液体氮,采用压冻法治疗尖锐湿疣,促进疣组织坏死脱落,本法适用于数量少,面积小的湿疣,可行1～2次治疗,间隔时间为一周。

(3) 激光治疗:通常用CO_2激光,采用烧灼法治疗尖锐湿疣,本疗法最适用女阴、阴茎或肛周的湿疣。对单发或少量多发湿疣可行一次性治疗,对多发或面积大的湿疣可行2～3次治疗,间隔时间一般为一周。

(4) 电灼治疗:采用高频电针或电刀切除湿疣。方法:局部麻醉,然后电灼,本疗法适应数量少,面积小的湿疣。

(5) 微波治疗:采用微波手术治疗机,利多卡因局麻,将杆状辐射探头尖端插入尖锐湿疣体基底,当看到疣体变小、颜色变暗、由软变硬时,则热辐射凝固完成,即可抽出探头。凝固的病灶可以用镊子挟除。为防止复发,可对残存的基底部重复凝固一次。

(6) β—射线治疗:效果较为满意,疗效高,无痛苦、无损伤,副作用少,复发率低,在临床上有推广价值。

总之,性病的预防和治疗任务仍很艰巨,洁身自爱是保护自己不受性病感染和伤害的最重要的预防因素。

十、艾滋病

艾滋病(AIDS)是获得性免疫缺陷综合征的中译名,是由一种人类免疫缺陷病毒(HIV)引起的。该病发源于非洲,它在世界范围内的迅速传播和广泛流行,已成为举世瞩目的公共卫生和社会热点问题。由于卖淫、嫖娼、吸毒等易于艾滋病传播的危险因素存在,我国面临着艾滋病大面积加速流行的严峻局面。卫生部有关部门指出,艾滋病在我国已从传入期、扩散期进入到增长期。而艾滋病又是一种目前尚无有效治愈方法的严重传染病。

艾滋病的传染源主要是患者和病毒携带者,病毒可存在于血液、精液、唾液、泪液和乳汁、伤口的渗出液中。

艾滋病的主要传播方式为共用注射器吸毒、不安全性行为、使用未经严格消毒的器具拔牙、供输血液、注射、美容或其他侵入人体的操作等。

艾滋病不通过一般公共活动传播,如:吃饭、喝水、咳嗽、喷嚏、公共场所接触、共用餐具或其他工具、蚊子或跳蚤叮咬、双方接触部位皮肤黏膜没有破损的握手、拥抱、浅吻及马桶、浴池、浴巾等都不会传染艾滋病病毒。

(一)主要症状

艾滋病的潜伏期一般为6个月至15年。

艾滋病的感染可分为3期:首先是HIV感染,然后部分人发展为艾滋病相关综合征,最后发展为艾滋病。

据估计艾滋病相关综合征病例为艾滋病病例的10倍,而HIV感染者为其100倍。

由于艾滋病病毒破坏人体的免疫系统,造成机体免疫力下降,在正常人身上不会致病的细菌、病毒等在人体免疫力低下的情况下会乘虚而入,造成感染,因此,艾滋病病人很容易发生各种感染,而且症状没有特异性,表现为复杂多样的综合症。

世界卫生组织关于艾滋病最新监测诊断标准:本标准适用于成年人和年龄大于12岁的青少年,如果HIV(艾滋病病毒)抗体检查阳性,出现一个或更多的下列症状,可诊断为艾滋病:①体重减轻≥10%或恶病质,伴有腹泻或发热,或两者均有,持续或间歇发热超过1个月以上(排除其他疾病);②脑膜炎隐球菌感染;③肺结核或肺外结核;④卡波氏肉瘤;⑤神经系统症状,不能独立进行日常活动(排除其他疾病);⑥食管念珠菌感染;⑦临床诊断有威胁生命的疾病或复发性肺炎(病因明确或不明确);⑧侵袭性子宫颈癌。

(二)治疗

(1)鸡尾酒疗法:多种抗病毒药物合用,拉米呋啶、苏拉明、三氮唑核苷、A-干扰素等。

(2)免疫增强剂:白细胞介素-2、γ-干扰素等。

(3)治疗条件致病菌感染:根据不同的病原体选用相应的药物。

(4)相应的抗肿瘤治疗及支持疗法。

(三)预防

遵守性道德,不卖淫嫖娼,不吸毒,不使用未经严格消毒的注射器、手术器械、理发工具,输血时要使用艾滋病病毒抗体检测合格的血,感染了艾滋病病毒的妇女,应避免怀孕和哺乳。

各地医学科研机构、大医院、市卫生防疫站都应能进行艾滋病血液检查和提供有关艾滋病方面的咨询,并对前来接受血液检查或咨询者的所有资料保密。

第六章

营养与健康

○ 吃是每个人都会的,
  怎样吃更健康你知道吗?

人类为了生长、发育,维持正常生理功能和满足学习、工作的需要,除不断地从自然界摄取氧气外,还必须摄取食物,从食物中获得机体所需要的各种营养物质及热能。营养学家把生物体从外界摄取适量有益物质,以谋求养生的过程称为补充营养。

营养与每个人都有密切的关系。合理的营养是从胎儿到青年各个时期正常生长发育不可缺少的条件,也是成年人和老年人身体健康、延年益寿的重要保证。此外,在人体特殊生理条件下及患病期间,对营养和食物也有不同的要求。一些调查资料表明,采取正确的营养措施可使许多疾病的发病率和死亡率大幅度降低。如符合营养要求的膳食可使冠心病发病率下降25%;呼吸道传染病发病率下降20%;肿瘤发病率下降20%;糖尿病发病率下降50%。

青少年的膳食中如果缺乏蛋白质,将导致课堂学习理解能力较差、易忘,精神涣散,注意力不集中,易疲劳。

第一节　三大营养素的来源及作用

一、概述

营养学家把存在于食物之中的、本身直接参与营养过程的、对人体健康不可缺少的一些物质称为营养素。人体从食物中获得的与身体健康密切相关的营养素,概括起来有六类:蛋白质、脂肪、碳水化合物、无机盐(包括微量元素)、维生素和水。六类营养素中的蛋白质、脂肪和碳水化合物被称为"三大营养素"。营养素进入人体后不外乎三种作用:第一,为机体提供能量;第二,促进机体生长发育,进行组织的更新和修补;第三,调节机体内各种代谢活动。

二、三大营养素的来源及作用

(一) 蛋白质

蛋白质是生命的物质基础,细胞组织的组成成分之一,构成人体生命的活性物质。

1. 蛋白质的生理功能及缺乏病

(1) 蛋白质是生命产生和存在的物质基础。摄入的量过少,可致肌肉萎缩、体重减轻、下肢浮肿、肝肿大。

(2) 合成新的组织,进行组织的更新或损伤组织的修复,维持体内蛋白质的动态平衡。摄入不足时,头发稀疏易掉,组织损伤不易修复。

(3) 经消化、吸收的食物蛋白质参与体内多种酶和多种激素的合成。而合成的这些酶和激素参与体内各种生命活动的催化和调节,如能量代谢、肌肉收缩、血液循环、呼吸、消化以及神经冲动的传导等。

（4）参与体内抗体的合成。提高机体对各种疾病的抵抗力，保护机体免受细菌和病毒的侵害。蛋白质不足时，易感染各种疾病。

（5）食物蛋白质是热源营养素，可为机体提供能量。但是，用蛋白质来供热不经济，因为碳水化合物价格便宜，在体内氧化完全，是最经济的热能来源。而蛋白质价格高，代谢后还有一些含氮物质由肾脏排出，故蛋白质在供给热能方面不占主要地位。

2. 蛋白质的食物来源

含蛋白质丰富的动物性食物包括畜、禽、鱼、蛋、奶。植物性食物中，大豆的蛋白质含量尤为丰富，并富含赖氨酸，是植物性食物中营养价值最高的蛋白质。其他粮谷类食物蛋白质含量为6%～10%，由于在我国人民膳食中粮谷占重要地位，因此粮谷类食物也为我国人民膳食蛋白质的主要来源。蛋白质不仅要注意数量还要注意质量，一般来说，膳食中的蛋白质应该有50%来自动物性食品和大豆类食品。

（二）脂类

脂类是脂肪和类脂的总称。它是组成人体组织细胞的一个重要成分。

1. 脂类的生理功能及缺乏病

（1）脂肪又称甘油三酯，是高热能营养物质。脂肪也可作为能量在体内储存，以便机体在饥饿、应激、耐力运动等情况下使用。人体内的脂肪组织对维持人体的体温、保护脏器、固定器官、保护关节及神经免受外力的撞击有重要的作用。

（2）类脂有磷脂、胆固醇糖脂，是构成人体细胞膜的主要成分。此外，磷脂还参与构成脑和外周神经。胆固醇是体内合成固醇类激素的重要物质。

（3）含有多个双键不饱和的脂肪酸在人体内是不能自行合成的，必须由食物供给，此类脂肪酸称为必需脂肪酸。必需脂肪酸有降低血浆胆固醇的作用，因为胆固醇与必需脂肪酸结合才可在体内正常代谢，否则将沉积于血管壁，从而造成动脉粥样硬化。必需脂肪酸还是前列腺素的前体，缺乏时可致前列腺素合成障碍。

（4）人体所需的脂溶性维生素A、D、E、K等只溶于脂肪。若没有适量的脂肪存在，这些维生素就不能被吸收利用。

（5）油脂是食物烹调所必备的物质。用油脂烹调的食物色、香、味俱佳，可增加人们的食欲和饱腹感，可促进食物的消化和吸收。

2. 脂肪的种类、来源

含必需脂肪酸多的脂肪营养价值高。亚油酸是重要的必需脂肪酸，其在油脂中的含量由高到低，依次为棉籽油、豆油、芝麻油、花生油、鸡肉、鸭肉、猪肉。

（三）碳水化合物

碳水化合物亦称糖类，是人体热能的主要来源。

1. 生理功能及缺乏病

（1）碳水化合物是人体最经济的热能来源，每克糖可产生约4 kcal的热能。

（2）碳水化合物参与细胞膜、结缔组织、神经组织和核酸的构成。核酸是重要的遗传物质。

（3）果胶和纤维素通过肠道排泄时，能吸收较多的水分，形成一定的体积从而刺激肠蠕动，减少某些有害物质被肠道吸收，降低肠癌发病率。摄入含有一定量纤维素的膳食还可降低血液及胆汁胆固醇的浓度，减少冠心病的发生。

2. 碳水化合物的食物来源

含碳水化合物丰富的食物主要是粮谷类植物性食物。

第二节 无机盐和微量元素

一、概述

无机盐和微量元素是生命活动的要素，迄今为止，已知人体内有 50 余种元素。除碳、氢、氧、氮诸元素构成蛋白质、脂肪、碳水化合物以有机形式存在外，其余如钾、钠、镁、磷、氯等元素多以无机形式存在，统称为无机盐。在无机盐中有些元素如铁、铜、锌、锰、碘、硅等，由于人体内含量极微而称为微量元素。

无机盐在人体内有十分重要的生理作用。它们是构成人体组织的主要成分，是调节体内代谢，维持神经、肌肉的正常兴奋，维持组织细胞渗透压和体内酸、碱平衡不可缺少的物质。

无机盐广泛存在于动、植物性食物中，一般不会缺乏。但在某些特殊情况下可能缺乏，一是生长发育需要增加，二是食物中草酸、植酸含量过多导致吸收减少，这两种情况均可造成机体内无机盐的缺乏。在我国的膳食结构中，容易缺乏的无机盐主要有钙、铁、碘、锌。

二、人体主要无机盐的来源及作用（见表 6-1）

表 6-1　人体主要无机盐的生理功能、来源、缺乏症

无机盐	主要生理功能	来源	缺乏病
钙	①人体内98%的钙集中在骨骼和牙齿中，参与骨骼和牙齿的组成；②1%的钙集中在软组织和细胞外液中，维持神经、肌肉的正常兴奋性，参与凝血过程，维持心肌的正常兴奋性和节律	豆类及豆制品、鱼松、虾皮、海带、发菜、淡菜、芹菜、芝麻酱	小儿佝偻病、成人骨质软化症
铁	成人体内72%的铁以血红蛋白形式存在于红细胞中，在细胞内氧化过程中起重要作用	动物肝脏、动物血、肉类、鱼类、白菜、苋菜	缺铁性贫血严重者可因缺氧引起心脏跳动加快、呼吸急促、甚至心衰

续表

无机盐	主要生理功能	来　源	缺　乏　病
碘	人体内30%的碘存在于甲状腺中,参与甲状腺素的合成,甲状腺素在体内主要调节热能代谢,调节蛋白质、脂肪、碳水化合物的合成和分解代谢,促进机体的生长发育	海产品,如海盐、海带、紫菜、鱼虾	呆小症、地方性甲状腺肿
锌	锌是人体内100余种酶的组成成分或激活剂在组织细胞的呼吸、蛋白质、脂肪、碳水化合物以及核酸的代谢中发挥着重要的作用	海产品、动物肝脏、蛋、奶、谷类	食欲差、挑食、异食癖、青春期发育迟缓、创伤愈合不良、皮炎

第三节　人体主要维生素的来源及作用

一、概述

维生素是生命活动的调节剂,是作为多种代谢酶的辅酶参与体内各种代谢活动,维持人体正常生理功能和健康,是机体不可缺少的有机化合物。维生素不能供给机体能量,也不是机体的构成成分,一般来说,人体内不能合成维生素,人体对维生素的需要必须由食物提供。维生素分两大类,第一类是溶解于脂肪的叫脂溶性维生素,如维生素 A、D、E、K 等;第二类是水溶性维生素,如维生素 B_1、B_2、B_6、B_{12}、C 和维生素 PP 等。

二、人体主要维生素的来源及作用(见表6-2)

表6-2　人体主要维生素的生理功能、来源、缺乏病

维生素	主要生理功能	来　源	缺　乏　病
维生素 A	①维持视觉;②促进上皮组织的生长;③促进牙齿及骨骼的生长发育	动物肝脏、蛋黄、奶类、菠菜、胡萝卜	夜盲症、干眼症、生长发育迟缓、牙齿发育障碍
维生素 D	①促进食物中钙、磷的代谢、吸收和利用;②促进骨骼和牙齿的形成	动物肝脏、鱼肝油、禽蛋;皮肤经日光照射合成	青少年生长缓慢;成年人患骨软化症或骨质疏松症

续表

维生素	主要生理功能	来源	缺乏病
维生素E	①抗氧化作用、抗细胞衰老作用；②对动物生殖系统及生殖过程具有重要生理作用	植物油、绿叶蔬菜、肉、奶、蛋	生殖障碍
维生素B_1	①参与碳水化合物代谢；②维持神经系统正常功能；③调整胃肠道的功能	粮谷、豆类、酵母、干果及硬果、动物内脏、瘦肉、蛋类	人体代谢失调；对称性周围神经炎、脚气病；下肢水肿；食欲差
维生素B_2	①参与碳水化合物、蛋白质、核酸和脂肪的代谢，可提高肌体对蛋白质的利用率，促进生长发育；②参与细胞的生长代谢，是肌体组织代谢和修复的必须营养素；③强化肝功能，调节肾上腺素的分泌；④保护皮肤毛囊黏膜及皮脂腺的功能	动物肝肾、奶类、蛋类、绿叶蔬菜、豆类	口角炎、舌炎、唇炎、脂溢性皮炎、阴囊皮炎、睑缘炎、角膜血管增生
维生素C	①促进组织中胶元的形成；②促进机体对铁的吸收；③阻断体内亚硝胺的形成，预防某些癌症；④提高机体的抵抗力，促进机体生长发育；⑤加速胆固醇的代谢，预防心血管系统疾病	蔬菜、水果（猕猴桃、刺梨、醋柳、沙棘）	骨、牙、毛细血管间壁组织的间质形成不良，发生出血现象，伤口愈合不良
维生素PP	①参与葡萄糖、脂肪的代谢以及高能磷酸键的形成；②维持神经系统、消化系统和皮肤的正常功能	酵母、花生、全谷、豆类、肝脏、肉类	癞皮病，包括皮炎、腹泻及痴呆

第四节 几种特殊情况下的膳食营养

合理的膳食提供了人体生长发育的营养需要，使人们有充沛的精力从事学习、生活、劳动和体育锻炼，并能增强体质，提高抗病能力。

如果长期摄入营养素种类不全或数量不足，就会影响机体的生长发育和正常的生理功能，造成营养缺乏病，甚至体格发育不良，影响成年以后的身体健康。医学调查证实，成年以后的高血压、糖尿病、动脉硬化、某些恶性肿瘤等疾病与青少年时期不良的膳食习惯是有较为密切的关系的。

一、面对压力,均衡营养

当人们遭遇到压力时,脑垂体立即分泌多种激素,动员体内的蛋白质,将它转化为糖类;糖原也会立即转化成糖,以应体内急需;继之血压升高,矿物质从体内骨骼中分解出来,脂肪也会燃烧成能量。这种应急是体内资源的大调动。压力持续存在时,胸腺和淋巴腺中的蛋白质会用尽、萎缩,并开始消耗身体其他部位如血浆、肝和肾里的蛋白质。胃溃疡的发生,不仅是胃酸过多的关系,胃壁的蛋白质被挪用也是原因之一。分析尿液中流失的氮可发现,经过一天沉重压力所消耗的蛋白质,可以多达 96 克;因此,当天必须摄取等量的蛋白质,才能免于疾病。钙被挪用时,骨骼会变得脆弱。压力引起体内这样的伤害性转变还有很多,都会对相应的组织细胞和器官造成伤害。

这个阶段需要及时增加适当的营养,补充身体细胞的营养需要,从而维持健康。如果营养不够,便会开始生病;此时再不及时弥补,会对身体造成伤害。

动物实验表明,动物被放置在高度噪音、强光、高温或强冷、X 光照射的环境里;或被注射药物、化学剂、细菌或病毒;吃下含有毒素的食物时,它们对营养的需求大量增加,如果营养需求得到满足,它们便不会受到严重的伤害,否则在巨大的压力之下,健康将严重受损。

倘若它们缺乏蛋白质、微生物 B_2、泛酸等营养素,其脑垂体便无法分泌充足的激素;缺少亚油酸、维生素 A、维生素 B_2 或维生素 E,也会影响肾上腺激素的分泌,造成肾上腺皮质萎缩,及时补充便能使肾上腺恢复功能。脑垂体和肾上腺的激素都是由胆固醇转化而成,一旦少了泛酸,激素用完,胆固醇便无法转化了,应激能力将显著下降。

当人们遇到压力时,维生素 C 的需求会大量提高。维生素 C 还可以促进可的松的分泌,使其发挥效用。大量的维生素 C 有助于抵抗各种压力。

人类可承受压力的程度,要视脑垂体与肾上腺能够分泌多少激素而定。只有身体的营养充分,才可承受重大而持久的压力。正确地选择食物,改变不良的饮食习惯,增加抗压力营养素的摄入。常用的抗压力营养剂为维生素 A、维生素 B 族、维生素 C、维生素 E、钙、镁片,以及细胞基本原料蛋白质粉。具体营养素的用量,应咨询专业营养师。

二、体育竞赛期间的膳食

在体育活动和竞赛时,大脑皮质高度紧张和兴奋,而精神紧张和疲劳都会抑制消化液的分泌,使消化道运动减慢,胃肠排空时间延长,所以运动训练和竞赛时的膳食热量来源应增加糖、水果和蔬菜,而不能主要依靠谷类,同时还要增加无机盐和维生素的供给量。

参加短时间剧烈运动的运动员,膳食中应适当增加蛋白质而少增加糖类;从事持久耐力运动项目的运动员所需热量较多,应适当增加糖类,脂肪摄入不宜过多,否则,可使胃的排空时间延长而消化过程缓慢,少数人还会引起脂肪性腹泻;在寒冷季节参加马拉松、长跑等竞赛应稍增加脂肪供给,其余运动不宜增加脂肪供给量;参加长时间的运动项目时,期间应饮用适量葡萄糖液,以补充热量。饮水量一次不宜过多,以免增加血容量。

当空腹血糖较低时,为防止发生意外,不宜运动。饭后不应立即参加运动。剧烈运动后应适当休息再进餐,以使心肺功能恢复正常。运动员进餐应注意结合个人的饮食习惯、身体状况、不同比赛项目进行调配,使用餐成为一种乐趣,而不是负担。

三、体力劳动时的膳食

体力劳动时精神一般相对放松,心肺活动较均匀,但劳动时间一般较长,故此时膳食要求三大营养物质比例和平时相似,但要增加数量,无机盐和维生素也要适当增加,要增加蔬菜和水果的供给,早餐提供的热量应占全日的30％以上。

四、考试前学生的膳食

考试前的学生正处在紧张的复习阶段,他们脑力劳动的强度很大,学习时间也较长,常常会出现精力不足、头昏脑涨、复习效率不高的现象,个别的还会出现暂时性的低血糖,严重者还会发生失眠、神经衰弱等症状。产生这些现象的原因很多,其中一个主要原因就是营养成分不足。因此,考试前的学生在营养上应当注意以下几点。

(1) 除了有足够的主食以提供充足的热量外,最好每天补充些鸡蛋或瘦肉、肝、牛奶、大豆及其制品。以上食物含有较多的磷脂及胆碱,前者是脑细胞内能量代谢必需的高能物质,后者与神经细胞传递有关,具有增强大脑记忆力的作用。

(2) 每天多吃些绿色或橙黄色的蔬菜和水果。这些食物含有丰富的维生素 C、B_1、B_2、纤维素等。另外,一些坚果类食物如花生米、核桃仁、葵花子、芝麻等都含有丰富的蛋白质、植物油、磷脂、维生素和无机盐等。进食这些食品能增加大脑对能量的需求,提高学习效率。食物中的纤维素则能促进排便,以防由于紧张的脑力劳动而出现便秘。

(3) 在考前由于紧张,一般人的食欲都会降低。对考生来说,紧张会使他们的食欲降低,胃肠消化吸收能力减弱。因此,应该调整食物的烹调方式,适当用一些酸味或辛香的调味品,以刺激食欲,保证他们能吸收足够的营养。

五、肥胖症的饮食调理

肥胖通常表现为体重超常。肥胖不仅有损体态美,而且妨碍健康,会引起多种疾病。

肥胖的原因除遗传因素外,很重要的原因就是饮食摄入过多,超过了人体的消耗量。减肥的措施很多,目前最科学的方法是行为治疗＋运动锻炼＋饮食控制。这三个方面都围绕一个核心:减少能量摄取,加强机体消耗。

行为疗法的目的是对胖人的食欲加以限制。具体办法如下。

①细嚼慢咽,延长进餐时间。
②少吃零食。
③不断提醒自己进食不要过量。

运动可以加快代谢,消耗脂肪。运动形式应为耐力性的,如慢跑、骑自行车。

减肥者的饮食,能量摄入不宜低于 1200 kcal,其他营养素的需要量与常人相似。常用的减肥食物有高纤维食品、冬瓜、黄瓜。

六、消瘦者的饮食调理

在现实人群中瘦弱者并不少见,原因很多。瘦弱者常常为食欲不振、进食量少,消化道吸收功能较差,也有神经精神方面的因素,科学、合理的饮食对改变瘦弱体质是有帮助的。

消瘦的人如何增加体重呢?首先应适当增加每日热能摄入量,即多吃一些,使热能摄入高于消耗量。增加热能不仅可使体内脂肪得到适当增加,而且可减少体内蛋白质的分解;在增加热能摄入的同时,应增加蛋白质摄入量,多吃含蛋白质丰富的食品,以便为增加体重提供物质基础;增加烹调用植物油,增加必需脂肪酸的摄入;显著增加蔬菜和水果的量,开始时以水果为主,譬如饭前吃一个苹果、橘子或西红柿,既开胃又能促进铁的吸收,以后逐步增加各类富含纤维素的蔬菜等,以促进胃肠蠕动,增强消化吸收功能;努力增加主、副食花色品种,不断变换烹调方式,在不影响正餐食欲的前提下,对零食的热能不作严格限制,但尽量不喝各种冷饮,以免损伤脾胃。

消瘦者还应参加适度的体育锻炼,因为运动对胃肠功能紊乱有调节作用。

七、贫血者的饮食调理

贫血就是指人体单位体积血液中红细胞数目、血红蛋白及红细胞压积低于正常范围,它是一种症状,可发生于很多疾病的过程中,通过合理饮食调配,很多人在短期内可使血液中红细胞和血红蛋白含量恢复正常。在安排贫血病人的饮食时应掌握以下几个原则。

(1) 要有足够的优质蛋白质。
(2) 供给充足的铁和铜。
(3) 供给丰富的维生素。
(4) 限制脂肪摄入,因为脂肪过多会抑制造血功能。
(5) 如贫血者有水肿时,应暂用少盐饮食。

八、肝炎病人的饮食调理

肝脏是人体最重要的器官之一,在人体物质代谢方面起着极其重要的作用。碳水化合物、脂肪和蛋白质的代谢都离不开肝脏,许多维生素的代谢、利用也是在肝脏进行,肝脏还是维生素特别是脂溶性维生素的重要贮存场所。此外,人体激素的灭活,某些毒物的代谢解毒过程及体内某些代谢废物的排泄也都与肝脏的功能有关。肝脏功能正常是人体新陈代谢正常进行的根本保证。

肝炎病人由于大量肝细胞受到损害,引起一系列代谢功能失调。肝炎病人饮食调配的原则是减轻肝脏负担,促进肝细胞再生和肝功能的恢复。

(1) 肝炎病人热能摄入要适量,热能摄入过高,易引起脂肪堆积、脂肪肝。热能摄入过低,影响肝细胞再生和功能的恢复。

(2) 蛋白质是肝细胞再生的主要原料,肝炎病人的蛋白质摄入量要增加,在每日的饮食中蛋白质热能宜占总热能的约15%。但是当肝炎病人出现肝硬化和腹水时,应根据血氨水平调整蛋白质摄入量,具体饮食应由医生安排。

(3) 肝炎病人应多吃含维生素丰富的食物,必要时还应额外补充维生素制剂。

九、健脑食物

当人用脑较多时,每日除摄取必要的营养物质外,还应增加一些特殊的健脑食物,供给脑细胞所需,以增强大脑记忆及思维能力。

(1) 蛋白质尤以动物蛋白质为优,有奶类、蛋类、鲜鱼、虾、贝类、动物肝、肾;植物蛋白可选核桃、花生、瓜子、栗子、松子等果实类,也可选黑豆、玉米、小米等粗粮。

(2) 谷氨酸存在于所有鲜味食物中,如鲜奶、鲜肝、香菇、木耳、金针菜以及各种海产品。

(3) 不饱和脂肪酸类以植物油及鱼虾中含量最为丰富。

(4) 维生素B族主要存在于各种绿叶蔬菜、麦胚、豆类、酸奶、酵母、啤酒、粗粮等食物中。

(5) 钙、磷、镁、锌等元素主要存在于蛋黄、瘦肉、海鱼、虾蟹、牡蛎、紫菜、海带等食物中。

(6) 健脑补品有人参、何首乌、枸杞等。

十、防癌食物

在我们的日常生活中,许多食物不仅具有保健作用,而且具有防癌的功效。只要我们注意合理地利用它们,就可以收到防癌抗癌的效果。

(1) 防癌粮油类:麦麸、米皮糖、玉米、红薯、大豆、葵花子等。

(2) 防癌蔬菜及蘑菇类:胡萝卜、萝卜、甘蓝、番茄、茄子、冬瓜、芦笋、小茴香、莼菜、白菜、百合、刀豆、扁豆、豆芽等;白木耳、黑木耳、香菇、平菇、草菇、猴头菇、灵芝等。

(3) 防癌动物类食物:牛奶、羊奶、动物肝脏、猪血、鹅血、猪蹄等。

(4) 防癌水产、海产类:青鱼、团鱼、乌龟、泥鳅、田螺、蚯蚓;海参、牡蛎、鲨鱼、带鱼、鱼肚、海带、海藻等。

(5) 防癌果品类:杏、无花果、罗汉果、番木瓜、草莓、乌梅、大枣、山楂、枸杞、荸荠、菱角、莲子、橄榄、甘蔗、苹果、猕猴桃、核桃等。

(6) 其他防癌食物:豆腐、茶叶、蜂蜜、蜂皇浆等。

第七章

常见急症、意外伤害及灾害事故现场救护

○ 正确的现场救护
是拯救生命的关键

常见急症是指在日常生活中经常见到而且发病较急的一类疾病。这类疾病如未及时处理，往往可导致严重后果。

除了疾病对人类健康与生命有着直接影响外，意外伤害对健康及生命的威胁也越来越显示出它的严重性。意外伤害可由交通事故、触电、溺水、中毒、烧烫伤等引起，而且随着社会、科学技术的发展，意外伤害的种类也随之增加。

各种灾害事故的发生，一般总是伴随着大批伤员的出现，如地震、水灾、火灾、战争、恐怖事件、爆炸或建筑物的倒塌。伤员初期的现场救护至关重要，因此必须加强现场急救工作，广泛普及 CPR 及创伤现场救护技术，提高救护人员自救、互救的知识、技能。必须充分发挥各因素的功能与作用，重视伤后 1 h 的"黄金抢救时间"，10 min 的"白金抢救"时间，使伤员在尽可能短的时间内获得最有效的救护，这样可大大提高抢救成功率，保护伤员的生命安全。

掌握此类疾病的发病特点及院外处理的原则，以便及时救护、送往医院，将为下一步的治疗赢得宝贵的时间。

第一节　常见急症现场救护

一、意识障碍及昏迷

意识障碍及昏迷是日常生活中十分常见的急症。意识是机体对自己和周围环境的感知，并对内、外环境的刺激做出有意义的应答的能力，这种应答能力的减退或消失就意味着不同程度的意识障碍。昏迷是最严重的意识障碍，即意识完全丧失，患者仅存脑干和脊髓反射，主要特征为意识障碍、运动能力丧失、对外界刺激失去正常反应，但生命体征如呼吸、脉搏、血压和体温尚存。

（一）意识障碍分级

根据患者的病情严重程度，意识障碍可分为四级。最轻的为Ⅰ级，主要表现为嗜睡，患者处于持续睡眠状态，但能唤醒，并能用言语或运动做出反应；较重的为Ⅱ级，患者处于昏睡状态，需要较强的刺激方能唤醒，且言语、运动反应较少，刺激停止又迅速进入睡眠状态；第Ⅲ级，表现为浅昏迷，对声音、强光等刺激均无反应，对疼痛等强烈刺激有运动反应，但患者呼吸、心率和血压等生命体征平稳；最严重的为Ⅳ级，即深度昏迷，患者对外界各种刺激均无反应，即使是伤害性刺激的躲避反射也消失，生命体征常有改变。

（二）症状

由于意识障碍和昏迷涉及很多疾病，根据导致患者意识障碍的病因不同，可表现为以下几种。

(1) 剧烈头痛。常见于脑出血、颅内感染、颅内压升高,尤其是蛛网膜下腔出血。
(2) 低热。多见于颅内感染、低血糖、黏液性水肿、昏迷、酒精中毒等。
(3) 高热。可能为全身感染或颅内感染、甲亢危象、药物中毒、下丘脑出血。
(4) 精神症状。脑炎和颞叶癫痫可能性大。

(三) 现场检查

患者昏迷时的一些伴随症状往往可以为判断病因和现场急救提供重要线索。所以,遇到意识障碍的患者要对其进行初步检查,重点是观察患者的血压、脉搏、呼吸、体温等生命体征和气道畅通情况,以确定病情的严重程度。

要特别注意患者有无头部外伤;有无皮肤、黏膜异常(皮肤淤点、淤斑见于流行性脑膜炎、败血症、血液病等,一氧化碳中毒皮肤呈樱桃红色,皮肤潮红见于感染性疾病及酒精中毒);呼出气体的气味如何,有无特殊气味(烂苹果味见于糖尿病酮症酸中毒,氨味可能为肝昏迷,尿臭者要考虑尿毒症,大蒜味提示有机磷农药中毒)。

(四) 现场救护原则

(1) 保持气道畅通,如有呕吐要将病人头部偏向一侧,以避免呕吐物误吸。
(2) 给氧,有条件时可予吸氧。
(3) 拨打急救电话,迅速转送附近医院进行抢救治疗。

二、呼吸道梗塞

气管异物梗塞不仅发生于幼儿,随着人口老龄化,老年人发生气管异物梗塞的情况已明显增多。所以,海氏急救法使用日渐广泛。海氏急救法兴起于 20 世纪 70 年代中期。该法主要用于气管异物导致呼吸梗阻、呼吸骤停的急救。

(一) 呼吸道梗塞的原因及患者表现

呼吸道梗塞常见于婴幼儿童,尤其以刚学会走路至 3 岁的幼儿最多见。当小儿口中含物说话、哭笑、打闹和剧烈活动时,容易将口中所含物品吸入气管内引起气管阻塞,导致窒息。

近年来,国内外的大量实践资料发现,在现实生活中,成年人尤其是老年人发生气管异物梗塞明显多于儿童。常因进食时说话,尤其在吃大块硬质食物如鸡块、排骨时,速度太快,咀嚼不全,吞咽过猛,以致食物被卡在喉部造成呼吸道梗塞而引起窒息。

此外,其他能引起患者呼吸道梗塞的物体有硬质食物、玩具、硬币和纽扣等。较大的表面不光滑的物体或植物性异物(花生、黄豆等)对气管黏膜刺激强,存留时间长,气管受硬物刺激,黏液分泌增加,植物性异物受浸泡而膨胀,加剧病情。异物进入呼吸道后,大多数停留于气管,小异物嵌于支气管。

呼吸道梗塞的识别是抢救成功的关键,异物可以引起气道不完全或完全梗阻。患者表现为突然的刺激性剧烈咳嗽,反射性呕吐,声音嘶哑,呼吸困难及某些特殊表现等。

1. 气道不完全梗阻

患者可出现咳嗽、喘气或咳嗽微弱无力,呼吸困难;病人张口吸气时,可以听到异物冲击性的高笛声；皮肤、甲床和口腔黏膜、面色发青、发绀。

2. 气道完全梗阻

较大的异物堵住喉部、气管处，患者面色灰暗青紫，不能说话、咳嗽和呼吸，失去知觉，窒息，呼吸很快停止，继之心跳停止。

3. 呼吸道梗塞的特殊表现

由于异物吸入气管时，患者感到极度不适，常常以一手呈"V"字状紧贴于颈前喉部（见图7-1）。

图 7-1　气管异物呼救手法

（二）海氏急救法

海氏急救法是冲击患者腹部及膈肌下软组织，产生向上的压力，压迫两肺下部，从而驱使肺部残留气体形成一股气流直入气管，使堵塞在气管、咽喉部的异物冲出（见表7-1）。

表 7-1　海氏急救法

意识状态	方　　法	成　人	儿　童	婴　儿
清醒	自救法	冲击上腹部自救法		
		椅背腹部冲击法		
	互救法	立位腹部冲击法		背部叩击法
		立位胸部冲击法		
昏迷		仰卧位腹部冲击法		
		仰卧位胸部冲击法		

气道梗塞的表现：在没有明显原因的情况下，如在进食中，患者突然面色发绀、意识不清、停止呼吸，易误认为是心脏病发作。

如果遇见气道梗塞患者，应询问患者"是否有异物梗塞？""我能帮您吗？"，此时，清醒的患者会点头告知，同意实施救治，即刻用海氏手法救治，同时尽快大声呼叫或拨打急救电话，请求帮助。

1. 成人救护法

（1）自救腹部冲击法。适合气道不完全梗阻而意识清醒、具有一定救护知识和技能的病人，在当时无他人在场相助，打电话又困难，不能说话报告的情况之下采用。

1）冲击上腹部自救法：用自己一手握空心拳，拇指侧置于腹部脐上两指、剑突下处，另一手紧握住此拳，双手同时快速向内、向上冲击若干次，每次冲击动作要有力、迅速（见图7-2）。

2）椅背腹部冲击法：将上腹部压在坚硬物上，如桌边、椅背和栏杆处，连续向内、向上冲击若干次,直到异物脱出(见图 7-3)。

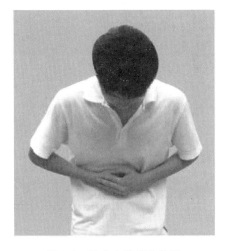

图 7-2　冲击上腹部自救法

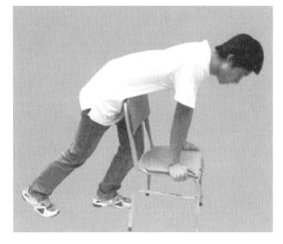

图 7-3　椅背腹部冲击法

(2) 互救腹部冲击法。适合于气道不完全或完全梗阻的病人。病人意识清醒可用立位腹部冲击法,遇到意识不清者,不能站立配合,采用仰卧位腹部冲击法救治。同时,呼叫救援医疗服务系统。

1) 立位腹部冲击法(见图 7-4)

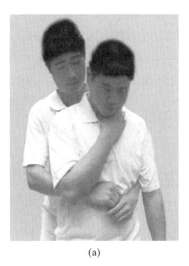
　　　　　　(a)

　　　　　　(b)

图 7-4　立位腹部冲击法

①救护员站在病人的背后,双臂环绕病人腰部,令病人弯腰,头部前倾。

②救护员一手握空心拳,并将拇指侧顶住病人腹部正中线脐上方两横指处,剑突下方,另一手紧握此拳,快速向内、向上冲击 5 次。

③救护员反复有节奏、有力地重复以上操作步骤若干次。

④病人应配合救护员,低头张口,以便异物受到气流冲击而吐出。

2) 仰卧位腹部冲击法(见图 7-5)

①将病人置于仰卧位,救护员骑跨在病人两大腿外侧头。

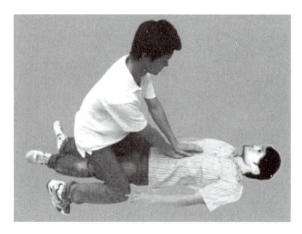

图 7-5　仰卧位腹部冲击法

②用一只手的掌根平放其腹部正中线的脐上方两横指处,不要触及剑突,另一只手直接放在第一只手背上,两手掌根重叠。

③两手合力快速向内、向上冲击病人的腹部,连续 5 次,重复操作此步骤若干次。

④检查口腔,如异物已经被冲出,迅速用手取异物方法取出。

⑤检查呼吸、心跳,如无,立即实施心肺复苏。

(3) 互救胸部冲击法。适用于不宜采用腹部冲击法的患者,如妊娠后期或肥胖的患者。患者意识清醒可用立位胸部冲击法,遇到意识不清者,不能站立配合,采用仰卧位胸部冲击法救治。

1) 立位胸部冲击法(见图 7-6)

①救护员站在患者的背后,两臂从其腋窝下环绕其胸部。

②一手握空心拳,将拇指侧置于患者胸骨中部,注意避开肋骨缘与剑突,另一只手紧握此拳向内、向上冲击 5 次。

③重复操作步骤若干次,检查异物的排出。

2) 仰卧位胸部冲击法(见图 7-7)

①救护员将病人放置于仰卧体位,并骑跨在病人两大腿外侧。

②胸部冲击手的定位与胸外心脏按压部位相同,两手的掌根重叠,快速冲击 5 次,每次冲击用力要均匀,间隔要清楚。

③重复操作步骤若干次,检查异物是否排出。

④检查呼吸、心跳,如呼吸、心跳停止,立即实施心肺复苏。

2. 儿童救治法——腹部冲击法

询问病人"是否有异物梗塞?"、"需要帮助吗?"清醒者采用立位腹部冲击,意识不清者采用仰卧位腹部冲击。

腹部冲击操作方法与成人相同。检查口腔,如异物排除,迅速采取手取异物法取出;若阻塞物未能咯出,重复操作步骤 1~3 次;如呼吸、心跳停止,立即实施心肺复苏(见图 7-8)。

3. 婴儿救治法——背部叩击法

①救护员将婴儿的身体骑跨在一侧的前臂上,同时用一手掌将婴儿后头颈部固定,

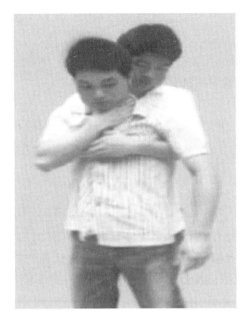
图 7-6 立位胸部冲击法

图 7-7 仰卧位胸部冲击法

图 7-8 儿童腹部冲击法

头部低于躯干,用另一手固定婴儿下颌角,并使婴儿头部轻度后仰,打开气道。

②两手的前臂将婴儿固定,翻转呈俯卧位。

③用手掌根叩击婴儿背部肩胛区 4 次。

④两手前臂将婴儿固定,翻转为仰卧位。

⑤快速冲击性按压婴儿两乳头连线下一横指处 4 次。

⑥检查口腔,如异物咯出,迅速采取手取异物法取出,若阻塞物未能咯出,重复背部叩击、胸部冲击动作多次。

（三）注意事项

(1) 尽早识别气道异物梗塞的表现,作出判断。
(2) 实施腹部冲击,定位要准,不要把手放在胸骨的剑突下或肋缘下。
(3) 腹部冲击要注意胃反流物导致误吸。
(4) 预防气道异物梗塞的发生,如食物切成小条,缓慢完全咀嚼,儿童有食物在口中时,不要跑步或玩耍等。

三、休克

休克是指多种病因作用所导致的、以血液对组织灌注不足为特征的、循环衰竭的状态。由于血液循环障碍,机体不能提供组织细胞所需的营养物质并排除体内代谢产物,影响细胞功能,严重者可导致死亡,所以必须及时予以抢救。

（一）分类

根据引起休克的病因,可将其分为以下类型。
(1) 心源性休克:由于各种心脏病导致的心功能障碍,以致心脏射出的血液不能满足机体组织器官的需要而出现的休克症状。
(2) 感染性休克:各种病原微生物及其毒素侵入人体,是感染性休克的始动环节。
(3) 低血容量性休克:创伤、出血、烧伤、严重腹泻等导致循环血量急剧减少,最终导致组织器官灌注不足而出现休克。
(4) 过敏性休克:如青霉素药物过敏等,在过敏原的作用下,血管舒缩障碍,使回心血量突然减少,血液供应不能满足机体的需要。

（二）症状

虽然导致休克的病因不尽相同,但可以表现以下相同的临床症状:①自感头昏不适或精神紧张、过度换气;②脉搏细弱,血压降低,成人收缩压(即平常所说的高压)＜90 mmHg(1 mmHg＝0.133 kPa);③肢端湿冷,皮肤苍白或发绀,有时伴有大汗;④烦躁不安,易激动或神志淡漠,嗜睡,昏迷;⑤尿量减少或无尿。

（三）现场救护原则

(1) 患者取平卧位,下肢略抬高,以利于静脉血回流。如有呼吸困难者,可将患者的头部和躯干适当抬高,以利于呼吸。
(2) 保持呼吸道畅通,尤其是休克伴昏迷者。方法是将患者颈部垫高,下颌抬起,使头部最大限度地后仰,同时头偏向一侧,以防呕吐物、分泌物误吸入呼吸道。
(3) 注意给体温过低的休克患者保暖,盖上被、毯。对伴有高烧的感染性休克患者应给予降温。

(4) 注意患者生命体征变化。应密切观察呼吸、心率、血压、尿量等情况。

(5) 有条件的予以吸氧。

(6) 如患者因外伤出血而引起出血性休克，应对其采取适当方法止血。

(7) 救护的同时，拨打急救电话，告知患者病情，等候专业医务人员的急救。

(8) 离医院近的，快速护送患者至医院抢救治疗。

四、晕厥

晕厥，俗称昏厥、晕倒。它主要是因一过性大脑缺血、缺氧而导致的瞬间知觉丧失。发生晕厥往往与体位突然改变有关。其特点是突然发生、很快消失，数秒后或调整姿势后可自动恢复。晕厥必须与昏迷和眩晕区分开来，昏迷是持久而不易恢复的意识丧失，眩晕则是一种运动性幻觉，感觉自身或周围景物旋转，而一般无意识丧失。如经常发生晕厥，则应去医院检查，找出原因。

(一) 病因

体位性晕厥是最常见的。它是由于身体位置突然发生改变，如从平卧位突然下床、坐起，蹲位突然站起，或因在阳光下站立时间过久而造成。这是由于平卧时，血管的紧张性低，可满足脑部血液供应，当体位突然改变时，血管紧张度来不及调整，又有重力关系，使大脑暂时缺血而导致晕厥。

有些青年男性在清晨起床排尿时也可发生晕厥，称"排尿性晕厥"。

引起晕厥的原因较多，青少年多为血管神经性晕厥。常因情绪紧张、疼痛、恐惧、轻微出血、针刺而诱发，天气闷热、空气污浊、疲劳、空腹、失眠等情况也可成为诱发因素。另外，大量失血、重症贫血、血糖过低、剧烈咳嗽、严重吐泻、癫痫发作时也可造成脑缺血、缺氧而发生晕厥。

(二) 症状

晕厥发病急，常有短时间的头晕、心慌、恶心、眼黑目眩、周身无力等先兆症状，随即意识不清而跌倒在地。晕厥后，病人面色苍白，四肢发冷，出冷汗。持续数秒至数分钟后即可自行苏醒过来。晕厥如果跌倒，有时易造成头部外伤。

(三) 现场救护原则

(1) 遇到晕厥的患者，应立即让其平卧于空气流通处，头部略放低，双脚抬高，以利于头部供血。

(2) 保持室内空气清新，维持患者呼吸道畅通，解开衣领、裤带，以利于其呼吸通畅。如有呕吐者，应将其头部偏向一侧，以防窒息。

(3) 有条件的予以吸氧，检查呼吸和循环体征。

(4) 按压患者的人中（在鼻中隔下方，人中沟上 1/3 处）、百会（在头顶前后正中线与两耳尖直上的交点处）、内关（在腕横纹下两横指，两筋之间处）、涌泉（在足掌心，约前 1/3

与后 2/3 交界处)等穴位,可让其饮些糖水,促其恢复。心动过缓可肌注阿托品。

(5) 患者苏醒后不宜马上起床,以防复发,并做好心理疏导,消除病人紧张情绪。如经上述处理不见好转,应迅速拨打急救电话,请医生救治。

五、鼻出血

鼻出血的原因很多,有的是鼻部疾病所致,也可能是全身疾病的一个症状。因为鼻部血管丰富且浅表曲折,而且鼻腔是呼吸道的门户,容易受病菌侵袭和外伤等因素影响。严重者出血不止,可引起失血性休克。

(一) 病因

鼻出血常见的原因有局部损伤、炎症、溃疡、肿瘤和静脉曲张等。当有鼻炎、鼻息肉和鼻部肿瘤时,尤其容易出血。

(二) 现场救护原则

(1) 让患者立即坐下,用拇指和食指捏住两侧的鼻翼(鼻梁下方)5～10 min,并嘱其用口呼吸。同时用冰块或冷毛巾在鼻梁及前额冷敷帮助止血。

(2) 如果仍出血不止,可用干净棉球或将纱布卷成条,填入出血的鼻孔里,用拇指和食指捏住两侧鼻翼。应确保你自己能将塞进去的布条取出,因此不要填塞过深。

(3) 30～60 min 后应将填塞鼻孔的布条取出,取出前最好将布条湿润。可以在鼻孔里上一些油膏,以防鼻腔过干或再次出血。

(4) 患者经处置后,仍流血不止,应快速送其去医院。经常出血的人,应及时到医院进行必要的检查。

(5) 受外伤后鼻子变形或鼻梁不直或眼睛周围有肿胀、疼痛、淤血,鼻子可能有骨折。让患者坐下,用冷毛巾外敷其鼻部,并送其去医院。

(6) 如是高血压引起的鼻出血,可危及生命,须慎重处理。先让患者侧卧,垫高头部,捏住鼻翼嘱其用嘴呼吸,同时在鼻根部冷敷。止不住血时,可用棉花或纱布塞鼻,同时在鼻外加压,然后迅速通知急救中心或送其去医院。

六、癫痫

癫痫,俗称"羊癫风",是一种不定期反复发作的大脑功能失常。

(一) 病因

癫痫常是由于脑部异常放电而出现的一种症状,患者往往有头部外伤史。

(二) 症状

主要表现为突然发作,全身强直性痉挛;小部分表现为短暂的呆愣、意识模糊、流口水、做解纽扣或咀嚼动作等。治疗癫痫首先应明确是原发性还是继发性的。治疗继发性癫痫首先应去除病因,如手术切除脑瘤,驱除或杀灭脑寄生虫,控制脑炎等。如果去除病因后还有癫痫发作,则要和治疗原发性癫痫一样给予药物治疗。

癫痫持续状态指一次癫痫发作持续 30 min 以上,或连续多次发作,发作间隙意识不能恢复。若不及时治疗,患者可因生命功能衰竭而死亡,或受到脑部持久性损害,故应做现场应急救护。

(三) 现场救护原则

(1) 癫痫患者发作时,迅速将病人仰卧,不垫枕头,把缠有纱布的压舌板(或牙刷把)垫在上下牙齿间,以防患者自己咬伤舌头。随即松开患者的衣领,将其头部偏向一侧,使口腔分泌物自行流出,防止口水误入气道,引起吸入性肺炎。同时,还要将其下颌托起,防止舌头堵塞气道。

(2) 癫痫患者发作时,不要强行喂水或强行按压其肢体,酌情刺激或点压人中、合谷、足三里、涌泉等穴位。

(3) 控制发作,可选用安定针 10 mg,或氯硝西泮针 2 mg 缓慢静脉注射。

(4) 如癫痫持续发作,须将患者送到医院继续抢救。

(5) 癫痫患者在日常生活中要避免情绪激动和劳累,不要登高、骑车、开车、游泳,不宜在机器旁工作,以免癫痫病发作时发生意外。

(6) 患者如有假牙,应在每日睡觉前摘下。癫痫患者睡单人床时,要在床边增加床挡,以防发病时坠床跌伤。

七、急性冠脉综合征

冠心病是常见的心血管疾病。心绞痛、心肌梗死更是冠心病中人们十分熟悉的急症。近年来,随着对这类疾病研究、治疗的深入,医学界对于过去俗称的"冠心病急症"给予了更科学的命名,即"急性冠脉综合征"。这个新的命名,不仅对专业医生具有重要意义,同样有助于公众认识这类急症的变化、发展,并能及时识别,从而采取有效救护以保护健康。

营养心脏的血管称为冠状动脉。由于种种原因,当冠状动脉内膜中的脂质尤其是胆固醇过分堆积时,会造成局部内膜隆起呈白色或淡黄色粥样斑块,医学上称之为发生了动脉粥样硬化。动脉粥样硬化不断加剧,使血管腔狭窄,血流不畅,甚至某个分支完全阻塞,使心肌局部缺血、缺氧。在动脉粥样硬化基础上不稳定斑块破裂,继发血栓导致管腔闭塞,就出现了心绞痛、心肌梗死等急性冠脉综合征。所以,急性冠脉综合征是有一个基础的病变,伴有渐变、发展的过程。

(一) 病因

急性冠脉综合征多在运动、情绪激动、饱餐、气温变化等情况下诱发。这是由于此时身体对心脏血液的需求明显增加,而狭窄的血管供血则"力不从心"。

(二) 症状

心绞痛既是一个十分常见的急症,也是一个十分明显的症状。

患者胸前区突然出现压榨性的疼痛,常向左或右上肢、下颌、上腹部、后背等部位放射,少数人甚至放射到牙部。疼痛一般持续几分钟。

如果在1周内频繁出现心绞痛,且症状日益加重,持续时间延长,则往往预示病情在加重,表现出急性冠脉综合征的动态变化,心绞痛有可能向心肌梗死的方向发展。患者表现为近期心绞痛发作频繁、剧烈,口含硝酸甘油片无效,发病后还出现气短、烦躁不安、大汗、皮肤湿冷、面色苍白等症状。

有少数急性心肌梗死的患者并无明显的心前区疼痛这一典型症状,这种称为"无痛性急性心肌梗死"的病症多见于老年患者,主要表现为突然胸闷,胸前区不适,心律失常,面色苍白,冷汗淋漓,血压下降。

(三) 主要危险因素

此处指最可能导致急性心肌梗死的危险因素,比较常见的有冠状动脉粥样硬化性心脏病,高血压,肥胖,糖尿病,吸烟以及高脂血症等。

(四) 现场救护原则

(1) 让患者立即卧床,保持平静,不要随便搬动,应迅速拨打急救电话,说清楚患者的病情。

(2) 帮助患者处于疼痛最轻的体位,解开其衣领和腰带,并对其进行鼓励。

(3) 口含硝酸甘油片。舌下含服,不要吞服。因该药易被舌下丰富的毛细血管吸收,1~2 min 即可发挥药效。

(4) 有条件的予以吸氧。

(5) 口含硝酸甘油片后,若症状无缓解,则 10 min 后可再含服一片,如仍无效,10多分钟后,还可再含服。

(6) 多次含药,仍不见效,且症状在不断加重,应怀疑有心肌梗死的发生。

(7) 注意检测病人的意识、呼吸、循环体征,必要时开始实施心脏复苏。

(8) 待专业急救人员到达,遵从医嘱。

八、猝死

猝死,是指平素身体"健康"或病情稳定,非预料中的突然死亡。猝死的现场救护是及早实施心肺复苏。

猝死发病突然，多在医院外环境，如家庭、马路、会议室、公共场所、旅游途中发生。随着人口老龄化，心脑血管疾病发病率明显上升，以及人们外出的频繁，近年猝死的发生明显增多。猝死的发生虽然凶险，但如能在现场及时、正确、有效地救护，可有效提高抢救成功率。"第一目击者"、"生命链"等现代急救理念、名词的提出，是在抢救猝死患者的成功经验中提炼出来的。

（一）病因

国内大量的资料表明，1 h内发生的猝死，90%以上由心脏原因引起，多为急性冠脉综合征所致。

（二）症状

心源性猝死的患者可有急性冠脉综合征的病史，经常发生心绞痛或有心肌梗死宿疾，也可从未出现过心绞痛等情况，猝死成为其第一次也是最后一次的临床表现。

猝死者常常在发生广泛的、大面积的急性心肌梗死后，突然心律失常，频繁地期前收缩（早搏），然后迅速陷入心室纤维性颤动。脉搏摸不到，心音听不到，进入濒死状态，随后心跳、呼吸停止。也有一些病人在睡眠中"平稳"地发生猝死，此多见于老年人。

（三）现场救护原则

（1）迅速判断患者的意识、呼吸、循环体征。

（2）猝死的及时处理是除去心室纤颤。目击患者突然倒地，无意识、无呼吸、无脉搏时，应立即对其实施心前区叩击1~2次，如无效，则停止叩击，现场实施心肺复苏。有条件者使用心脏除颤器（AED）。早期除颤，效果甚佳。

（3）紧急呼救，启动救援医疗服务系统。

（4）医护、急救人员未到达前，要坚持进行现场人工心肺复苏术。

（5）专业人员到达后，继续进行抢救，并在其监护下送往医院处理。

九、各种常见的急性中毒

急性中毒在日常生活中是较常发生的意外。不洁饮食、过量药物、大量农药均可造成急性中毒，所以凡是能引起中毒的物质统称为毒物。接触毒物后，在短时间内发病称为急性中毒。

（一）概述

毒物种类繁多，进入体内后，引起急性中毒。不同的毒素对人体产生不同的毒害。

1. 毒素的吸收途径

（1）经呼吸道吸收

经呼吸道进入机体。

(2) 经消化道吸收

当液态或固体状态的毒物污染手或食物后,可随食物进入消化道;或意外误食有毒物质、过量服用药物等,毒物进入消化道后主要由胃肠道吸收。

(3) 经皮肤和黏膜吸收

有些毒物可直接通过污染的衣服经皮肤吸收,一些脂溶性毒物,可穿透表皮到达真皮层而被吸收。毒物经黏膜吸收较快,多与呼吸道吸收中毒同时发生。

(4) 静脉肌肉吸收

有些药物过敏或过量发生的中毒,发病迅速。

2. 毒物在体内的分布

毒物经各种途径吸收后进入血液循环,一般首先与红细胞或血浆中的某些成分相结合,再通过毛细血管进入组织,毒物通过血液分布到全身,最后达到细胞内的作用部位而产生毒性,出现各种中毒表现。

3. 毒物的代谢与排出

(1) 毒物的代谢

毒物进入机体后与机体的细胞和组织内的化学物质起合成作用,通过酶的作用而代谢为其他物质,有毒物质在机体内的代谢主要是在肝脏内进行。

(2) 毒物的排出

毒物在机体内发生代谢作用的同时,也在不断排出体外,其排出途径主要是呼吸道、肾脏和消化道,一些可随汗液、消化液、乳汁等分泌物排出,也有在皮肤的新陈代谢过程中到达皮肤而离开机体。

此外,通过胎盘进入血液的毒物可以影响胎儿的发育和发生先天性中毒。

(二) 细菌性食物中毒

细菌性食物中毒多由进食被细菌污染过的食物致病,致病菌种类较多,最常见的是沙门氏菌属。该疾病以炎热的夏秋季常见,常在短时间内产生大批病人。

1. 症状

病人常在进食后半小时或数小时发病,大多在 24 h 内出现以急性胃肠炎症状为主的恶心、呕吐、腹痛、腹泻等症状。呕吐物为食物残渣,脐周疼,腹泻,大便一日数次至数十次不等。中毒严重者可因剧烈吐泻造成脱水、休克、呼吸衰竭而危及生命。

2. 现场救护原则

(1) 卧床休息。

(2) 多喝淡盐水或糖盐水,补充丢失的水和电解质。

(3) 拨打急救电话,告知中毒人数、病情等,病情危重者须立即送往医院救治。

(4) 对食物中毒后吃剩的食物及吐泻物应保存好,迅速通知卫生检疫部门化验。

(5) 如有大批病人,立即上报卫生防疫部门。

(6) 协助做好安慰病人和病人家属的工作。

（三）药物中毒

因有意或不慎而大剂量用药，明显地超过安全用药的界限，可造成急性药物中毒。日常生活中，还可见到将外用药误作内服药而致中毒。

1. 阿片类药物中毒

阿片类药物包括：阿片、可待因、吗啡、罂粟碱、杜冷丁、埃托菲、芬太尼等，主要作用是镇痛、解痉、止咳、止泻、麻醉辅助用药。这类药对中枢神经系统有先兴奋后抑制、但以抑制为主的作用，用药后除有上述作用外同时可引起忘乎所以、飘飘欲仙等欣快感觉，因此病人易发生病态嗜好而成瘾。

（1）症状

1）轻度急性中毒病人表现为头痛、头昏、恶心呕吐、兴奋或抑制，病人表现轻度意识障碍，可伴有便秘、尿潴留等。

2）重度中毒病人则表现有昏迷、瞳孔针尖样大小、高度呼吸抑制等三大特征。可伴有血压下降、体温下降、肌肉松弛，也可出现角弓反张等症状。

（2）现场救护原则

1）立即拨打急救电话。

2）口服者尽快洗胃。

3）阿片类药物对呼吸中枢抑制作用十分明显，故应注意通气，必要时行人工呼吸。

4）急送医院对症治疗。

2. 镇静催眠药中毒（安眠药）

安眠药的种类也较多，包括苯二氮䓬类（如安定）、巴比妥类（如鲁米那）等。同一种药小剂量时为抗焦虑、镇静药，大剂量时就可以有催眠、抗惊厥作用，中毒量可致呼吸麻痹而死亡。

（1）症状

轻者表现为嗜睡、意识蒙眬等。重者表现为昏迷，瞳孔缩小（濒临死亡时可扩大），呼吸浅而慢或不规则，脉搏极弱或触摸不清，四肢厥冷，血压下降。

（2）现场救护原则

1）尽早拨打急救电话。

2）如发现较早，病人尚未陷入昏迷，可予催吐：令病人喝下温水，然后用筷子等刺激病人舌根、咽后壁，使其产生呕吐，反复进行。

3）对昏迷病人，保持其气道通畅，如呼吸停止，采用人工呼吸。

4）急送医院抢救。

（3）注意事项

1）药品应妥善保管，注以明显标签，以免误服。

2）送病人入院时切记要带病人服用过的药片和药瓶，以协助医生及早正确诊断。

（四）鼠药中毒

鼠对人类健康和经济生活带来极大危害，战时又可被用做生物武器。现在，灭鼠药在不断升级，有些商贩甚至制作和出售一些国家明令禁止的剧毒灭鼠药，这些药物对鼠类有极强的杀灭效果，但对人、畜毒性很强，现就最常引起中毒的鼠药简述如下。

1. 速效药：毒鼠强

为白色粉末，无臭无味，易误食，被投毒的食物也无异味，不易及时发现，待大量中毒病人出现症状时为时已晚。

毒鼠强为一种中枢神经兴奋剂，有毒性极强的中枢神经刺激作用，特别是对脑干。毒鼠强中毒潜伏期较短，一般为10～60 min，多数中毒者在进食约30 min后发病。严重中毒者会因剧烈的强直抽搐导致呼吸衰竭而死亡。

(1) 症状

毒鼠强中毒可表现为头痛、头晕、乏力、胸闷、心悸、恶心、呕吐、腹痛、烦躁不安、抽搐等。严重者会突然昏倒、意识丧失，常伴有剧烈抽搐和强直性惊厥。

(2) 现场救护原则

1) 紧急呼救，打急救电话。

2) 要尽早彻底清除毒物，及时采取催吐、洗胃、导泻等措施。洗胃要彻底、反复多次。

3) 病人抽搐时，用钢勺或筷子缠绕多层纱布，从一侧嘴角放入，保护病人舌头。

4) 毒鼠强中毒目前尚无特效解毒剂。应急送医院抢救。

2. 缓效药：敌鼠钠盐

敌鼠钠盐为淡黄色药粉，毒素通过干扰肝脏对维生素K1的作用影响凝血酶原和一些凝血因子的合成，损伤毛细血管壁。多于食后3～7天出现症状。

(1) 症状

敌鼠钠盐中毒可表现为鼻、牙龈出血、尿血、身上有出血点及紫癜，严重的可有脑出血。

(2) 现场救护原则

1) 拨打急救电话。

2) 立即洗胃、催吐。

3) 服用大量维生素K1。

4) 急送医院抢救。

(五) 农药中毒

农药对人体有不同程度的毒害，尽管现在新出的高效低毒农药日渐增多，但使用不当，防护不严，污染环境，仍可以造成人体急性中毒。

引起中毒的常用农药有有机磷类农药：敌敌畏、乐果、乙硫磷、氨基甲酸酯类、除虫菊酯类等。本类农药对人体的毒性主要是抑制人体内胆碱酯酶的活性，造成组织中乙酰胆碱的积聚，结果引起胆碱能受体活性紊乱，继而令胆碱能受体发生功能障碍，表现为内脏平滑肌、腺体等兴奋所引起的症状。因这些症状与毒蕈碱中毒所引起的症状相似，则称为毒蕈碱样症状；由交感神经节和横纹肌活动异常所引起的症状，因与烟碱中毒所引起的症状相似，故称为烟碱样症状。

有机磷农药侵入人体的途径有皮肤吸收、呼吸道吸入以及消化道吸收。

1. 症状

(1) 主要症状:中毒症状可按毒理作用分成毒蕈碱样症状、烟碱样症状、中枢神经系统症状(见表 7-2)。

表 7-2　农药中毒的主要症状

中 毒 症 状	临 床 表 现
毒草碱样症状	恶心呕吐、腹痛腹泻、多汗流涎、视力模糊、瞳孔缩小、呼吸困难、支气管分泌物增多,严重者出现肺水肿
烟碱样症状	骨骼肌兴奋出现肌纤维震颤,如眼睑、颜面、舌肌等,逐渐发展为肌肉跳动、牙关紧闭、颈项强直、全身抽搐等
中枢神经系统症状	头痛、头昏、乏力瞌睡、意识障碍、抽搐等,严重者出现脑水肿或因呼吸衰竭而死亡

(2) 轻重分级。根据中毒程度的不同可分为三级:轻度、中度、重度(见表 7-3)。

表 7-3　农药中毒的轻重分级

程　　度	症　　状
轻度中毒	头晕、头痛、乏力、恶心呕吐、流涎、多汗、视物模糊、瞳孔缩小
中度中毒	除以上症状外,腹痛腹泻、肌颤、步态蹒跚、瞳孔明显缩小、轻度呼吸困难、轻度意识障碍
重度中毒	除上述症状外,瞳孔极度缩小、呼吸极度困难、昏迷

2. 现场救护原则

(1) 拨打急救电话。

(2) 口服农药中毒病人应立即催吐、洗胃,可使用温水,或用 1∶5000 的高锰酸钾(磷中毒时禁用),2% 碳酸氢钠(敌百虫中毒时禁用)。

(3) 迅速脱离中毒现场,脱去污染衣服、鞋、帽等。

(4) 大量清水冲洗全身、头发。

(5) 立即送医院抢救。

3. 注意事项

(1) 病人除有有机磷农药接触史外,病人呕吐物、衣物上如有特殊大蒜样臭味,也有助于诊断。

(2) 中毒病人病情易反复,看似缓解,随时又有加重的可能,因此要观察病情 3～5 天。

十、酒精中毒

随着人们生活水平不断提高,工作与精神压力也不断增大,酗酒、酒精中毒的人数不断增加,并且有发病年龄越来越小、女性不断增多的趋势。饮酒是人们表达友谊宣泄情感的常用方式,它既可给人们带来欢快,又可带来一系列社会问题及医学问题。

1. 症状

醉酒的发展决定于酒精在血液中的浓度。当血液中酒精的浓度达到0.05%时,出现微醉,感到心情舒畅、妙语趣谈、诗兴发作,但这时眼和手指的协调动作受到影响;如果继续饮酒,血液中酒精的浓度升至0.1%以上时,表现为举止轻浮、情绪不稳、激惹易怒、不听劝阻、感觉迟钝、步态蹒跚、这是急性酒精中毒的典型表现;血液中酒精的浓度升到0.2%以上时,平时被抑制的欲望和潜藏的积怨都发泄出来,表现为出言不逊、借题发挥、行为粗暴、滋事肇祸;如果继续饮酒,血液中酒精的浓度达到0.3%以上时,表现为说话含糊不清、呕吐、烂醉如泥;当血液中酒精的浓度升至0.4%以上时,则出现全身麻痹、进入昏迷状态;当血液中酒精的浓度升至0.5%以上时,可直接致死。当然并不是每个醉酒者发展过程都会如此界限分明地一步一步进行,症状的强度如何,还取决于个体对酒精的耐受性。

2. 诊断

饮酒史结合临床表现如急性中毒的中枢神经抑制症状,呼气酒味、戒断综合征的精神症状,慢性中毒的营养不良和脑病等,以及血清或呼出气中乙醇浓度测定等可以作出诊断。

(1) 实验室检查

1) 血清乙醇浓度:急性中毒时呼气中乙醇浓度与血清乙醇浓度相当。

2) 动脉血气分析:急性中毒时可见轻度代谢性酸中毒。

3) 血清电解质浓度:急慢性酒精中毒时可见低血钾、低血镁和低血钙。

4) 血清葡萄糖浓度:急性酒精中毒时可见低血糖症。

5) 肝功能检查:慢性肝病时可见肝功能异常。

6) 心电图检查:可见心律失常和心肌损害。

(2) 鉴别诊断

1) 急性中毒:主要与引起昏迷的疾病相鉴别,如镇静催眠药中毒,一氧化碳中毒、脑血管意外,颅脑外伤等。

2) 戒断综合征:主要与精神病、癫痫、窒息性气体中毒、低血糖症等相鉴别。

3) 慢性中毒:智能障碍和人格改变应与其他原因引起的痴呆鉴别;肝病、心肌病、贫血、周围神经病也应与其他原因的有关疾病相鉴别。

3. 治疗

轻度酒精中毒自行处理,重度酒精中毒需立即送医院急救处理。

(1) 轻度酒精中毒

①使醉酒者安静,冬天注意保暖,头部给予冷敷。

②尽快催吐,可用筷子刺激咽部催吐,减轻酒精对胃黏膜的刺激。

③多喝水(温开水、淡盐水、糖水或蜂蜜水、绿豆汤等),降低血中酒精浓度,并加快排尿,使酒精迅速随尿排出。

④多吃水果,如梨、橘子、苹果、西瓜、番茄等。

⑤可服用维生素B_1和维生素E,促进乙醇的分解。

⑥醉意较浓的,可取白糖5 g加食醋30 mg,待白糖溶解后,一次饮服。

(2) 重度酒精中毒

1) 纳洛酮(0.8~2.0 mg)促醒。必要时可以吸氧。
2) 10% GS 500 ml+10% KCl 10 ml+Vit C 3.0 g 静脉点滴。
3) 应用保护胃黏膜药物。
4) 适当补液,对于呕吐患者补液量要大。注意电解质情况。
5) 酒精中毒不采取洗胃措施,因醉酒、应激本身对胃黏膜有一定程度的损伤,可引起急性胃黏膜病变,严重的可引起穿孔。患者自行呕吐则可,但要注意误吸及尿潴留情况。

4. 护理措施

(1) 催吐。直接刺激患者咽部进行催吐,使胃内容物呕出,减少乙醇的吸收。已有呕吐者可不用。

(2) 保持呼吸道通畅。患者饮酒后有不同程度的恶心、呕吐、意识障碍。应取平卧位头偏向一侧,及时清除呕吐物及呼吸道分泌物,防止窒息。要观察呕吐物的量和性状,分辨有无胃黏膜损伤情况。特别是饮红酒的要注意鉴别,必要时留呕吐物标本送检。

(3) 严密观察病情。对神志不清者要细心观察意识状态、瞳孔及生命体征的变化,并记录。特别是有外伤史的患者,要加强意识、瞳孔的观察,必要时行颅脑CT检查。

(4) 按医嘱尽快使用纳洛酮。纳洛酮为纯阿片受体拮抗剂,是一种安全性高,不良反应小的药物,可使血中酒精含量明显下降,使患者快速清醒。应注意患者应用纳洛酮后清醒的时间,若超过平均清醒时间或用后昏迷程度加深,要追问病史,是否存在其他情况(如颅内血肿等),及时对症处理。

(5) 安全防护。患者多数表现烦躁,兴奋多语,四肢躁动,必要时给予适当的保护性约束,防止意外发生。在做好患者的安全防护外,还要防止伤害他人,并做好自身防护。

(6) 注意保暖。急性酒精中毒患者全身血管扩张,散发大量热量,有些甚至寒战。此时应采取适当提高室温、加盖棉被等保暖措施,并补充能量。及时更换床单,衣服,防止受凉诱发其他疾病。

(7) 心理护理。根据患者不同的心理情况及时与患者陪护人员进行思想交流。在患者清醒及情绪稳定后向其及家属宣传酒精及代谢产物乙醛可直接损伤肝细胞。一次过量饮酒其危害不亚于一次轻型急性肝炎,经常过量则会导致酒精性肝硬化。而且一般酗酒常在晚餐发生,导致的严重后果是——酒后驾车及晚上光线的影响易造成交通事故,身心受伤甚至危及他人的生命。

十一、一氧化碳中毒

一氧化碳中毒俗称煤气中毒。一氧化碳进入血液后,与血红蛋白结合成碳氧血红蛋白,使血红蛋白失去携氧作用,造成体内严重缺氧而中毒。短期吸入高浓度一氧化碳可致呼吸立即停止而死亡,严重病例经治疗后可能遗留中枢神经系统损害,如智力障碍、精神障碍(记忆力下降、性格改变、痴呆等)、瘫痪、帕金森氏症等。

1. 症状

根据病人的临床症状轻重程度可分为轻、中、重三型(见表7-4)。

表 7-4　一氧化碳中毒的轻重分级

程　度	症　状
轻度中毒	头痛、头晕、耳鸣、全身无力、恶心呕吐
中度中毒	除以上症状外,面色潮红、口唇樱桃红色、躁动不安
重度中毒	除以上症状外,面色呈樱桃红色、昏迷

2. 现场救护原则

(1) 发现病人时应立即将门窗打开或将病人移至空气新鲜处。
(2) 呼叫城市急救机构或社区医生前来急救。
(3) 对中毒程度较轻的病人应注意保暖,并给其喝含糖茶等热饮料。
(4) 有条件可给予吸氧。
(5) 对呼吸、心搏骤停的病人实施心肺复苏。
(6) 救护员应用湿毛巾捂口鼻做好自身防护,关闭煤气总闸,禁止明火。
(7) 急呼煤气公司排除故障,将病人及时送医院抢救。

十二、中暑

高温是发生中暑的根本原因。体内热量不断产生,散热困难;外界高温又作用于人体,体内热量越积越多,身体无法调节,引起中暑。

人体的散热有辐射、对流及传导、蒸发等形式。当周围温度低于体温时,辐射是主要的散热方式;其次是体内热量传导至皮肤周围空气层,经对流散失;当周围温度超过体温时,则主要依靠汗液蒸发散热。

露天劳动直接在烈日阳光下暴晒;缺乏空调、通风设备的公共场所;家庭房间内密不通风;高温车间,在生产过程中产生大量热能,通风不佳,散热困难,这些情况都可引起中暑。

(一) 症状

1. 先兆中暑

在高温环境下出现大汗、口渴、无力、头晕、眼花、耳鸣、恶心、胸闷、心悸、注意力不集中、四肢发麻等现象。体温不超过 37.5 ℃。

2. 轻度中暑

上述症状加重,体温在 38 ℃以上,面色潮红或苍白、大汗、皮肤湿冷,出现脉搏细弱、心率快、血压下降等呼吸及循环衰竭的症状及体征。

3. 重度中暑

重度中暑分为 4 种类型:中暑高热、中暑衰竭、中暑痉挛、日射病(见表 7-5)。

表 7-5　各类重度中暑的症状

类　型	体温情况	症　状
中暑高热	40 ℃以上	头疼,不安,嗜睡甚至昏迷,面色潮红,汗闭,皮肤干热,血压下降,呼吸急促,心率快

续表

类　型	体温情况	症　状
中暑衰竭	38 ℃左右	面色苍白,皮肤湿冷,脉搏细弱,血压降低,呼吸快而浅,神志不清,意识淡漠和昏厥
中暑痉挛	正常	口渴,尿少,肌肉痉挛及疼痛(腓肠肌多见),重者血压下降
日射病	轻度升高	剧烈头疼,头晕,恶心呕吐,耳鸣,眼花,烦躁不安,意识障碍,严重者发生昏迷

(二) 现场救护原则

(1) 迅速把病人移至阴凉通风处或有空调的房间,让其平卧休息。
(2) 轻度中暑者可饮淡盐水或淡茶水,可服用藿香正气水、十滴水、仁丹等。
(3) 体温升高者,用凉水擦洗全身,水的温度要逐步降低,在头部、腋窝、大腿根部可用冷水或冰袋敷之,以加快散热。
(4) 严重中暑者,经降温处理后,应及早获得专业治疗。
(5) 启动 EMS,获得专业急救。

(三) 预防措施

(1) 在烈日下工作、行军应戴草帽或遮阳帽。
(2) 高龄、体弱、产妇不宜在高温、高湿的室内逗留。
(3) 高温作业人员应及时补充淡盐水及营养。

第二节　意外伤害现场救护

人们应该对各类伤害有一定的认识,尽量避免意外伤害的发生。一旦发生,则应将其危害降到最低程度,这就是我们要掌握意外伤害现场救护知识与操作的目的。

一、触电

电是我们工作、生活中不可缺少的能源。电器的质量不达标、使用年限超限、违规操作等均可能造成触电。自然界的雷击也是一种触电形式,其电压可达几千万伏特,强大的电流袭击能使人的心脏和呼吸立即停止并造成严重烧伤。触电对人致命的伤害是引起心室纤维性颤动,心搏骤停而造成的,因而心脏除颤、心肺复苏是否及时有效,是抢救能否成功的关键。

(一) 概述

电流通过人体的方式不同所造成的伤害也不同。电流对人体的伤害可概括为电流本身及电能转换为热和光效应所造成的伤害。

1. 电流伤(触电)

电流通过心脏,引起严重的心律失常,心室纤维性颤动(心室纤颤),从而导致心脏无法排出血液,血液循环中断,很快心脏骤停。电流对延髓中枢的损害,可造成呼吸中枢的抑制、麻痹,从而导致呼吸衰竭,呼吸停止。

2. 电烧伤

多见于高压电器设备的烧伤。烧伤程度根据电压及接触部位而不同,轻者仅为局部皮肤的损伤,严重者伤害面积大,可深达肌肉、骨骼。

(二) 症状

轻者有惊吓、发麻、心悸、头晕、乏力,一般可自行恢复。重者出现强直性肌肉收缩、昏迷、休克,以心室纤颤为主。高压电流主要伤害呼吸中枢,以呼吸麻痹为主要死因。

低压电流所致伤口小,局部伤口焦黄,较干燥(似烤烟状)。高压电流(或闪电)烧伤表面可有烧伤烙印、闪电纹,给人感觉烧伤并不严重,但实际烧创面积大,伤口深,重者可伤及肌肉、肌腱、血管、神经及骨骼。

(三) 现场救护原则

(1) 迅速切断电源,关闭电闸,或用干木棍、竹竿等不导电物体将电线挑开。电源不明时,切记不要用手直接接触触电者。

(2) 在浴室或其他潮湿的地方,救护员要穿绝缘胶鞋,戴胶皮手套或站在干燥木板上以保护自身安全。

(3) 对心跳呼吸停止者,立即进行心脏除颤、心肺复苏。不要轻易放弃,一般应进行30 min以上。有条件者尽早在现场使用AED仪器。

(4) 紧急呼救,启动EMS系统。

(5) 持续在现场进行CPR救护,直到专业医务人员到达现场。

(6) 对局部烧伤者,应就地取材进行创面的简易包扎,再送医院抢救。

二、溺水

溺水时,水随呼吸进入呼吸道或肺内,阻碍气体交换,通常称为水窒息。少数溺水者因寒冷、惊吓,或水的刺激引起喉部反射性痉挛,造成窒息缺氧。淹溺的进程很快,一般4~5 min或6~7 min就可因心跳呼吸停止而死亡。因此,要迅速积极抢救。

(一)概述

1. 溺水致死的原因

(1)大量水、藻草类、泥沙进入口鼻、气管和肺,阻塞呼吸道而引起窒息。
(2)惊恐、寒冷使喉头痉挛,呼吸道梗阻而窒息。

2. 淡水、海水淹溺的表现

在淡水淹溺时,由于大量水分进入循环,血液被稀释,出现低钠、低氯、低钙血症及溶血。溶血使细胞内的钾大量进入血浆,引起高血钾,导致心室纤维性颤动的发生,最终失去生命。

海水为高渗液体,含 3.5% 氯化钠,含有高渗氯化钠的液体进入肺泡,因渗透压的作用,致使血中水分大量进入肺内,造成严重肺水肿,导致心力衰竭,失去生命。

(二)现场救护原则

1. 水中救护

在保证自身安全的前提下,迅速接近落水者,从其后面靠近,不要让慌乱挣扎中的落水者抓住。从后面用双手托住落水者的头部,两人均采用仰泳以利于呼吸,将其带至安全处。有条件的可以采用漂浮的脊柱板救护落水者,必要时进行口对口的人工呼吸。高声呼救,获得帮助,拨打急救电话。

2. 岸上救护

(1)救上岸后,将溺水者的头偏向一侧,清除口、鼻腔内的泥沙、污物,保持呼吸道通畅。检查呼吸、脉搏。
(2)紧急呼救,启动 EMS 系统。
(3)对溺水者进行控水。救护员立即取半跪姿势,将溺水者的腹部放在大腿上,使头部下垂,按压其背部,或采用海氏腹部冲击法,给予控水。如果控水效果不佳,不要为此而耽误时间,应在稍加控水后立即进行心肺复苏。
(4)如遇溺水者呼吸停止、意识不清的情况,迅速打开其气道,口对口吹气 2 次,胸部若无起伏,按昏迷气道梗阻的方法救治;如呼吸、心搏骤停,尽快施行心肺复苏。
(5)不要轻易放弃抢救,特别是在低体温情况下,应抢救更长时间,直到专业医务人员到达现场。
(6)如果现场救护有效,溺水者恢复心跳、呼吸,可用干毛巾擦遍全身,自四肢、躯干向心脏方向摩擦,以促进血液循环。

三、蛇咬伤

世界上毒蛇种类有 2000 余种,我国主要毒蛇有金环蛇、银环蛇、眼镜蛇、蝮蛇、竹叶青蛇等。蛇咬伤在我国多发生在南方及沿海城市、郊区及农村。近年来,北方因为餐饮业用蛇做佳肴,也时见此类咬伤。

蛇咬伤后要鉴别是否毒蛇咬伤,除了看蛇的外形,还要看牙痕。毒蛇的头一般为三角形,咬伤后除有细小牙痕外还有 2～4 个较大牙痕;无毒蛇咬伤后,仅有成排的细小牙痕(见图 7-9)。

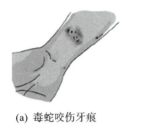
(a) 毒蛇咬伤牙痕

(b) 无毒蛇咬伤牙痕

图 7-9　蛇咬伤牙痕

(一) 症状

蛇咬伤对人体的危害主要是其毒液。不同毒蛇的毒液不同,所含的毒液大致可分为神经毒、血液毒、细胞毒、混合毒等。各类毒液对人体造成的危害不同(见表 7-6)。

表 7-6　各类毒液对人体的危害

毒液类型	症　　状	毒　　蛇
神经毒	局部无明显红肿,疼痛较轻,常有麻木感,头晕嗜睡,呼吸困难,严重者昏迷,血压下降,呼吸肌及心肌麻痹	金环蛇、银环蛇、海蛇
血液毒	局部剧痛,肿胀,发展迅速,伤口出血,可有发热,皮下出血,大块淤斑,呕血,便血,休克,昏迷	五步蛇,蜂蛇
细胞毒	局部肿胀可延及患肢和躯干,坏死、溃烂可使伤肢致残,全身疼痛,心肌受损,肾功能不全	眼镜蛇,海蛇
混合毒	兼有神经毒及血液毒的表现	眼镜蛇,竹叶青蛇

(二) 现场救护原则

不易区别是毒蛇还是无毒蛇咬伤后,一律按毒蛇咬伤治疗。

(1) 防止毒素吸收。被毒蛇咬伤后切忌惊慌奔走,不要大声呼叫,这样容易促进毒素吸收,应迅速坐下,保持安静,肢体放松,放低患肢,以使血循环减慢。

(2) 立即在伤处的近心端结扎止血带(可用布带)。阻断淋巴和静脉血流,减少毒素吸收,每隔 25～30 min 放松一次。

(3) 尽快排毒。用清水或肥皂水反复冲洗伤口,如远离医疗机构,伤者的伤口皮肤迅速肿胀时,应立即进行抽吸。救护员或伤者的口腔黏膜无破溃时,可直接用口吸出,吸一口吐一口,边吸边漱口,要反复进行。当救护员口腔有破溃时,不可采用此法。

(4) 在野外无条件时,可用火柴烧灼伤口,利用其爆燃破坏蛇毒;也可用小尖刀将咬伤牙痕做长 1 cm 的"一字"切开,取出伤口里的(如有)毒牙,用手由上向下,由周围向伤口中央挤压以利排毒。

(5) 尽早呼救。拨打急救电话,寻求医生的帮助,迅速用担架将被蛇咬伤者抬至路边或医院,不能让其自行行走。

(6) 口服南通蛇药片,同时可将南通蛇药片溶解成糊状,涂于伤口周围。有条件时尽快应用抗蛇毒血清等治疗。654-2 与地塞米松合用可改善微循环受损的状态。

四、眼外伤

发生眼外伤后,伤者本人及救护者首先要判明受伤的部位、性质和程度,然后根据不同的情况给予相应的处理。

(一) 急救措施

1. 颜面部受到钝性打击

仅引起眼眶周围软组织肿胀而无破口的,因眼眶周围组织血管分布丰富,皮下出血后往往肿起大块青紫,故受伤后切不可按揉或热敷以免加重皮下血肿,而应立即用冰袋或凉手巾进行局部冷敷,以消肿止痛。24 h 后可改为热敷,以促进局部淤血的吸收。

2. 眼外部皮肤破裂而眼球无损伤

必须注意保持创面清洁,不可用脏手或不洁的布块擦揩伤口,以免引起感染累及眼球而影响视力。用干净的敷料包扎后,尽快送往医院眼科进行清创缝合,避免日后留下较大疤痕。

3. 眼球受到钝性撞击或擦伤

伤者出现眼内异物感、畏光、流泪,若损伤角膜还会出现剧痛。可用氯霉素眼药水点眼以预防感染,而后用干净的纱布或手绢遮盖眼睛去医院眼科治疗。

4. 有异物直接刺入或划过眼球

当眼球破裂时,伤者自觉有一股"热流"涌出,随即视物不清并伴有疼痛。此时救护者要让伤者立即躺下,严禁用水冲洗伤眼或涂抹任何药物,只需在伤眼上加盖清洁的敷料,要用干净酒杯扣在有异物的眼上,再盖上纱布,用绷带固定去求医,尽量少走路,多乘车。如无酒杯用绷带轻轻缠绕包扎即可,松松固定,严禁加压。包扎的目的仅在于限制眼部活动和摩擦加重损伤并减少光亮对伤眼的刺激。所有眼部外伤均需双眼包扎,以免健眼活动带动伤眼转动而造成摩擦,使伤情加重。然后迅速将伤者送往医院抢救,尽管有时仅为一眼,若得不到及时的治疗处理,另一眼也将会受到影响而失明。

5. 眼球贯通伤

异物扎入眼内,造成眼球贯通伤,对于插入眼球里的异物原则上不应将其强行拉出。有的伤口会有一团黑色的虹膜或胶冻状的玻璃体等眼内容物冒出,此时不可将其推回眼内,以免造成感染,只需让伤者躺下,在伤眼上加盖清洁敷料后即可抬送医院抢救。途中让伤者保持安静,尽量减少颠簸以减少眼内容物的涌出。

(二) 注意事项

(1) 当眼睛发生外伤时,一只眼睛感染会引起另一只眼的感染,称交感性眼炎,是一种危险的症状。为了避免发生上述症状,即使只有微小的伤口,也必须尽快去医院诊治。

(2)当眼睛受外伤后,在去医院的途中,尽量不让伤者的头面部特别是眼球转动,走路时应当尽量慢慢地走。

(3)为了防止眼外伤,要注意保护眼睛,在制作玩具和航空模型时,使用剪刀、锥子或用剪刀剪铁丝时,更应注意防止刺伤眼睛。

五、烧(烫)伤

(一)概述

在各类自然灾害中,火灾是一种不受时间、空间限制,发生频率最高的灾害。现代社会使火灾的原因及范畴大大地拓宽,家庭使用的电器、煤气、电线等,石油化学工业中的大批危险品都可能引起火灾、爆炸。

进行火灾的现场救护时,首先应使伤者尽快脱离现场,使其处在一个安全环境下;医学救护的对象不仅仅是火的直接烧伤,还有气体中毒等其他伤害。火场烟雾的特点、火场烟雾中毒的表现、火灾的扑救措施、如何报警以及火灾的救护要点,都是救护人员必须掌握的知识。

烧(烫)伤是生活中常见的意外,可由火焰、沸水、热油、电流、热蒸气、辐射、化学物质(强酸、强碱)等引起。

1. 症状

烧(烫)伤造成局部组织损伤,轻者损伤皮肤,出现肿胀、水泡、疼痛;重者皮肤烧焦,甚至使血管、神经、肌腱等同时受损、呼吸道也可烧伤。烧伤引起的剧痛和皮肤渗出等因素可导致休克,晚期可能出现感染、败血症等并发症而危及生命。

(1)烧(烫)面积的估计

五指并拢一掌面积,约等于体表面积的1%。不规则或小面积烧伤,可用手掌粗算。

(2)烧伤休克的表现

烦渴,烦躁不安,尿少,脉搏快而细,血压下降,四肢厥冷、发绀、苍白,呼吸增快等。

2. 撤离现场

烧伤现场急救是先除去伤因,脱离现场,保护创面,维持呼吸道畅通,再组织转送医院及治疗。针对烧伤的原因可分别采取相应的措施。

(1)报警

不论何时何地,一旦发现火灾,立即拨打"119"报警。

(2)火灾的扑救

火灾初起阶段火势较弱,范围较小,若能及时采取有效办法,就能迅速将火扑灭。对于远离消防队的地区首先应强调群众自救,力争将火灾消灭在萌芽状态。通常使用冷却(水)灭火,以及窒息灭火、扑打灭火等方法。使用灭火器、就地取水灭火、自来水或盆缸存水浇火,使其迅速冷却达到熄灭的效果。

(3)撤离

发生火灾时若被大火围困,应想方设法撤离。

1）匍匐前进，逃出门外。火初起，烟雾大，热气烟雾向上升，应趴在地面匍匐前进，并用湿口罩、毛巾捂住口鼻，逃出门外。如身上衣服着火，立即躺倒滚动身体灭火，同时寻找出口，向出口方向滚动。若火势来自门外，开门前应先用手探查门的温度，如已发烫，不宜开门。

2）浸湿外衣，冲下楼梯。楼梯已着火，火势尚不很猛烈时，披上浸湿的外衣、毛毯或棉被冲下楼梯。

3）从阳台向下滑。若房间火盛，门被烈火封住或楼梯已被烧断，无法通行时，利用阳台或流水管向下滑。

4）固定绳子一端，沿绳向楼下滑。生命受到威胁又无路可逃时，用绳子或床单撕成条状连接起来，一端拴在门窗栏杆上，沿绳向楼下滑。

5）被迫跳楼时要缩小落下高度。若楼层不甚高，被迫跳楼时，先扔下棉被、海绵床垫等物，以便缓冲，然后爬出窗外，手扶窗台向下滑，以缩小落下高度。

3. 现场救护要点

创面要用清洁的被单或衣服简单包扎，尽量不弄破水泡，保护表皮。严重烧伤者现场不需要涂抹任何药粉、药水和药膏，以免给入院后的诊治造成困难。

（1）清水（冷）冲洗或浸泡伤处，降低表面温度。同时紧急呼救，启动 EMS 系统。

（2）浸湿后脱掉受伤处的衣物，对不同程度的烧（烫）伤做区别处理：①对一度烧（烫）伤，可涂上外用烧（烫）伤膏药，一般 3～7 天可治愈。②对二度烧（烫）伤，表皮水泡不要刺破，不要在创面上涂任何油脂或药膏，应用干净清洁的敷料或就地取材如布巾、床单等覆盖伤部，以保护创面，防止污染。

（3）严重口渴者，可口服少量淡盐水或淡盐茶。条件许可时，可服用烧伤饮料。

（4）呼吸窒息者，应对其行人工呼吸；伴有外伤大出血者应予止血；骨折者应做临时骨折固定。

（5）大面积烧伤或严重烧伤者，应尽快组织转送医院治疗。

（6）判断是否有吸入烧伤非常重要。可通过面部、颈部、胸部周围的烧伤情况判定，判定依据有：①鼻毛烧焦；②口鼻周围的烟尘痕迹；③由火引起的头发内的化学物质。

（二）特殊烧伤——强酸、强碱伤害

强酸强碱对身体组织的损害与酸、碱的浓度、接触时间长短、接触量多少有关。常见强酸有硫酸、硝酸、盐酸等，强碱有氢氧化钠、氢氧化钾等。强酸对身体组织的局部损害为强烈的刺激性腐蚀，不仅创面被烧，并能向深层侵蚀。但由于局部身体组织细胞蛋白凝结，从而能够阻止烧伤继续发展。碱性物质更能渗透到身体组织深层，日后形成的瘢痕较深。

1. 症状

硫酸烧伤的伤口呈棕褐色；盐酸、苯酚烧伤的伤口呈白色或灰黄色；硝酸烧伤的伤口呈黄色。烧伤局部疼痛剧烈，皮肤组织溃烂；如果酸、碱类通过口腔进入胃肠道，则造成口腔、食道、胃黏膜的腐蚀、糜烂、溃疡出血、黏膜水肿，甚至发生食道壁穿孔和胃壁穿孔。严重烧伤者可引起休克。

2. 现场救护要点

(1) 脱离现场。被强酸、碱烧伤,应立即用纸巾、毛巾等蘸吸,并用大量的流动清水冲洗烧伤局部,冲洗时间应在 15~30 min 甚至更长。生石灰烧伤,应先除去石灰颗粒,再用大量清水冲洗。磷烧伤时应迅速将创面与空气隔绝,防止磷继续燃烧,并尽快除去磷颗粒,可将创面浸在流水中清理。

(2) 冲洗时将伤者被污染的衣物脱去。

(3) 如口服的伤者,则可服用蛋清、牛奶、面糊、稠米汤或服用氢氧化铝凝胶保护口腔、食道、胃黏膜。

(4) 如眼部被化学药品灼伤,在送医院途中仍要为伤者冲洗受伤眼部。

(5) 对有危及生命的并发伤,如大出血、气道梗阻等,应立即拨打"120"急救系统,尽快获得专业急救。

六、交通事故

(一) 概述

公路交通事故最为常见,如行人、自行车被机动车撞伤,摩托车、汽车翻车伤及车内人员等,群死群伤的公路交通事故,伤亡及经济损失均较严重。

公路交通事故损伤的主要受伤部位为头部、四肢、盆腔、肝、脾、胸部。受害者死亡的主要原因为头部损伤、严重的复合伤和碾压伤。

(二) 现场救护原则

(1) 救护顺序为排除险情→紧急呼救→保护现场→转运伤员。呼救时拨打急救电话"999""120""110"。

(2) 切勿立即移动伤者,除非处境将要危害其生命,如汽车着火,有爆炸可能。

(3) 将失事车辆引擎关闭,拉紧手刹或用石头固定车轮,防止汽车滑动。

(4) 呼救同时,现场人员首先查看伤者的病情,伤者从车内救出的方式应根据伤情区别进行,对脊柱损伤者不能拖、拽、抱,应使用颈托固定颈部或使用脊柱固定板,避免脊髓受伤或损伤加重导致截瘫。

(5) 实行先救命、后治伤的原则,心跳呼吸停止做心肺复苏抢救。

(6) 对意识清醒的患者可询问其伤在何处(疼痛、出血、何处活动受限),立刻检查患处,进行对症处理,疑有骨折应尽量简单固定后再进行搬运。

(7) 事故发生后应尽可能对现场进行保护,以便给事故责任划分提供可靠证据,并采用最快的方式向交通管理执法部门报告。

(8) 发生恶性交通事故时,当大量外援到达后应在抢险指挥部统一领导下,有计划、有组织地进行救护、分类转送伤员等工作。

(9) 伤员量大时,必须进行伤情分类,伤员四类验伤,Ⅰ类伤员尽快转送医院及时进行抢救,可明显降低死亡率。伤员四类验伤见救护相关内容(见表7-7)。

表 7-7 伤情分类

类别	程度	标志	伤情
Ⅰ	危重伤	红色	颅脑损伤,大出血,昏迷,各类休克,严重挤压伤,内脏伤,张力性气胸,颌面部伤,呼吸道烧伤,大面积烧伤(30%以上)
Ⅱ	重伤	黄色	开放性骨折,小面积烧伤(30%以下),长骨闭合性骨折
Ⅲ	轻伤	绿色	无昏迷,无休克的头颅损伤和软组织伤
0	致命伤	黑色	无呼吸心跳等生命体征

七、运动锻炼与运动损伤

科学的运动锻炼应根据自己的生理特点、年龄、性别、体质强弱进行,以便达到最佳效果。

(一)把握最佳运动心率

适宜运动量的标准一般用心率的百分法来掌握。正常成年人心率为 60～90 次/分钟。最高心率(次/分钟)=220-年龄。假设某人 20 岁,则他的最大心率为 220-20=200 次/分钟。

有氧运动,指连续时间长,强度相对较低的项目,如慢长跑、太极拳、中老年健身操等。其运动强度标准为心率升高到本人最高心率的 70%～80%,普通学生为 140～160 次/分钟。

无氧运动,指高强度、时间短、间歇性的项目,如短跑、跳远等。其运动强度标准,心率升高到本人最高心率的 90%,普通学生为 160～180 次/分钟。

(二)运动损伤的主要原因与预防原则

1. 运动损伤的主要原因

(1)对预防运动损伤认识不足,有盲目性。

(2)缺乏准备运动或准备运动不正确。

2. 运动损伤的预防原则

做好准备活动,加强保护和自我防护。准备活动量的心率控制在 90～100 次/分钟,时间为 20 分钟左右。准备活动结束与正式运动之间相隔 1～4 分钟即可。

自我保护方法:摔倒时应该曲肘、低头团身,以肩背着地,顺势滚地,而不要直臂撑地,避免骨折或关节脱位。从高处跳下时,要以前脚掌着地,以增加缓冲作用,避免脑震荡、胸腰椎压缩性骨折。

(三) 运动损伤的救护原则

运动损伤后有出血、骨折，参照"现代创伤救护"有关内容进行处理。

1. 损伤处理"三不宜"

（1）不宜随便搬弄伤肢，尤其头颈部、腰部。

（2）不宜随便按摩或热敷伤处。

（3）不宜随便处理伤口。

2. 急性闭合型软组织损伤的分期处理

（1）早期（伤后 24～48 h）：止血、冷敷、加压包扎、制动。

（2）中期（伤后 48 h 以上）：热敷、按摩、理疗、中药外敷。

（3）后期：注意功能恢复，尤其是骨折后功能性恢复训练，防止废用性萎缩。

（四）运动生理卫生若干问题

（1）跑步到终点时不宜马上停止，防止引起重力性休克。

（2）天气炎热时运动中及运动后不宜立即大量饮水及饮料。正确方法为少量饮水或漱漱口，润润口腔黏膜。

（3）剧烈运动后不宜立即进食冷饮冷食。否则易引起胃肠痉挛和腹泻。一般在运动后要休息约 30 min。

（4）剧烈运动后不宜立即洗冷热水澡，一般在运动后要休息约 30 min。

 第三节　灾害事故现场救护

一、地震

地震，往往会在瞬间给人类、社会造成灾害。地震现场的及时抢救，不仅包括严重的压、砸、土埋窒息的救护，同时还有烧伤、中毒、触电等一系列次生伤害，以及挤压综合征、各种宿疾急性发作的救护。现场处理正确得当，能明显地减轻地震对生命健康的危害以及后遗症的发生。

（一）概述

地震致伤中死亡率最高的是头面部伤和颅脑损伤，骨折一般是多发性的，腹部伤易造成内脏大出血而导致死亡或挤压综合征。地震后几天内，因大量的厌氧细菌侵入，伤

口极易受感染而发生破伤风、气性坏疽而导致死亡。

地震灾区的医疗救护工作,是一项多部门配合协同作战的艰巨工作,它需要交通运输、通信联络、水电供应、工程技术等各方面的密切配合,才能取得医疗救护工作的高效率,完成救灾的医疗保障任务。

(二) 选择避震场所

躲避原则:迅速撤离危险场所,避开易发生次生灾害的地点,撤离不及时就近选择牢固地点躲避。切断危险源,避免人为事故。

1. 公共场所避震

(1) 听从现场工作人员的指挥,就近在牢固物处蹲伏。

(2) 不要慌乱,不要拥向出口。

(3) 要避免拥挤,避开人流,避免被挤到墙壁附近或棚栏处。

2. 家庭避震

(1) 迅速躲在坚固家具附近或内墙墙根、墙角。

(2) 如果离厨房、厕所、储藏室等开间小的地方很近,可以迅速躲到里面。

(3) 身处较高楼层时不要跳楼,不要站在窗边及靠阳台墙边,不要到阳台上去。

3. 学校避震

(1) 正在上课时,要在教师指挥下迅速撤出,撤出不及时可抱头、闭眼,躲在各自的课桌下。

(2) 在操场或室外时,可原地不动蹲下,双手保护头部,注意避开高大建筑物或危险物。

(3) 避开危险物,逃离时不要拥挤,不要跳窗、跳楼(必要时迅速跳窗、跳楼),不要在楼梯间停留。

4. 户外避震

(1) 就地选择开阔地蹲下或趴下,以免摔倒;不要乱跑,避开人多的地方;不要随便返回室内。

(2) 避开高大建筑物,如楼房,特别要避开有玻璃幕墙的建筑,避开过街桥、立交桥、高烟囱、水塔等。

(3) 避开危险物,如变压器、电线杆、路灯、广告牌、吊车等。

(4) 避开其他危险场所,如狭窄的街道、危旧房屋、危墙、雨篷下、砖瓦木料等物的堆放处及吊车。避开公路、铁路。

5. 影剧院、体育馆等处避震

就地蹲下或趴在排椅下,注意避开吊灯、电扇等悬挂物,用背包或手提袋保护头部。等地震过去后,听从工作人员指挥,有组织地撤离。

6. 商场、书店、展览馆、地铁等处避震

选择结实的柜台,商品(如低矮家具等)或柱子边,以及内墙角等处就地蹲下,用手或其他东西护头;避开玻璃门窗、玻璃橱窗或柜台,避开高大不稳或摆放易碎品的货架,避开广告牌、吊灯等悬挂物。

7. 在行驶的电车、汽车内避震

抓牢扶手,以免摔倒或碰伤;降低重心,躲在座位附近;地震过后再下车,远离车辆。

(三) 现场救护原则

在保证救护者安全的前提下,应采取先抢后救的原则,即开展对地震区现场人员的搜寻、脱险、救护医疗一体化的大救援观念。

(1) 保持呼吸道通畅,快速清除压在伤者头面部、胸腹部的沙土和口中异物。

(2) 对埋在瓦砾中的幸存者,先建立通风孔道,以防缺氧窒息。

(3) 从缝隙中缓慢将伤者救出时,保持脊柱水平轴线及稳定性。

(4) 救出伤员后,及时检查伤情,遇颅脑外伤、神志不清、面色苍白、大出血等危重症优先救护。对外伤、出血给予包扎、止血、骨折固定,脊柱骨折要正确搬运。

(5) 因恐惧心理,原有心脏病、高血压可加重、复发而引起猝死,对此类伤员要特别关注。

(6) 地震后,余震还会不断发生,所处的环境还可能进一步恶化,要尽量改善自己所处的环境,保存体力,敲击求救,设法脱险,包扎伤口。保护和节约使用饮用水和食物。

(7) 对危重伤员的现场救护:①对呼吸心跳停止者,立即进行现场心肺复苏;②对休克伤员,取平卧位或头低脚高位,如伴有胸腹外伤,要立即处理,迅速护送转至医疗单位;③对严重的、开放性、污染的创面,要除去泥土秽物,用无菌敷料或其他干净物覆盖。

二、台风自救避险

我们平时常说的台风,是一种热带气旋。所谓热带气旋,是指发生在热带或副热带洋面上急速旋转的低压涡旋,常伴有狂风、暴雨和风暴潮。

台风是我国沿海地区,特别是广东、福建、浙江、江苏、上海等地经常出现的一种灾难,其发生有明显的季节性。台风来临时不但有强大的风暴,还夹带暴雨,范围可超过 1000 km²。不过,台风是有规律的,甚至每年的行进路线都差不多,所以外出旅游时,一定要多听天气预报,尽量避开台风行进路线。然而,也有不少台风是飘忽不定的,来去均无规则,但气象台会在这种台风来临前 24 h 发布预告。

(一) 热带气旋风力等级

热带气旋风力等级划分的原则是以底层中心附近最大平均风速为标准,划分为热带低压(中心最大风力 6～7 级)、热带风暴(中心最大风力 8～9 级)、强热带风暴(中心最大风力 10～11 级)、台风(中心最大风力 12～13 级)、强台风(中心最大风力 14～15 级)、超强台风(中心最大风力 16 级及以上)6 个等级。

(二) 台风预警信号

台风预警信号分四级,分别以蓝色、黄色、橙色、红色表示。

1. 台风蓝色预警信号

（1）含义。24 h 内可能受热带低压影响,平均风力可达 6 级以上,或阵风 7 级以上;或者已经受热带低压影响,平均风力为 6～7 级,或阵风 7～8 级并可能持续。

（2）防御措施

1）做好防风准备,有关部门启动防御工作预案。

2）注意媒体关于热带低压最新消息和防风通知的报道。

3）把门窗、围板、棚架、户外广告牌、临时搭建物等易被风吹动的搭建物固紧,妥善安置易受热带低压影响的室外物品。

2. 台风黄色预警信号

（1）含义

24 h 内可能受热带风暴或强热带风暴、台风影响,平均风力可达 8 级以上,或阵风 9 级以上;或者已经受热带风暴影响,平均风力为 8～9 级,或阵风 9～10 级并可能持续。

（2）防御措施

1）进入防风状态,有关部门启动防御工作预案。

2）关紧门窗,处于危险地带和危房中的居民,以及船舶应到避风场所避风,高空、滩涂、水上等户外作业人员应停止作业,危险地带工作人员应及时撤离。

3. 台风橙色预警信号

（1）含义

12 h 内可能受热带风暴或强热带风暴、台风影响,平均风力可达 10 级以上,或阵风 11 级以上;或者已经受热带风暴影响,平均风力为 10～11 级,或阵风 11～12 级并可能持续。

（2）防御措施

1）进入紧急防风状态,有关部门启动防御工作紧急预案。

2）建议中小学停课、海上作业人员撤离至安全区域,值班人员应加强自我防护,并按有关规定操作;居民切不随意外出,确保老人小孩留在家中安全的地方。

3）切断霓虹灯招牌及危险的室外电源;停止室内大型集会,立即疏散人员。

4）其他同台风黄色预警信号。

4. 台风红色预警信号

（1）含义

6 h 内可能受台风影响,平均风力可达 12 级以上;或者已经受台风影响,平均风力已达 12 级以上,并可能持续。

（2）防御措施

1）进入特别紧急防风状态,有关部门启动防御工作预案,相关应急处置与抢险单位随时准备启动抢险应急方案。

2）关紧门窗,处于危险地带和危房中的居民,以及船舶应到避风场所避风,高空、滩涂、水上等户外作业人员应停止作业,危险地带工作人员应及时撤离,露天集体活动应及时停止,并做好人员疏散工作。

3）当台风中心经过时,登陆风力或会静止一段时间,但强风会突然吹袭,应继续留在安全处避风。

4)其他同台风橙色预警信号。

(三)遇台风时如何避险

1. 台风来临前的防范措施

(1)气象台根据台风可能产生的影响,在预报时采用"消息""警报"和"紧急警报"3种形式向社会发布;同时,按台风可能造成的影响程度,从轻到重向社会发布蓝、黄、橙、红四色台风预警信号。公众应密切关注媒体有关台风的报道,及时采取预防措施。

(2)强风有可能吹倒建筑物、高空设施,造成人员伤亡。居住在各类危旧住房、厂房、工棚的群众,在台风来临前,要及时转移到安全地带,不要在临时建筑(如围墙等)、广告牌、铁塔等附近避风避雨。车辆尽量避免在强风影响区域行驶。

(3)强风会吹落高空物品,要及时搬移屋顶、窗口、阳台处的花盆、悬吊物等;在台风来临前,最好不要出门,以防被砸、被压、触电等不测;检查门窗、室外空调、太阳能热水器的安全,并及时进行加固。

(4)检查电路,注意炉火、煤气,防范火灾。

(5)在做好以上防风工作的同时,要做好防暴雨工作。

(6)台风来临前,应准备好手电筒、收音机、食物、饮用水及常用药品等,以备急需。

(7)将养在室外的动植物及其他物品移至室内,特别是要将楼顶的杂物搬进来;室外易被吹动的东西要加固。

(8)不要去台风经过的地区旅游,更不要在台风影响期间到海滩游泳或驾船出海。

(9)住在低洼地区和危房中的人员要及时转移到安全住所。

(10)及时清理排水管道,保持排水畅通。

(11)有关部门要做好户外广告牌的加固;建筑工地要做好临时用房的加固,整理、堆放好建筑器材和工具;园林部门要加固城区的行道树。

(12)遇到危险时,拨打当地政府的防灾电话求救。

(13)要及时回港、固锚,船上的人员必须上岸避风。

2. 台风期间的防范措施

(1)台风期间,尽量不要外出行走,不得不外出时,应弯腰将身体紧缩成一团,一定要穿上轻便防水的鞋子和颜色鲜艳、紧身合体的衣裤,衣服扣好或用带子扎紧,以减少受风面积,并且要穿好雨衣,戴好雨帽,系紧帽带,或者戴上头盔。行走时,应一步一步地慢慢走稳,顺风时绝对不能跑,否则就会停不下来,甚至有被刮走的危险;要尽可能抓住墙角、栅栏、柱子或其他稳固的固定物行走;在建筑物密集的街道行走时,要特别注意落下物或飞来物,以免砸伤;走到拐弯处,要停下来观察一下再走,贸然行走很可能被刮起的飞来物击伤;经过狭窄的桥或高处时,最好伏下身爬行,否则极易被刮倒或落水。如果台风期间夹着暴雨,要注意路上水深,10岁以下儿童切不可在水中行走,应用盆或桶之类东西载着幼儿渡过水滩。万一不慎被刮入大海,应千方百计游回岸边,无法游回时也要尽可能寻找漂浮物,以待救援。

(2)野外旅游时,听到气象台发出台风预报后,能离开台风经过地区的要尽早离开,否则应贮足罐头、饼干等食物和饮用水,并购足蜡烛、手电筒等照明用品。由于台风经过岛屿和海岸时破坏力最大,所以要尽可能远离海洋;在海边和河口低洼地区旅游时,应尽可能到远离海岸的坚固宾馆及台风庇护站躲避。

（3）船舶在航行中遭遇台风袭击，应主动采取应急措施，及时与岸上有关部门联系，弄清船只与台风的相对位置。还应尽快动员船员将船只驶入避风港，封住船舱，如是帆船，要尽早放下船帆；如果是开车旅游，则应将车开到地下停车场或隐蔽处；如果住在帐篷里，则应收起帐篷，到坚固结实的房屋中避风；如果已经在结实房屋里，则应小心关好窗户，在窗玻璃上用胶布贴成米字图形，以防窗玻璃破碎。

（4）强台风过后不久，一定要在房子里或原先的藏身处等待一段时间。因为台风的"风眼"在上空掠过后，地面会风平浪静一段时间，但绝不能以为风暴已经结束。通常，这种平静持续不到1 h，风就会从相反的方向以雷霆万钧之势再度横扫过来，如果是在户外躲避，那么此时就要转移到原来避风地的对侧。

3. 应对超强台风采取超常防备。

超常防备措施主要有：

（1）全方位宣传发动。通过电视字幕、网站信息、手机短信、电话彩铃提示、印制发放传单、启动广播网络等发布台风警报和防台自救知识。

（2）多层次组织抢险救灾突击队。组成应急抢险小分队，随时守候，武警、消防、边防等部队官兵随时待命，防汛指挥部成员单位还需组建抢险突击队在岗待发。

（3）超常规落实抢险应急物资。除了常规的麻袋、编织袋、救生衣、冲锋舟等防汛物之外，还临时筹备卫星电话、手电筒、粗麻绳、铜锣、收音机、备用发电机组等。

4. 灾后需要注意的环境卫生与食物、水的消毒工作。

在飓风过后伴随而来停电和洪水期间，要采取必要的措施，以保证人员健康和安全。

暴风雨过后，人们可以遵照FDA给出的如下建议，以保护自己和家人。

（1）在飓风过后出现的停电或洪水期间，FDA认为消费者面对的最大的挑战是食品安全。

台风避险防灾小贴士

（2）易腐食物，如肉、禽、海产品、牛奶和蛋类等，若冷藏或冷冻不当，即使完全煮熟，在食用后也可能引起疾病。

（3）FDA认为如果出现洪水，消费者还须评价所储食物和饮用水的安全性。

三、洪水自救避险

在都市中遇到洪水怎么办，首先应迅速登上牢固的高层建筑避险，而后要与救援部门取得联系。同时，注意收集各种漂浮物，木盆、木桶都不失为逃离险境的好工具。分析洪水中人员失踪的原因，一方面是洪水流量大，猝不及防。另一方面也是因为有的人不了解水情而涉水。所以，洪水中必须注意的是，不了解水情一定要在安全地带等待救援。

（一）洪水来临前的准备

处于水深在0.7 m以上至2 m的淹没区内，或洪水流速较大时，应及时采取避难措施。因避难常是大规模、有组织的避难,所以洪水到来之前,要尽量做好相应的准备。

(1) 备足速食食品或蒸煮够食用几天的食品,准备足够的饮用水和日用品。准备好医药、取火等物品;保存好各种尚能使用的通讯设施,可与外界保持良好的通讯、交通联系。

(2) 扎制木排、竹排,搜集木盆、木材、大件泡沫塑料等适合漂浮的材料,加工成救生装置以备急需。

(3) 将不便携带的贵重物品作防水捆扎后埋入地下或放到高处,票款、首饰等小件贵重物品可缝在衣服内随身携带。

(4) 保存好尚能使用的通信设备。

(5) 根据当地电视、广播等媒体提供的洪水信息,结合自己所处的位置和条件,冷静地选择最佳路线撤离。认清路标,明确撤离路线和目的地。保持镇定的情绪,避免因为惊慌而走错路。

(6) 选择较安全的避难所。避难所一般应选择在距住处最近、地势较高、交通较为方便处,应有上下水设施,卫生条件较好,与外界可保持良好的通讯、交通联系。在城市中大多是高层建筑的平坦楼顶,地势较高或有牢固楼房的学校、医院,以及地势高、条件较好的公园等。

(二) 洪水到来时的自救

(1) 洪水到来时,如果时间充裕,应按照预定路线,有组织地向山坡、高地等处转移;来不及转移的人员,要就近迅速向山坡、高地、楼房、避洪台等地转移,或者立即爬上屋顶、楼房高层、大树、高墙等高的地方暂避,等待援救。

(2) 如洪水继续上涨,暂避的地方已难自保,则要充分利用准备好的救生器材逃生,或者迅速找一些门板、桌椅、木床、大块的泡沫塑料等能漂浮的材料扎成筏逃生。

(3) 如果已被洪水包围,要设法尽快与当地政府防汛部门取得联系,报告自己的方位和险情,积极寻求救援。千万不要游泳逃生,不可攀爬带电的电线杆、铁塔,也不要爬到泥坯房的屋顶。

(4) 如已被卷入洪水中,一定尽可能抓住固定的或能漂浮的东西,寻找机会逃生。

(5) 发现高压线铁塔倾斜或者电线断头下垂时,一定要迅速远避,防止直接触电或因地面"跨步电压"触电。

(6) 对于家中的财产,不要斤斤计较,更不能只顾家产而忘记生命安全。为了保存财产,在离开住处时,最好把房门关好,这样待洪水退后,家产尚能保住,不会随水漂掉。

(7) 洪水过后,要做好各项卫生防疫工作,预防疫病的流行。

四、山洪暴发的防备与自救

山洪灾害是指山洪暴发而给人们带来的危害,包括人员伤亡、财产损失、基础设施毁坏及环境资源破坏等。山洪最常见的是由暴雨引起,通常指在山区沿河流及溪沟形成的暴涨暴落的洪水及伴随发生的滑坡、崩塌、泥石流。拦洪设施的溃决也可引发山洪。山洪灾害分为溪河洪水灾害、泥石流灾害和滑坡灾害。

（一）山洪暴发的防备

居住在山洪易发区或沟、峡谷、溪岸的居民,每遇连降大暴雨时,必须保持高度警惕,特别是晚上,如有异常,应立即组织人员迅速脱离现场,就近选择安全地方,并设法与外界联系,做好下一步救援工作。切不可心存侥幸或救捞财物而耽误避灾时机,造成不应有的人员伤亡。

（二）山洪暴发时的自救

（1）保持冷静,迅速判断周边环境,尽快向山上或较高地方转移；如一时躲避不了,应选择一个相对安全的地方避洪。
（2）山洪暴发时,不要沿着行洪道方向跑,而要向两侧快速躲避。
（3）山洪暴发时,不要轻易涉水过河。
（4）被山洪困在山中,应及时与当地政府防汛部门取得联系,寻求救援。

五、泥石流

（一）成因

泥石流是大量的水体浸透山坡或沟床中的固体堆积物质,使其稳定性降低,饱含水分的固体堆积物质在自身重力作用下发生运动,就形成了泥石流。泥石流是一种灾害性的地质现象。

（二）危害

泥石流常常突然爆发,来势凶猛,可携带巨大的石块,并高速前进,一般每秒10余米,具有强大的能量,对所经地段造成毁灭性的破坏,常给山区人民的生命财产造成重大灾害。

（三）征兆

（1）当发现河（沟）床中正常流水突然断流或洪水突然增大并有较多的柴草、树木,说明河（沟）上游已形成泥石流。
（2）如听到从深谷或沟内传来类似火车轰鸣声或闷雷式的声音,哪怕极微弱也应认定泥石流正在形成,此时应迅速离开危险地段。
（3）沟谷深处变得昏暗并伴有轰鸣声或轻微的震动感,证明沟谷上游已发生泥石流。

（四）逃生措施

（1）泥石流不同于滑坡、山崩和地震,它是流动的,冲击和搬运能力很大。所以不能沿沟向下或向上跑,而应向两侧山坡上跑,离开沟道、河谷地带。注意不要在土质松软、土体不稳定的斜坡停留,以免斜坡下滑,应在基底稳固又较为平缓的地方。

(2) 不应上树躲避。泥石流与洪水不同,在其流动过程中可沿途清除一切障碍,包括树木。应避开河道弯曲的凹岸或地方狭小高度又低的凸岸,因泥石流有很强的掏刷能力及直进性,这些地方很危险。

(五) 预防措施

1. 房屋不要建在沟口和沟道上

受自然条件限制,很多村庄建在山麓扇形地上。山麓扇形地是历史泥石流活动的见证,从长远的观点看,绝大多数沟谷都有发生泥石流的可能。因此,在村庄选址和规划建设过程中,房屋不能占据泄水沟道,也不宜离沟岸过近;已经占据沟道的房屋应迁移到安全地带。在沟道两侧修筑防护堤和营造防护林,可以避免或减轻因泥石流溢出沟槽而对两岸居民造成的伤害。

2. 不能把冲沟当作垃圾排放场

在冲沟中随意弃土、弃渣、堆放垃圾,将给泥石流的发生提供固体物源、促进泥石流的活动;当弃土、弃渣量很大时,可能在沟谷中形成堆积坝,堆积坝溃决时必然发生泥石流。因此,在雨季到来之前,最好能主动清除沟道中的障碍物,保证沟道有良好的泄洪能力。

3. 保护和改善山区生态环境

泥石流的产生和活动程度与生态环境质量有密切关系。一般来说,生态环境好的区域,泥石流发生的频度低、影响范围小;生态环境差的区域,泥石流发生频度高、危害范围大。提高小流域植被覆盖率,在村庄附近营造一定规模的防护林,不仅可以抑制泥石流形成、降低泥石流发生频率,而且即使发生泥石流,也多了一道保护生命财产安全的屏障。

4. 雨季不要在沟谷中长时间停留

雨天不要在沟谷中长时间停留;一旦听到上游传来异常声响,应迅速向两岸上坡方向逃离。雨季穿越沟谷时,先要仔细观察,确认安全后再快速通过。山区降雨普遍具有局部性特点,沟谷下游是晴天,沟谷上游不一定也是晴天,"一山分四季,十里不同天"就是群众对山区气候变化无常的生动描述,即使在雨季的晴天,同样也要提防泥石流灾害。

5. 泥石流监测预警

监测流域的降雨过程和降雨量(或接收当地天气预报信息),根据经验判断降雨激发泥石流的可能性;监测沟岸滑坡活动情况和沟谷中松散土石堆积情况,分析滑坡堵河及引发溃决型泥石流的危险性,下游河水突然断流,可能是上游有滑坡堵河、溃决型泥石流即将发生的前兆;在泥石流形成区设置观测点,发现上游形成泥石流后,及时向下游发出预警信号。

对城镇、村庄、厂矿上游的水库和尾矿库经常进行巡查,发现坝体不稳时,要及时采取避灾措施,防止坝体溃决引发泥石流灾害。

六、洪涝灾害过后的防病工作

洪涝灾害过后,受灾地区的防病工作应坚持"预防为主"的方针,必须保护水源并做好饮用水的消毒工作,特别是分散式饮用水消毒,重点做好预防肠道传染病(如霍乱、伤寒、痢疾、甲型肝炎等)、人畜共患疾病和自然疫源性疾病(如钩端螺旋体病、流行性出血热、血吸虫病、疟疾、流行性乙型脑炎、登革热等)、皮肤病(如浸渍性皮炎、虫咬性皮炎等)以及其他意外伤害(如溺水、触电、中暑、外伤、毒虫蜇伤、毒蛇咬伤等)的工作,同时要搞好环境卫生,防止食物中毒和农药中毒的发生,消灭蚊蝇鼠害,把各种可能发生的疫情消灭在爆发、流行之前。

(一)保护饮用水源

1. 尽可能消灭污染源

(1)将卫生防护带内有毒有害物质迁移到安全地带。
(2)迁移水源防护带的沿岸粪缸、牲畜圈,清除垃圾堆。
(3)打捞垃圾、动物尸体及水面的漂浮物。
(4)增设厕所、固定垃圾堆放点,专人管理,及时清理,防止污染水源。

2. 重点保护已有的集中式供水水源

(1)防止洪水淹没深井水,保护地下水源。
(2)保护自来水厂构筑物。
(3)抢修净水设备和管道,清洗消毒受淹的饮水蓄水池和水箱。
(4)根据水质变化,调整净水剂和消毒剂的投放量,保证自来水水质符合标准。

(二)做好饮用水的消毒工作

如果没有瓶装水,并且不能肯定自来水是否安全,那么可遵照以下步骤净化自来水:
(1)如果有热源,将水煮开并沸腾 1~3 min。
(2)假如没有条件烧水,在每加仑(1 gal=3.785 L)水中加入 8 滴无味的家用漂白液,充分搅拌,静置 30 min 后方可饮用。注意:使用漂白液并不能杀灭寄生虫。
(3)可到当地药房购买净化水的片剂。

(三)做好环境卫生的各项工作

(1)在灾民聚集点,选择合适地点,合理布局,因地制宜,就地取材搭建的临时厕所,对厕所和粪便,应包段、包户有专人负责管理,要求做到不能排入水体。
(2)尽量利用现有储粪设施来储存粪便,如无储粪设施,可将粪便与泥土混合后泥封堆存,或用塑料覆盖,四周挖排水沟以防雨水浸泡。
(3)在应急情况下,可挖一圆形土坑,用防水塑料膜作为粪池衬里,把薄膜向坑沿延伸 20 cm，用土压住，粪便倒入池内储存，加盖密封，发酵处理。

（4）在特殊困难情况下，为保护饮用水源，可采用较大容量的塑料桶、木桶等收集粪便，装满后加盖，送到指定地点暂存，待水灾过后运出处理。

（5）船上的居民粪便，使用容器收集后送上岸集中处理，禁止倒入水中。

（6）集中治疗的传染病人粪便必须用专用容器收集，然后作特殊消毒处理。散居病人的粪便应采用消毒处理。

（7）不要乱倒垃圾和脏物。临时灾民居住点的垃圾应设在运出方便、利于管理的地方。垃圾应及时收集、清运。有条件时，可采用泥封堆肥法处理。

（8）对传染性的垃圾、用黑色塑料袋收集，进行焚烧或消毒处理。

（四）及时杀灭蚊、蝇，预防由蚊、蝇传播的传染病

1. 外环境灭蚊蝇

可用 80％敌敌畏，2 倍稀释，超低容量喷雾，有效剂量 20～50 mg/m³。

2. 内环境灭蚊蝇

可用 80％敌敌畏，10 倍稀释，超低容量喷雾，0.05～0.1 g/m³。

（五）灭鼠防病

洪涝期间和临时聚居地属于特殊环境，对各种灭鼠方法的选择顺序，与平时有所不同。

1. 多用器械灭鼠。

除防鼠措施外，多用捕鼠工具，如鼠笼鼠夹等；但不能使用电子猫，更不能自拉电网捕鼠。还可用水或泥浆灌洞。

2. 慎用毒饵，确保人畜安全。

当鼠密度高，或人群受到鼠源疾病严重威胁时，应在严密组织、充分宣传的基础上，开展毒饵灭鼠。用磷化锌（0.3％～0.5％）、敌鼠钠盐灭鼠。毒饵必须有警告色。投饵点应有醒目标记。投饵工作由受过培训的灭鼠员承担。投毒后及时搜寻死鼠，管好牲畜，藏好食品，照看好小孩。投饵结束应收集剩饵，与死鼠同样焚烧或在适当地点深埋。卫生部门要做好中毒急救的准备。

（六）预防食物中毒

（1）不吃腐败变质或被污水浸泡过的食物。
（2）不吃剩饭剩菜，不吃生冷食物。
（3）不吃淹死、病死的牲畜和水产品。
（4）食物生熟要分开。
（5）不要到无卫生许可证的摊档购买食品。
（6）碗筷要先清洁消毒后使用。

第八章

现代救护与现场基础生命支持

○ 用你的一双手进行现场心肺复苏,
可以拯救人的生命。

救护新概念是指在现代社会发展和人类生活新的模式结构下,利用科技进步成果,针对生产、生活环境中发生的危重急症、意外伤害,向公众普及救护知识,使其掌握先进的基本救护理念与技能,作为"第一目击者"能在现场及时、有效地开展救护,从而达到"挽救生命、减轻伤残"的目的,为自身及他人安全、为健康生活提供必要的保障。

现场基础生命支持,是自20世纪60年代至今长达半个世纪来,全球最为推崇也是普及最为广泛的急救技术。因为在紧急救护中没有比抢救心跳呼吸骤停病人更为紧迫和重要的了。心肺复苏(cardiopulmonary resuscitation,CPR)就是针对骤停的心跳和呼吸采取的"救命技术",是基础生命支持技术。

第一节 现代救护

在人们日常生活中,无论是自然因素,或是人为因素,都可能会导致一些意想不到的伤害,伤者需要别人的帮助,甚至需要基本生命支持的帮助。基本生命支持是指不使用特殊器材和药物的徒手操作,它能使现场和院前抢救水平明显提高,使急诊的死亡率和残疾率明显下降。普及急救知识,使人群之间相互服务,是提高民族素质的一个重要内容,其意义深远。

一、现代救护的特点

人们曾经将抢救危重急症、意外伤害病人的希望完全寄托于医院和医生身上,缺乏对在现场救护伤者的重要性和可实施性的认识,这种传统的观念,往往也就使处在生死之际的病人失去发病之初最宝贵的"救命的黄金时刻"。

为此,我们必须要了解现代救护的特点,立足于现场,依靠"第一目击者"(经过短期培训的救护员),才能不失时机地进行有效救护,体现救护新概念的理念和内涵。

(一)概述

20世纪人类以空前的速度建设了现代文明,全球经济、社会以及人们的生活方式都在发生着重大变革。

人类交往日趋频繁,活动空间扩大。在社区中,各种疾病尤其是心脑血管疾病的发生率明显增加,并往往表现为危重急症而危及生命。人们在出差、旅游途中,发生包括交通事故创伤在内的意外伤害明显增多。各种天灾人祸如地震、雪灾、水灾、火灾等也时有发生。所以,我们面临的不仅仅是日常生活中的危重急症,还有各种意外伤害、突发事件。

面对现代社会的各种危重急症与灾害事故的挑战,传统的救护概念及由此派生出的急救服务运作方式已显得苍白无力,难以完成使命。

传统的救护是指当遇到危重病人往往只做些简单的照顾护理,对外伤做一些止血、包扎等处理,然后尽快地寻找交通工具将病人送到医院急诊室,由医师给予诊断、处理。在现场面对生命奄奄一息的呼吸心搏骤停者,人们常常是一筹莫展,丧失挽救生命的良机。据统计,每年约有 350 万人死于事故造成的损伤、日常生活中的意外和暴力行为,受伤需治疗的人数为上述人数的 100~500 倍,其中约有 200 万名伤者形成永久性伤残。

因此,世界卫生组织在 1993 年 4 月 7 日的世界卫生日,提出了"善待生命——预防意外伤亡和暴力"的口号。

(二)现代救护特点

现代救护是指在事发现场,对病人实施及时、先进、有效的初步救护(见图 8-1)。

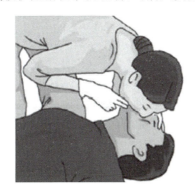 

图 8-1 现场心肺复苏

现代救护是立足于现场的抢救。在医院外的环境下,"第一目击者"对伤者实施有效的初步紧急救护措施,以挽救生命,减轻伤残和痛苦,然后在医疗救护下或启动现代化的救援医疗服务系统(EMS),将伤者迅速送到附近的医疗机构继续进行救治。

为了不耽误时间,急救呼救系统应有一个统一的电话号码,或易于记忆的专门电话,如美国的"911"、法国的"15"、我国香港特区的"999"和日本的"119",这些都是集求助于警察、消防与医疗救援为一体的紧急呼救电话。

1986 年我国将"120"定为医疗急救电话。近年来,红十字会系统建立了"999"急救电话。

(三)"第一目击者"

"第一目击者"(first responder)是指在现场为突发伤害、危重急症的病人提供紧急救护的人。

"第一目击者"包括现场伤者身边的人(亲属、同事、EMS 救援人员、警察、消防员、保安人员、公共场合服务人员等),平时参加救护培训并获取相关的培训证书,在事发现场利用所学的救护知识、技能救助病人。

发达国家的社区急救服务侧重于对重点人群的培训,称为对"第一目击者"群体的培训。通过基本的救护知识和救护技能的培训,"第一目击者"已成为热心社会公益事业、无偿服务社会的志愿者队伍中最重要的组成部分,是社会发展和进步的需要。

定期进行基础救护知识、技能的培训与复训,可以将意外伤害、危重急症对人类生命健康的危害降到最低程度。

现代救护仅仅依靠医疗部门是不够的,还需要各相关部门的配合支持,要有一个"大救援"的观念,称为医学救援。

(四)我国红十字会救护工作的前景

我国对红十字会工作十分重视。中国红十字会及省市红十字会领导对救护培训这一充分体现人道、博爱的传统业务十分关注,对救护培训工作做了远期和近期的规划,大力开展救死扶伤、发扬人道精神的救护知识的普及教育。

随着我国公众对救护知识的学习,为新世纪红十字会的救护工作展示了良好的前景并提出了更新的要求,需要我们树立救护新概念,准确地传授新知识、新技能。

二、现场急救的"生命链"

"生命链"是近十年来才在国际上出现的一个重要的急救专用名词,它很快被社会、专家和公众所接受。它是针对现代社区、生活模式而提出的以现场"第一目击者"为开始,至专业急救人员到达进行抢救的一系列急救措施而组成的"链"。"生命链"实施得越广泛,危急病人获救的成功率就越高。

(一)概述

20世纪80年代后,院外急救的重要性与普遍性逐渐为社会所认识。发达国家的城市、社区都面临着一个相同而又急迫的问题:越来越多的危重急症发生于社区,尤其是冠心病中的急性心肌梗死、严重心律失常、猝死以及意外伤害事故,现场急救及时与否关乎病人生命安危。

危及生命的急症、伤害等,如以心脏性猝死作为代表的救治来看,从一开始发病到获得有效的医学处理,存在着一系列的有规律的步骤。这个抢救序列,美国心脏病学会于1992年10月在《美国医学杂志》上正式用"生命链"这个词予以描述。

(二)"生命链"的四个环节

"生命链"(chain of survival)有四个相互联系的环节序列。因为对病人的抢救应争分夺秒,越早实施,效果越好,所以这四个环节称为四个早期,也称四个"E"。"E"是英文"Early"(早期)的字头,即早期通路、早期心肺复苏、早期心脏除颤、早期高级生命支持。生命链中的每一个环节进行得越及时、充分,效果就越好。

1. 第一环节——早期通路

"生命链"的第一个"E",即第一环节是早期通路。这个环节中,包括对病人发病时最初症状的识别,鼓励病人自己意识到危急情况,呼叫当地急救系统,给EMS或社区医疗机构拨打电话。这样,急救系统接到呼救电话后能立即作出反应,由调度部门通知救护车系统派出急救力量,迅速赶赴现场。

在这个环节中,急救系统应该担负医学指导,即在专业急救人员尚未到达现场之前,告诉现场人员应该如何进行必要的救护措施,以便不失时机地进行救护。

2. 第二环节——早期心肺复苏

"生命链"的第二个"E"是病人心搏骤停后立即进行心肺复苏。几乎所有的临床研究都表明,"第一目击者"(如家人、行人等)若具有心肺复苏的技能并能立即实施,对病人的生存起着极其重要的作用,也是在专业急救人员到达现场进行心脏除颤、高级生命支持前,病人所能获得的最好的救护措施。

3. 第三环节——早期心脏除颤

"生命链"的第三个"E",即早期心脏除颤,是最容易促进生存的环节。在救护车或消防车内要有心脏除颤器设备,需要培训大量的人员掌握心脏除颤器的使用方法。这样,就会使心搏骤停病人的生存率有明显提高。"自动体外除颤器"(automated external defibrillator,AED)的结构及使用方法,比在医院中使用的心脏除颤器简便得多,经过较短时间培训即可掌握,这就为现场救护人员广泛地采用早期心脏除颤,提供了重要的保障。

4. 第四环节——早期高级生命支持

"生命链"的第四个"E",即早期高级生命支持。对于任何一个心搏骤停的猝死病人,抢救的基本内容都是心肺复苏。在现场经过最早期的"第一目击者"的"基础生命支持(basic life support,BLS)",如果专业救护人员赶到,越早实施"高级生命支持(advanced life support,ALS)",对病人的生命就越有利。事实上,心脏除颤的早期采用,也是高级生命支持的内容之一。在这个过程中,可以采用一些其他的急救技术、药物等,使得生命支持的效果更可靠。

为使四个环节得以落实,应完善城镇、社区的急救网络,提供充足的救护车与其他急救装备,开展对公众救护知识技能的培训普及。只有做到急救社会化、结构网络化、抢救现场化、知识普及化,才能使"生命链"发挥重要作用。

三、现场状况评估

我们面对的危重病人,几乎都是在医院外的各种环境中。有些意外伤害、突发事件甚至发生在动荡不安的现场。因此,作为"第一目击者"首先要评估现场情况,注意安全,对病人所处的状态进行判断,分清病情的轻重缓急。

(一) 现场评估

在紧急情况下,通过实地感受、眼睛观察、耳朵听声、鼻子闻味等来对异常情况做出判断,遵循救护行动的程序,并利用现场的人力和物力实施救护。

现场的巡视首先应注意可能对救护者、病人或旁观者造成伤害的情况及进入现场的安全性,其次是对各种疾病和损伤的原因进行判断,最后确定受伤人数。在数秒钟内完成评估,寻求医疗帮助。

1. 评估情况

评估时必须做到迅速,尽快了解情况,注意控制情绪。现场检查包括现场的安全、引起外伤的原因、受伤人数,以及自身、病人及旁观者是否身处险境,伤者是否仍存在生命危险。然后,判断现场可以利用的资源及需要何种帮助、可能采取的救护行动。

2. 保障现场安全

在进行现场救护时,造成意外的原因可能会对救护员产生危险,所以,应首先确保自身安全。如对触电者进行现场救护前必须切断电源,然后才能采取救护措施以保障安全。

在救护中,不要试图兼顾太多工作,以免使病人及自身陷入险境,要清楚明了自己能力的极限,在不能消除存在的危险的情况下,应尽量确保病人与自身的安全,安全救护。

3. 个人防护设备

第一目击者在现场救护当中应采用个人防护用品,防止伤害因素侵害自身。在可能的情况下,用呼吸面罩、呼吸膜等实施人工呼吸,还应戴上医用手套、眼罩、口罩等个人防护品。

个人防护设备必须放在容易获取的地方,以备现场的急用。另外,运用个人防护设备的救护员,必须参加相关知识的培训或按使用说明正确地使用。

(二) 判断病情危重

在现场巡视后对病人进行最初评估。发现病人处在情况复杂的现场,救护员首先需要确认并立即处理威胁生命的情况,检查病人的意识、气道、呼吸、循环体征等。

1. 意识

先判断病人神志是否清醒。在呼唤、轻拍时病人会睁眼或有肢体运动等反应,表明病人有意识。如病人对上述刺激无反应,则表明意识丧失,已陷入危重状态。病人突然倒地,然后呼之不应,情况多较严重(见图8-2)。

2. 气道

保持气道畅通是呼吸的必要条件。如病人有反应但不能说话、不能咳嗽,可能存在气道梗阻,必须立即检查和清除(见图8-3)。

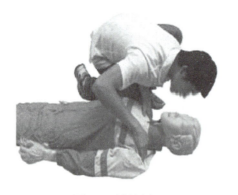

图8-2 判断意识

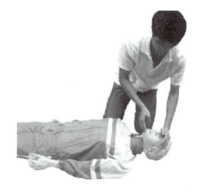

图8-3 开放气道

3. 呼吸

评估呼吸活动。正常人呼吸12～18次/分钟,而危重病人呼吸变快、变浅乃至不规则,呈叹息样。在气道畅通后,对无反应的病人进行呼吸检查,如病人呼吸停止,开放气道,立即进行人工呼吸(见图 8-4)。

4. 循环体征

在检查病人意识、气道、呼吸之后,应对病人的循环进行检查。可以通过检查循环体征,如呼吸、咳嗽、运动、皮肤颜色、脉搏情况等来进行判断。

正常成人心跳 60～80 次/分钟。呼吸停止,心跳随之停止,或者心跳停止,呼吸也随之停止,心跳呼吸几乎同时停止也是常见的。心跳反映在手腕处的桡动脉和颈部的颈动脉,后者较易触到(见图 8-5)。

图 8-4　判断呼吸

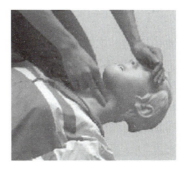
图 8-5　判断脉搏

严重的心脏急症如急性心肌梗死、心律失常,以及有严重的创伤、大失血危及生命时,心跳或加快,超过 100 次/分钟,或减慢,40～50 次/分钟,或不规则,忽快忽慢,忽强忽弱,均为心脏呼救的信号,应引起重视。

迅速对病人皮肤的温度、颜色进行检查,可以知道皮肤循环和氧代谢情况,如病人的面色苍白或青紫,口唇、指甲发绀,皮肤发冷等。

5. 瞳孔反应

眼睛的瞳孔又称"瞳仁",位于黑眼球中央。正常时双眼的瞳孔是等大圆形的,遇到强光能迅速缩小,很快又回到原状。用手电筒突然照射一下瞳孔即可观察到瞳孔的反应。当病人脑部受伤、脑出血、严重药物中毒时,瞳孔可能缩小为针尖大小,也可能扩大到黑眼球边缘,对光线不起反应或反应迟钝。有时因为病人出现脑水肿或脑疝,双眼瞳孔一大一小。瞳孔的变化揭示了脑病变的严重性(见图 8-6)。

(a) 瞳孔扩大　　　　(b) 瞳孔缩小

图 8-6　瞳孔反应

当完成现场评估后,再对病人的头部、颈部、胸部、腹部、盆腔、脊柱、四肢进行检查,看有无开放性损伤、骨折、畸形、触痛、肿胀等体征,有助于对病人的病情判断。还要注意病人的总体情况,如表情淡漠不语、冷汗口渴、呼吸急促、肢体不能活动等为病情危重的表现。对外伤病人还应观察其神志不清程度,呼吸次数和强弱,脉搏次数和强弱,注意检查有无活动性出血,如有立即止血。如有严重的胸腹部损伤,容易引起休克、昏迷甚至死亡。当发现危重伤者,经过现场评估和病情判断后需要立即救护,并应及时向专业急救机构(EMS)或附近担负院外急救任务的医疗部门、社区卫生单位报告。

四、启动呼救

(一) 救护启动

救护启动由急救通信称为呼救系统开始。呼救系统的畅通,在国际上被列为抢救危重病人的"生命链"中的"第一环"。有效的呼救系统对保障危重病人获得及时救治至关重要。

应用无线电和电话呼救。通常在急救中心配备有经过专门训练的话务员,能够对呼救作出迅速适当应答,并能把电话接到合适的急救机构。根据病人所处的位置和病情,指定附近的急救站去救护病人。这样可以大大节省时间,提高效率,便于病人救援和转运。

(二) 呼救电话须知

使用呼救电话,必须要用最精练、准确、清楚的语言说明病人目前的情况及严重程度、伤者的人数及存在的危险,以及需要何类急救。如果不清楚身处位置的话,不要惊慌,因为救援医疗服务系统控制室可以通过地球卫星定位系统追踪其正确位置。一般应简要清楚地说明以下几点。

(1) 报告人电话号码与姓名,以及病人姓名、性别、年龄和联系电话。
(2) 病人所在的确切地点,尽可能指出附近街道的交会处或其他显著标志。
(3) 病人目前最危重的情况,如昏倒、呼吸困难、大出血等。
(4) 发生灾害事故、突发事件时,说明伤害性质、严重程度、伤者的人数。
(5) 现场所采取的救护措施。

注意:不要先放下话筒,要等救援医疗服务系统(EMS)调度人员先挂断电话。

(三) 单人及多人呼救

在专业急救人员尚未到达时,如果有多人在现场,一个救护员留在病人身边开展救护,另一人通知 EMS 机构。如属意外伤害事故,要分配好救护员各自的工作,争分夺秒、组织有序地对伤者实施寻找、脱险、医疗救援工作。

西方发达国家在"先打电话",还是"紧急救护后再快打电话"问题上曾有不少讨论与界定。近年来,随着手机及公用电话的普及,在我国的手机使用率明显增加的情况下,这一问题已基本得到解决:在病人心搏骤停的情况下,为挽救生命,抓住"救命的黄金时刻",可立即进行心肺复苏,然后迅速拨打电话;如有手机,则进行 1~2 min 心肺复苏后,在抢救间隙中快打电话(见图 8-7)。

如溺水者被救出水面时意识已丧失,经检查无呼吸和心跳,必须先进行 1 min 的心肺

第八章 现代救护与现场基础生命支持

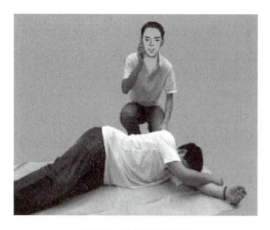

图 8-7 拨打电话求助

复苏,然后给当地的 EMS 机构打电话。大量资料表明,任何年龄的外伤,或药物过量,或呼吸暂停的病人,都会受益于在通知 EMS 机构前接受的 1 min 的心肺复苏。

五、现场救护的原则及检查方法

在经过现场评估、判断病人危重程度并发出紧急呼救后,专业人员到达现场需要若干分钟甚至更长时间。此时,"第一目击者"必须不失时机地、尽可能地进行现场救护。

现场救护目的是挽救生命,减轻伤残。在生命得以挽救,伤病情得以避免进一步恶化这一最重要、最基本的前提下,同时还要注意减少伤残的发生,尽量减轻病痛,对神志清醒者要注意做好心理护理,为日后病人身心全面康复打下良好基础。

(一)救护原则

无论是在家庭、会场或在马路,还是在情况复杂、危险的现场,发现危重病人时,"第一目击者"对病人的救护原则都必须十分明确清楚。

(1)首先要保持镇定,沉着大胆,细心负责,理智科学地作判断。
(2)评估现场,确保自身与病人的安全。
(3)分清轻重缓急,先救命,后治伤,果断实施救护措施。
(4).可能的情况下,尽量采取减轻病人痛苦的措施。
(5)充分利用可支配的人力、物力协助救护。

(二)现场救护的检查方法及步骤

"第一目击者"及所有救护人员,乃至未经过培训的民众,应牢记现场救护的首要目的是"救命"。为此,其实施步骤可以概括如下几点。

1. 判断意识

用双手轻拍病人的双肩部并在病人两耳边大声呼唤:"喂!您怎么啦?"如病人对呼唤、轻拍无反应,可判断其无意识。

2. 立即呼救

当判断病人意识丧失,应该请求他人帮助,在原地高声呼救:"快来人!救命啊!我是救护员,请这位先生(女士)快帮忙拨打急救电话,打了电话将情况告诉我!有会救护的请和我一起来救护!"可互相轮换进行对病人的救护。

3. 救护体位

对于意识不清者,取仰卧位或侧卧位,便于复苏操作及评估复苏效果,在可能的情况下,翻转为仰卧位(心肺复苏体位)放在坚硬的平面上,救护人员需要在检查后进行心肺复苏。

若病人没有意识但有呼吸和循环,为了防止呼吸道被舌后坠或黏液及呕吐物阻塞引致窒息,对病人应采用侧卧体位(复原体位),液体容易从口中引流。体位应稳定,并易于病人翻转至其他体位。保持利于观察和通畅的气道;超过 30 min,翻转病人到另一侧。

注意不要随意移动病人,以免造成伤害,如不要用力拖动、拉起病人,不要搬动和摇动已确定有头部或颈部外伤的病人等。一人在翻转有颈部外伤的病人时,为防止颈髓再次损伤,另一人应保持病人头颈部与身体在同一轴线翻转,做好头颈部的固定。

(1) 心肺复苏体位(仰卧位)(见图 8-8)

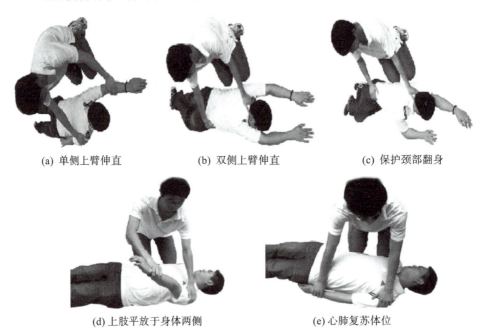

(a) 单侧上臂伸直　　(b) 双侧上臂伸直　　(c) 保护颈部翻身

(d) 上肢平放于身体两侧　　(e) 心肺复苏体位

图 8-8　心肺复苏体位

1) 救护员位于病人的一侧,将病人的双上肢向头部方向伸直。
2) 将病人远离救护员一侧的小腿放在另一侧腿上,两腿交叉。
3) 救护员一只手托住病人的后头颈部,另一只手抓住远离救护员一侧的病人腋下或胯部,将病人向救护员呈整体翻转,呈仰卧位。
4) 救护员一手保护病人的肩关节,一手呈划水式,将病人上肢置于身体两侧。

(2) 复原体位(侧卧位)(见图 8-9)

1) 救护员位于病人的一侧,将靠近自身的病人手臂上举置于头部侧方。

(a) 手臂上举

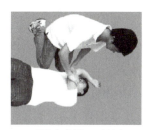
(b) 手臂弯曲搭于对侧肩上

(c) 翻转病人

(d) 手置于面颊下方

(e) 复原体位

图 8-9 复原体位

2）将病人另一手肘部弯曲搭于对侧肩上。

3）把病人远离救护员一侧的腿弯曲。救护员用一只手扶住病人肩部，另一手抓住病人膝部，轻转向救护员使病人侧卧。

4）将病人上方的手的手心向下，置于面颊下方，以维持头部后仰，防止面部朝下。

5）将病人上方弯曲的腿置于伸直腿的前方，稳定病人的身体。

（3）救护员体位

救护员在实施心肺复苏时，根据现场病人的周围处境，选择病人一侧，将两腿自然分开与肩同宽，跪贴于（或立于）病人的肩、胸部，便于实施操作（见图8-10）。

（4）其他体位

对头部外伤病人，取水平仰卧位，头部稍稍抬高；对面色发红者，则取头高足低位；对面色青紫者，取头低足高位（见图8-11）。

图 8-10 救护员体位

图 8-11 头低足高位

4. 开放气道

病人呼吸、心跳停止后，全身肌肉松弛，口腔内的舌肌松弛下坠而阻塞呼吸道。采取开放气道的方法，可使阻塞呼吸的舌根上提，使呼吸道通畅。

用最短的时间先将病人的衣领扣、领带、围巾等解开,戴上手套迅速清除病人口鼻内的污泥、土块、痰、呕吐物等异物,以利于呼吸道畅通,再将气道打开。下面介绍各种开放气道方法的操作要点。

(1) 仰头举颏法(见图8-12)

1) 救护员将一手的小鱼际部位,置于病人的前额并用力使头后仰,另一手的食指、中指置于病人下颏将其下颌骨上提。

2) 救护员手指不要深压颏下软组织,以免阻塞气道。

(2) 双下颌上提法(见图8-13)

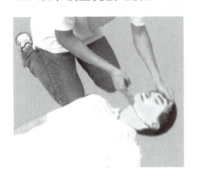

图8-12 仰头举颏法　　　　　　图8-13 双下颌上提法

1) 救护员双手手指放在病人下颌角后(下)方,向前或向上方提起下颌。

2) 使病人的头保持正中位,不能使头后仰,不可左右扭动。

3) 此方法适用于怀疑有颈椎外伤的病人。

(3) 手钩异物法

1) 如病人无意识,将病人头偏向一侧,两拇指扒开其下颌检查有无异物。

2) 如有异物,救护员用一手的拇指伸入口腔将病人舌头向外压向牙床,并与其余四指一同握住病人下颏,向救护员侧并向下呈45°牵拉下颏,打开口腔,救护员用另一手的食指沿病人一侧口角向口内伸入钩取异物,从另一侧口角出来(见图8-14)。

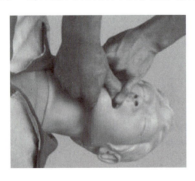
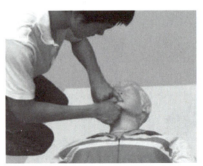

图8-14 钩取异物

3) 对于婴儿,救护员用小指沿婴儿嘴角伸入,钩取抠出固体异物。

5. 呼吸

(1) 判断呼吸。救护员将病人气道打开后,利用眼视、耳听、面部皮肤感觉,判断病人有无呼吸。侧头用耳听病人口鼻的呼吸声(一听),用眼看病人胸部或上腹部随呼吸而上下起伏(二看),用面颊感觉病人呼吸气流(三感觉)。如果胸廓没有起伏,并且没有气体呼出,即病人停止呼吸,这一评估过程不超过 5~10 s。

(2)人工呼吸。救护员经检查后,判断病人呼吸停止,应在现场立即给予口对口(口对鼻、口对口鼻)、口对呼吸面罩等人工呼吸救护措施(图 8-15)。

图 8-15 人工呼吸

6. 循环

(1)检查循环体征

1)判断心跳(脉搏)应选大动脉搏动,可选颈动脉和肱动脉作为对象。

①颈动脉:用一手食指和中指置于病人颈中部(甲状软骨)中线,手指从颈中线滑向甲状软骨和胸锁乳突肌之间的凹陷,稍加力度触摸到颈动脉的搏动。

②肱动脉:肱动脉位于上臂内侧,肘和肩之间,稍加力度检查是否有搏动。

2)检查颈动脉不可用力压迫,避免刺激颈动脉窦使得迷走神经兴奋反射性地引起心跳停止,并且不可同时触摸双侧颈动脉,以防阻断脑部血液供应。

3)对无反应、无呼吸的伤者提供初始呼吸。

4)救护员侧头用耳靠近病人的口鼻,看、听、感觉病人有无呼吸或咳嗽。

5)快速检查病人的运动体征。

6)如果病人没有呼吸、咳嗽、运动,应立即开始胸外心脏按压。

(2)人工循环

救护员判断病人已无脉搏搏动,或在危急中不能判明心跳是否停止,脉搏也摸不清,不要反复检查耽误时间,而要在现场进行胸外心脏按压等人工循环,及时救护病人(见图 8-16)。

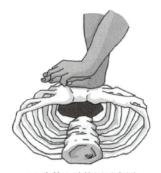 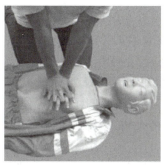 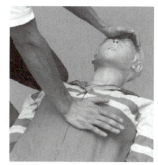

(a)胸外心脏按压示意图　　(b)成人胸外心脏按压　　(c)儿童心脏按压

图 8-16 人工循环

2005 年新指南指出:非医务人员无须检查循环情况,2 次人工通气后,立即实施胸外按压。

第二节 现场基础生命支持

一、对心肺复苏的认识

20世纪60年代以前,在现实工作和生活的环境中,心肺复苏操作基本上是不存在的。此前,心肺复苏多应用于因麻醉过深等医疗意外事故而将要猝死于手术台上的病人。而在医院外环境,如家庭、公共场所,一旦有人发生心跳呼吸骤停,现场人员无从下手,唯有等待医生到来或者将其送往医院抢救,很可能就错过了抢救的最佳时机。

(一) 心肺复苏的意义

心肺复苏既是专业的急救医学,也是现代救护的核心内容,是最重要的急救知识技能。它是在生命垂危时采取的行之有效的急救措施,"所需的一切只是一双手",是20世纪在医学领域里学术提高与发展及社会普及得最为成功的学科。

急救最基本的目的是挽救生命,而危及生命瞬间的则是心跳呼吸的骤停。很多原因可以引起心跳呼吸骤停,但在日常生活中,最为常见的是心脏急症猝死,其他还有诸如触电、溺水、中毒、创伤等急症。如果此时抓住抢救时机,对处在濒死阶段的病人进行及时的心肺复苏,这对挽救生命既是可能也是必须。

心肺复苏的意义不仅要使心肺的功能得以恢复,更重要的是恢复大脑功能,避免和减少"植物状态"、"植物人"的发生。所以,CPR必须争分夺秒尽早实施。

(二) 心跳呼吸停止的症状

在一般情况下,心跳停止3 s患者即感到头晕;10～20 s即发生晕厥;30～40 s瞳孔散大,出现抽搐;60 s后呼吸停止,大小便失禁。

挽救心跳呼吸骤停病人的方法,即为心肺复苏法。

通过正常的呼吸,氧进入血液循环而到达全身各处。由于心跳呼吸的突然停止,全身重要脏器发生缺血缺氧,尤其是大脑。大脑一旦缺血缺氧4～6 min,脑组织即发生损伤,超过10 min即发生难以逆转的损害。因此,在4～6 min内,最好是在4 min内立即进行心肺复苏,在畅通气道的前提下进行有效的人工呼吸、胸外心脏按压,这样使带有新鲜氧气的血液到达大脑和其他重要脏器。

(三) 终止心肺复苏的时间

何时终止心肺复苏是一个涉及医疗、社会、道德等诸方面的问题。不论什么情况下,终止CPR的决定权应取决于医生,或由医生组成的抢救组。

医生必须清楚地了解病人的情况,反复评估循环骤停的特征,以及预测复苏相关重要因素,其中主要包括原发病、心脏骤停的初始心律进行 CPR 已有多长时间、除颤的次数和效果等情况。

现在,国际上已经有一个明确的规定,包括高级生命支持在内的有效连续抢救超过 30 min,病人仍未出现自主循环,则可以停止复苏。但是,在某些情况下也可适当延长 CPR,如病人身体状况较好,猝死的原因属于意外事故,尤其是触电、溺水(冰水)。

二、呼吸复苏方法

(一) 人工呼吸法

人工呼吸法包括口对口、口对鼻、口对口鼻、口对呼吸面罩的吹气及专业的气管插管、呼吸机等。人工呼吸方法简便易学,"第一目击者"在事发现场可以用此实施紧急救护。但是实施正确、有效,必须注意下述每个步骤、细节。

1. 开放气道

首先必须开放气道。开放气道既可认为是口对口吹气前至关重要的一步,也可认为是口对口吹气的重要组成部分。其目的是,维持呼吸道通畅,保障气体自由出入。

(1) 方法

1) 让病人平卧于硬板或平地上,解开病人衣领、女性内衣等。

2) 迅速清除病人口鼻内的污泥、杂草、土块、痰、涕、呕吐物,使呼吸道通畅。

3) 用仰头举颏法、仰头抬颈法、双下颌上提法,打开气道。

(2) 注意点

1) 成人头部后仰的程度为病人下颏与耳垂的连线与地面垂直。

2) 儿童、婴儿头部后仰的程度为下颏与耳垂的连线与地面分别成 60°、30°。

3) 开放气道时,利用一看、二听、三感觉的方法判断有无呼吸,用时 10 s。

4) 如病人呼吸停止,即可开始人工呼吸。当提供人工呼吸时,务必使每一次吹气都使病人的肺部充分膨胀。

2. 口对口吹气

(1) 方法

1) 保持气道开放,救护员将按于病人前额一手的拇指和食指捏紧病人的鼻翼,以防气体从鼻孔逸出。

2) 救护员吸一口气,用双唇包严病人口唇四周,再缓慢持续将气体吹入,同时,观察病人胸部起伏。

3) 吹气完毕,救护员松开捏鼻手,侧头吸入新鲜空气并观察胸部下降,听、感觉病人呼吸流动情况,准备进行下次操作。

(2) 注意点

1) 首先连续进行 2 次吹气,确认气道通畅后,再进行有效的人工呼吸。

2) 成人每 5~6 s 吹气 1 次,10~12 次/min(儿童 12~20 次/min)。每次吹气要保证

有足够量的气体进入,使病人胸廓隆起。每次吹气时间 1 s。

3. 口对鼻吹气

(1) 方法

1) 保持气道开放,救护员用举颏的手将病人的双唇封闭。

2) 救护员吸气后,双唇包紧病人鼻孔并吹气,观察病人胸部起伏。

(2) 注意点

1) 适用于口不能张开、口部严重受伤或难以使口密封时。

2) 基本方法与口对口吹气法相同。

3) 成人 10～12 次/min。

4. 婴儿口对口鼻吹气

婴儿可行口对口鼻人工呼吸法:保持气道开放,救护员双唇包严婴儿口鼻,吹气 12～20 次/min,3～5 s 吹气 1 次;均匀缓慢吹气入肺,观察胸部有起伏即可。

5. 口对呼吸面罩吹气

此方法使用透明的有或无单向活瓣的面罩,活瓣可直接将救护员吹出的气体送入病人肺内,同时将病人呼出的气体排除。有些型号的呼吸面罩备有供氧插头,允许供氧。

(1) 方法

1) 救护员位于病人头部一侧,将面罩置于病人面部,以鼻梁为导向放好位置。

2) 用拇指固定面罩边缘,并加压于边缘以使其密封,其余手指放在下颌角。

3) 将病人头部后仰,推举下颌。

4) 救护员口对面罩通气孔缓慢吹气。

(2) 注意点

每分钟吹气次数、吹气量、时间与口对口吹气相同。

6. 口对面膜吹气

此方法使用的面膜是一张清洁的塑料薄膜,镶嵌有防水过滤膜以隔离病人和救护员的接触。把面膜放在病人口和鼻上,面膜中心过滤膜对准口,人工吹气方法与口对口人工吹气相同。

(二) 注意事项

(1) 人工呼吸一定要在气道开放的情况下进行。

(2) 向病人肺内吹气时不能太急太多,仅需胸廓略有隆起即可,吹气量不能过大,以免引起胃扩张。

(3) 吹气时间每次 1 s。

三、心脏复苏方法

(一) 胸外心脏按压的原理

对心脏按压原理的解释,目前有两种学说。

心脏泵机制学说:在对胸腔挤压时,位于胸骨与脊柱之间的心脏被挤压,并推动血液向前流动。而当胸腔挤压解除时,心室恢复舒张状态,产生吸引作用,使血液回流,充盈心脏。

胸腔泵机制学说:在对胸腔挤压时,心脏仅是一个被动的管道。挤压胸腔增加了胸腔内静脉、动脉以及胸腔外动脉的压力,但胸腔外静脉的压力依然是低的,从而形成周围动静脉压力梯度,使血流从动脉流入静脉。胸腔挤压松懈后,胸腔内压力下降至零,静脉血回流入右心和肺。血流也从胸腔动脉反流回主动脉,但胸腔内动脉床容量较小,并且主动脉瓣关闭,反流的血量有限。

不论用何种学说阐述,国内外大量的实践和研究资料表明,只要尽早应用胸外心脏按压,方法正确,同时配合有效的口对口吹气,胸外心脏按压的效果十分可靠,为全世界绝大多数学者所接受,现已成为标准。

在心脏骤停的过程中,正确执行的胸外心脏按压能产生 60～80 mmHg(1 mmHg=0.133 kPa)的动脉收缩压,舒张压很低。胸外按压的心输出量可能仅是正常心输出量的 1/4 或 1/3。

(二) 胸外心脏按压的操作

在事发现场发现有人躺在地上,第一目击者首先要快速检查现场是否安全,并确定事故原因,判断病人有无意识,若有呼吸和心跳,将病人置恢复体位,每隔数分钟检查 1 次循环体征;若没有呼吸,循环体征存在,每 5～6 s 进行 1 次人工呼吸,待有呼吸后,每隔数分钟检查 1 次呼吸。若无反应,病人无意识,应立即高声呼救,请求他人帮助,启动 EMS 系统,需要的话,将病人置于心肺复苏体位,立即开始胸外心脏按压。

1. 成人按压定位与操作要点
(1) 定位(见图 8-17)

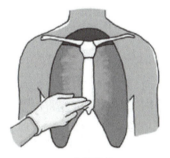
(a) 中指定位

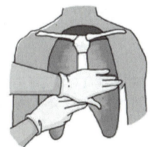
(b) 掌根重合胸骨长轴

(c) 双手掌根重叠

图 8-17 胸外按压定位

1) 胸骨下 1/2 的位置,救护员一手的中指置于近侧的病人一侧肋弓下缘,中指沿肋弓向上滑到双侧肋弓的汇合点,中指定位于此处,食指紧贴中指。

2) 救护员另一只手的手掌根部贴于第一只手的食指并平放,使手掌根部的横轴与胸骨的长轴重合。

3) 定位之手放在另一只手的手背上,两手掌根重叠,十指相扣,手心翘起,手指离开胸壁。

(2) 操作要点

1) 救护员的上半身前倾,双肩位于双手的正上方,两臂伸直(肘关节伸直),垂直向下用力,借助自身上半身的体重和肩臂部肌肉的力量进行按压(见图8-18)。

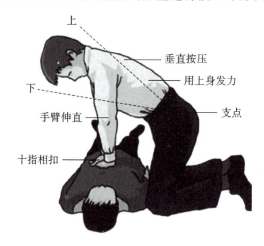

图 8-18　垂直按压

2) 胸骨下压深度不少于 5 cm。
3) 放松后,掌根不要离开胸壁。
4) 以不少于 100 次/min 的速度进行按压,并控制节奏,按压与吹气之比 30∶2。

2. 注意事项

(1) 确定病人无意识、无咳嗽、无运动、无脉搏,开始胸外心脏按压。
(2) 按压用力要均匀,不可过猛。按压和放松所需时间相等。
(3) 每次按压后必须完全解除压力,胸部回到正常位置。
(4) 按压节律、频率不可忽快、忽慢。保持正确的按压位置。
(5) 按压时,观察病人反应及面色的改变。

(三) 胸外叩击法(拳击)

胸外叩击法是在心脏按压之前,救护员对心室纤维性颤动(简称心室纤颤)的病人实施"赤手空拳"的胸外叩击的救护措施。叩击法具有"机械除颤"作用,有可能将心室纤颤除掉而恢复正常心律,使病人得救。如仍无效,不要再重复,以免延误时间,应立即实施胸外心脏按压。

1. 定位(见图8-19)

(1) 救护员一手的中指置于近侧的病人一侧肋弓下缘,中指沿肋弓向内上滑到双侧肋弓的汇合点定位。
(2) 救护员另一只手的手掌根部贴于第一只手的食指平放,使手掌根部的横轴与胸骨的长轴重合。

2. 操作要点(见图8-20)

(1) 定位手紧握拳头,距另一手背 30～40 cm 的高度,垂直并较为有力地叩击胸部正中处手背上 1 次。

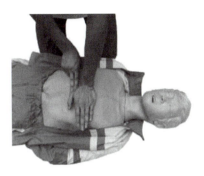
图 8-19　胸外叩击定位

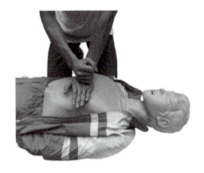
图 8-20　胸外叩击

（2）然后，判断有无心跳，检查循环体征及脉搏，观察反应。

（3）若无效，实施 CPR 的救治。

（四）复苏 ABC

我们已详细地介绍了口对口吹气、胸外心脏按压的原理及操作步骤。在此必须强调，两者协调进行是对心跳呼吸骤停病人的有效复苏。

实施心肺复苏的步骤，一般按 A、B、C 的顺序进行，2010 版心肺复苏指南，复苏顺序改为 C、A、B。

A(Airway)表示打开气道，B(Breathing)表示口对口人工呼吸，C(Circulation)表示胸外心脏按压人工循环，简称复苏 ABC。

1. 成人 CPR

单人操作的现场心肺复苏分为如下步骤。

（1）判断意识。判断病人有无意识（呼叫——"喂！你怎么啦"，轻拍——病人双肩部）。

（2）正确呼救。如病人无意识，立即高声呼救（"来人啊！救命啊！请这位先生/女士快帮忙拨打120急救电话，然后告诉我打电话的情况，我是救护员，有会救护的请和我一起救护"）。

（3）体位。将病人置于心肺复苏体位，救护员跪于病人的一侧。

（4）正确施行 CPR。无心跳者立即胸外心脏按压 30 次，按 2010 年新版 C、A、B 顺序进行急救。

1）人工循环——胸外心脏按压。

①触摸颈动脉，用 5～10 s 判断有无心跳。

②若无呼吸无脉搏，立即进行胸外心脏按压，建立人工循环。操作要点：正确按压定位，正确操作；以不少于 100 次/min 的速度施行 30 次按压，每次下压胸部不少于 5 cm，按压后完全放松，胸部回复原位；成人每做 30 次按压，需做 2 次人工吹气，重复做胸外心脏按压，连续做 5 遍后，重新评估病人的呼吸、循环体征。

③如有呼吸、脉搏，将病人放于恢复体位，监测呼吸和循环体征；如没有呼吸脉搏，继续以 30∶2 实施心肺复苏。

2）打开气道：采用仰头举颏法，若怀疑病人有颈椎损伤，用双下颌上提法开放气道。

3) 人工呼吸——口对口(鼻)吹气。

①用 5 s～10 s 判断有否呼吸,用看、听、感觉检查呼吸或咳嗽,清除口腔异物。

②如果病人无反应但有呼吸,没有脊柱损伤,将病人置于恢复体位,保持呼吸道开放。监测呼吸变化,迅速检查并控制严重出血,外伤紧急处理。

③若有心跳无呼吸,立即进行口对口人工呼吸,吹气 2 次,每次 1 s。如果最初吹气不成功,重新开放气道,再进行吹气;若病人的胸部仍不起伏,按照无反应病人的气道梗塞救治法救治,并在每次打开气道吹气时,寻找异物立即取出。

2. 心肺复苏有效表现

如救护员实施 CPR 救护方法正确,又有以下征兆时,表明 CPR 有效。

(1) 面色、口唇由苍白、紫绀变红润。

(2) 恢复可以探知的脉搏搏动、自主呼吸。

(3) 瞳孔由大变小,对光反射存在。

(4) 病人眼球能活动,手脚抽动,呻吟。

3. 心肺复苏的终止条件

现场的 CPR 应坚持连续进行,CPR 进行期间,在需要检查呼吸、循环体征的情况下,也不能停止超过 10 s。如有以下各情况可考虑停止。

(1) 病人的脉搏恢复及可以自主呼吸。

(2) 有他人或专业急救人员到场接替。

(3) 有医生到场确定病人死亡。

(4) 救护员筋疲力尽而不能继续进行心肺复苏。

(五) 注意事项

面对危重病人,救护员在现场一定要争分夺秒,按救护原则及步骤现场紧急救护,但要注意如下几点。

(1) 应充满自信,现场救护不要犹豫,要做好个人防护,确保现场安全。

(2) 对于危重者,千万不能只等待专业人员的急救。普通施救者可以不做人工呼吸,只做胸外按压。

(3) 不要把时间消耗在反复检查心跳、呼吸停止的过程中。

(4) 不要做不必要的全身检查。不要随意搬动病人,注意保护脊柱。

(5) 应使用心肺复苏模型进行心肺复苏术的训练,禁止在正常人身上进行操作训练。

(6) 救护人员应定期参加心肺复苏的培训学习。

四、急救器械——自动体外除颤器

(一) 概述

近十几年来,大量的实践和研究资料表明,对心脏骤停以及其他猝死者的抢救中,早期进行心肺复苏(CPR)虽然重要,但 CPR 对于早期致死性心室纤维性颤动(简称心室纤维或室颤)并无直接除颤作用。等待专业人员到来后进行心脏除颤,往往为时已晚,难以奏效。若能在现场及早进行除颤可提高抢救心脏骤停、猝死病人的成功率。

每延迟除颤 1 min,心室纤颤心脏性猝死的生存率以 10% 递减。1 min 内除颤生存率能达到 70%,5 min 时为 50%,7 min 时为 30%,9~11 min 为 10%,12 min 后仅为 2%~5%。如果"第一目击者"除颤前实施了 CPR,也会提高生存率。

只需经过十几分钟的培训,自动体外除颤器(AED)就能被非医务人员掌握操作。救护员可完全按照 AED 语音提示进行正规操作。

(二) 心室纤颤与心脏除颤

当心脏发生了心室纤维性颤动时,心律失常,心室出现杂乱无章的、快速的、每分钟达数百次的颤动,这使心室排血量迅速锐减而无法排血。心室没有收缩能力而陷入无效蠕动状态,使病人处于循环中断。

心肌处于无效活动的状态时,可使用"电冲击"即时除颤。用固定于极短暂的瞬间强大电流通过心脏,除去纤颤,从而使具有高度自律性的窦房结重新发出冲动来控制心脏,使心脏恢复节律性收缩。电除颤对消除心室纤颤、启动心脏正常搏动是十分有效的,除颤实施越早越好。

1. 先决条件

首先要评估病人的情况,即在无意识、无自主呼吸、无心跳、出现心室纤颤、无脉搏、室性心动过速的病人身上使用 AED。

2. 准备工作

救护员将两个有吸力的除颤电极与 AED 接连,然后将电极片放置于病人身上。一个电极片置于病人胸骨上端的右方锁骨之下;另一个置于心尖即乳房的左边腋窝中线上。必须确定电极片要与皮肤接触严实完好,救护员能避免在实施电击时与病人的直接接触。

3. 实施除颤

在电极片固定后,启动 AED 的心律分析按键,AED 即进行心律分析,一般需要约 10 s。经分析后确认需要除颤,AED 即发出充电信号,当自动充电完毕,再发出指令按动除颤放电键,完成一次除颤。在电击后,AED 进行心律分析,以确定除颤是否成功,是否还需进行除颤,是否需要进行 CPR,一般 3 次除颤为一个过程。

第九章

现代创伤救护

○ 正确的现场救护能挽救伤者生命，
　减轻其痛苦，减少残疾。

创伤是各种致伤因素作用下造成的人体组织损伤和功能障碍。创伤轻者造成体表损伤,引起疼痛或出血;重者导致功能障碍、残疾,甚至死亡。致伤因素有机械因素,如车祸、塌方、刀扎、枪伤等;物理因素,如烧伤、冻伤、电击、射线等;化学因素,如酸、碱、毒气等;生物因素,如毒蛇、昆虫等。

现代创伤以创伤严重、受伤多发和多为多人同时受伤为特点。严重创伤可造成心、脑、肺和脊髓等重要脏器功能障碍,出血过多,休克甚至死亡。创伤现场救护要求快速、正确、有效。正确的现场救护能挽救伤者生命和减轻其痛苦,反之可能加重损伤,造成不可挽回的损失,以至危及生命。

本章主要介绍创伤止血、伤口包扎、骨折固定的现场急救技术和搬运方法,有关心肺复苏技术请参阅相关资料。

第一节 现场创伤救护

创伤是在各种不确定情况下突然发生的,受伤程度和表现各异。加之现场情况十分错综复杂,所以救护工作非常重要而艰巨。

一、常见创伤的原因及特点

(一)交通伤

交通伤占创伤的首要位置。严重的交通伤常可导致人员伤亡,造成伤者多发伤、多发骨折、脊柱脊髓损伤、脏器损伤、开放伤等严重损伤。

(二)坠落伤

随着高层建筑增多,坠落伤的比重逐渐加大。坠落伤通过着地部位直接摔伤和力的传导致伤,以脊柱和脊髓损伤、骨盆骨折为主,也可造成多发骨折、颅脑损伤、肝脾破裂。

(三)机械伤

机械伤以绞伤、挤压伤为主,常导致单侧肢体开放性损伤或断肢、断指、组织挫伤、血管、神经、肌腱损伤和骨折等。

(四)锐器伤

锐器伤的伤口深,易出现深部组织损伤。胸、腹部锐器伤可导致内脏或大血管损伤,出血多,常危及生命。

（五）跌伤

跌伤常见于老年人，造成前臂、骨盆、脊柱压缩性骨折和髋部骨折。青壮年跌伤也可造成骨折。

（六）火器伤

火器伤一般表现为伤口小，但伤口深，常损伤深部组织、器官，也可表现为穿透伤。

二、主要类型

创伤的因素多种多样，全身各种组织、器官都可受到损伤，表现也形式各异。现场救护中应区分以下四种类型。

（一）闭合性损伤

见于钝器伤、跌伤和撞伤，体表无伤口。受伤处肿胀、青紫，可伴有骨折及内脏损伤。内脏损伤和骨折出血可出现休克。

（二）开放性损伤

见于钝器伤和其他严重创伤，体表有伤口，感染机会增加，失血较多。如有大动脉血管损伤，短期内即出现休克，需要立即止血、包扎。伤口较深污染较重时，应注射破伤风抗毒素预防破伤风的发生。

（三）多发伤

同一致伤因素同时或相继造成一个以上部位的严重创伤。多发伤的组织、脏器损伤严重，死亡率高。现场救护要特别注意呼吸、脉搏及脏器损伤的判断，防止遗漏伤情。

（四）复合伤

是由不同致伤原因同时或相继造成的不同性质的损伤，如车祸致伤的同时又受到汽车水箱热水的烫伤。复合伤增加了创伤的复杂性，现场救护要针对不同性质的损伤进行相应救护。

三、现场救护目的

创伤现场环境各种各样，均为突发事件，现场条件差，这些情况给现场救护带来困难。因此，明确现场救护目的，有助于迅速选择救护方法，从而正确救护，防止惊慌失措而延缓抢救。

现场救护通常由"第一目击者"或救护员以及院外急救工作人员完成,是将伤者转院进一步治疗的基础,目的有如下几条。

(一) 抢救、延长伤者生命

伤者由于重要脏器损伤(心脑肺肝脾及颈部脊髓损伤)及大出血导致休克时,可出现呼吸、循环功能障碍。故在循环骤停时,现场救护要立即实施心肺复苏,维持生命,为医院进一步治疗赢得时间。

(二) 减少出血,防止休克

严重创伤或大血管损伤时出血量大。血是生命的源泉,现场救护要迅速用一切可能的方法止血,有效的止血是现场救护的基本任务。

(三) 保护伤口

开放性损伤的伤口要妥善包扎。保护伤口能预防和减少伤口污染,减少出血,保护深部组织,避免进一步损伤。

(四) 固定骨折

现场救护要用最简便有效的方法固定骨折。骨折固定能减少骨折端对神经、血管等组织结构的损伤,同时能缓解疼痛。颈椎骨折如予妥善固定,能防止搬运过程中脊髓的损伤,具有重要意义。

(五) 防止并发症

现场救护过程中要注意防止脊髓损伤、止血带过紧造成缺血坏死,胸外挤压用力过猛造成肋骨骨折,以及骨折固定不当造成血管神经损伤及皮肤损伤等并发症。

(六) 快速转运

用最短的时间将伤者安全地转运到就近医院。

四、现场救护原则

创伤在各种突发状况下发生,现场救护要根据现场条件和伤情采取不同的救护措施。

五、现场检查

创伤现场救护首先要通过快速、简洁的检查对伤情进行正确判断(见图9-1)。

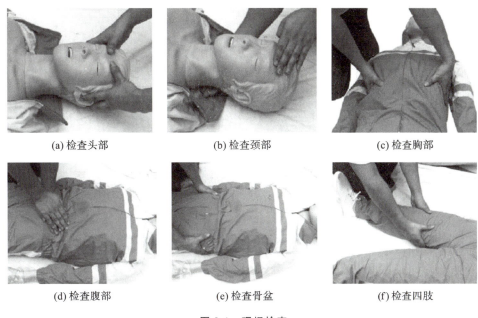

(a) 检查头部　　　　　(b) 检查颈部　　　　　(c) 检查胸部

(d) 检查腹部　　　　　(e) 检查骨盆　　　　　(f) 检查四肢

图 9-1　现场检查

(1) 检查伤者意识。

(2) 伤者平卧位,救护员双腿跪于伤者右侧。

(3) 检查呼吸、循环体征。

(4) 检查伤口。观察伤口部位、大小、出血量。

(5) 检查头部。用手轻轻触摸头颅,检查有否出血、骨折、肿胀;检查耳道、鼻孔,有无血液或脑脊液流出,如有考虑为颅骨骨折。

(6) 检查脊柱及脊髓功能。令伤者活动手指和脚趾,如无反应考虑为神经系统受损。保持伤者平卧位,用手指从上到下按压颈部后正中,询问是否有压痛,如有即为颈椎骨折;保持脊柱轴线位侧翻伤者,用手指从上到下沿后正中线按压,询问是否有疼痛,如有即为脊柱骨折。

(7) 检查胸部。询问疼痛部位,观察胸廓的呼吸运动、胸部形状。救护员双手放在伤者的胸部两侧,然后稍加用力挤压伤者胸部,如有疼痛即为肋骨骨折。

(8) 检查腹部。观察有无伤口、内脏脱出及腹部压痛部位。

(9) 检查骨盆。询问疼痛部位,双手挤压伤者的骨盆两侧,如有疼痛即为骨折。

(10) 检查四肢。询问疼痛部位,观察是否有肿胀、畸形,如有即为骨折。手握腕部或踝部轻轻摆动,观察有否异常活动,如有即为骨折。

六、现场救护程序

创伤作为突发性事件,现场救护情况错综复杂,尤其是同时有多人受伤、多发伤、复合伤等严重创伤时,现场救护更需要快速、有效、有的放矢、有条不紊地进行。下列程序有助于救护人员做到这一点。

（1）了解致伤因素，如交通伤、突发事件，判断危险是否已解除。

（2）及时呼救，拨打急救电话。

（3）观察救护环境，选择就近、安全、平坦的救护场地。

（4）按正确的搬运方法使伤者脱离现场和危险环境。

（5）置伤者于适合体位。

（6）迅速判断伤情，首先判断神志、呼吸、心跳、脉搏是否正常，是否有大出血，然后依次判断头部、脊柱、胸部、腹部、骨盆、四肢活动情况、受伤部位、伤口大小、出血量、是否有骨折。如同时有多个伤者，要做基础的检伤分类，分清轻伤、重伤。

（7）有呼吸、心跳停止时，先抢救生命，立即进行心肺复苏，如具备吸氧条件，应立即予以吸氧。

（8）有大血管损伤出血时，应立即止血。

（9）包扎伤口。先包扎头、胸、腹部伤口，然后包扎四肢伤口。

（10）有四肢瘫痪，考虑有颈椎骨折、脱位时，先固定颈部。

（11）固定四肢。

（12）安全、有监护地迅速转运。

第二节　创伤止血

在各种突发创伤中，常有外伤大出血的紧张场面。因此，止血是创伤现场救护的基本任务。有效地止血能减少出血，保存有效血容量，防止休克的发生。因此，现场及时有效地止血，是挽救生命，降低死亡率，为病人赢得进一步治疗的重要技术。

然而，现场救护条件较差，要想做到既能因地制宜就地取材，又能有效止血，而且使用的止血方法又不会伤及肢体，就必须学习相关的知识和技能，一旦遇到伤者，才能在现场有条不紊地实施救护。

一、概述

血液是维持生命的重要物质。成人的血液约占自身体重的8%，止血的目的是控制出血，保存有效的血容量，防止休克，挽救生命。

（一）失血量估计

失血的速度和数量是影响伤者健康和生命的重要因素。突然失血占全身血容量20%（约800 mL）以上时，可造成轻度休克，脉搏增快，可达100次/min；失血20%～40%（800～1600 mL）时，可造成中度休克，脉搏100～120次/min以上；失血40%（1600 mL）以上时，可造成重度休克，脉搏细而弱，摸不清。

（二）全身主要动脉分布部位

颈动脉是供应脑的动脉，位于颈部胸锁乳突肌内侧。颞浅动脉位于耳屏前方。

躯干血管粗大，一般位于躯干的深处，不易受损。盆腔内的血管丰富，动脉多在脏器周围形成网，静脉形成丛。

上肢的主干动脉为肱动脉，在上臂中部肱二头肌内侧可摸到搏动；肱动脉在肘窝处分支，沿前臂外侧行走为桡动脉，沿前臂内侧行走为尺动脉。

下肢的主干动脉为股动脉，经腹股沟韧带中点内侧的深部，沿大腿前内侧下降，至膝关节后面的腘窝处延续为腘动脉。在大腿根部，腹股沟韧带中点稍内侧的下方，可触及股动脉搏动。静脉与同名动脉伴行。在手背、足背静脉丰富，形成手背、足背静脉网。

二、出血类型

（一）根据出血部位不同分类

1. 皮下出血

多因跌、撞、挤、挫伤，造成皮下软组织内出血，形成血肿、淤斑，数天后可自愈。

2. 内出血

内出血是深部组织和内脏损伤，血液流入组织内或体内，形成脏器水肿或积血，从外表看不见，只能根据伤者的全身或局部症状来判断，如面色苍白、吐血、腹部疼痛、便血、脉搏快而弱等来判断胃肠等重要脏器有无出血。内出血对伤者的健康和生命威胁很大，必须密切注意。

3. 外出血

人体受到外伤后血管破裂，血液从伤口流出体外。

（二）根据血管损伤的种类及程度分类

依据血管损伤的种类将出血分为：动脉出血（从伤口喷射而出）、静脉出血（从伤口处缓慢流出）和毛细血管出血（从伤口点状渗出）。

依据血管损伤的程度通常将出血分为三类，可以根据出血的情况和血液的颜色来判断。

1. 小血管损伤出血

位于体表或肢端的表浅伤口仅损伤小血管和毛细血管，出血速度慢，出血量小。损伤的小血管会很快回缩，并通过自身凝血机制形成血栓而自行凝血。这类出血只需包扎伤口即可达到止血目的。

2. 中等血管损伤出血

较深、较大的伤口，如肌肉断裂、碾挫，长骨干骨折，肢体离断等损伤中等动脉，呈活动性出血，出血较多，可出现休克，如救护及时一般不危及生命。采用指压、包扎止血法可达到止血目的，必要时可上止血带。

3. 大血管断裂出血

颈动脉、股动脉、腋动脉断裂出血呈喷射性,肝脾破裂、骨盆骨折出血量较大,短期内出现休克,甚至死亡。大血管损伤时指压止血是挽救伤者生命的关键措施,可以结合包扎止血法止血。现场急救的同时要紧急呼叫 EMS 并特别说明伤势。

三、失血症状

无论是外出血还是内出血,失血量较多时,伤者面色苍白、口渴、冷汗淋漓、手足发凉、软弱无力、呼吸紧迫、心慌气短。检查时,脉搏快而弱以至摸不到,血压下降,表情淡漠,甚至神志不清。

四、止血材料

常用的止血材料有无菌敷料、创可贴、气囊止血带、表带式止血带。除此之外有就地取材所用的布料止血带,如用三角巾、毛巾、手绢、布料、衣物等可折成三指宽的宽带以应急需。禁止用电线、铁丝、绳子等替代止血带。

(一)敷料

敷料用来覆盖伤口,为无菌敷料。如没有无菌敷料,可以用干净的毛巾、衣物、布、餐巾纸等替代。目的为控制出血,吸收血液并引流液体,保护伤口,预防感染。

敷料的种类有如下几种。

(1)纱布垫。有大小不同的无菌纱布垫。有的纱布垫涂有药物层,用于处理不同的伤口,如吸附烧伤表面的液体分泌物。

(2)创可贴。是无菌敷料和绷带的结合。

(3)创伤敷料。为大而厚的具有吸收能力的无菌敷料。敷料要比伤口大 3 cm。有厚度、柔软性并对伤口产生均匀的压迫。

(二)止血带

用宽的、扁平的布制材料止血带,有条件时尽可能用医用气囊止血带、表带式止血带。

五、止血方法

止血的方法有包扎止血、加压包扎止血、指压止血、加垫屈肢止血、填塞止血、止血带止血。一般的出血可以使用包扎、加压包扎法止血。四肢的动、静脉止血,如使用其他的止血法能止血的,就不用止血带止血。操作要点如下。

(1)尽可能戴上医用手套,如无,用敷料、干净布片、塑料袋、餐巾纸作为隔离层。

(2) 脱去或剪开伤者的衣服,暴露伤口,检查出血部位。
(3) 根据伤口出血的部位,采用不同的止血法止血。
(4) 不要对嵌有异物或骨折断端外露的伤口直接压迫止血。
(5) 不要去除血液浸透的敷料,而应在其上另加敷料并保持压力。
(6) 肢体出血应将受伤区域抬高到超过心脏的高度。
(7) 如必须用裸露的手进行伤口处理,在处理完成后,尽快用肥皂清水洗手并消毒。
(8) 止血带在万不得已的情况下方可使用。

(一) 包扎止血

表浅伤口出血损伤小血管和毛细血管时,出血少,适合用包扎止血方法。

1. 粘贴创可贴止血
将创可贴的一边粘贴在伤口的一侧,然后向对侧拉紧粘贴另一侧。

2. 敷料包扎止血
将敷料、纱布覆盖在伤口上,敷料、纱布要有足够的厚度,覆盖面积要超过伤口至少 3 cm。可选用不黏伤口、吸收性强的敷料。

3. 就地取材止血
选用三角巾、手帕、纸巾、清洁布料等包扎止血。

(二) 加压包扎止血

适用于全身各部位的小动脉、静脉、毛细血管出血。用敷料或其他洁净的毛巾、手帕、三角巾等覆盖伤口,加压包扎达到止血目的。

1. 直接加压法
(1) 使伤者处于卧位,抬高伤肢(骨折除外)。
(2) 检查伤口是否有异物,如无异物,用敷料覆盖伤口,敷料要超过伤口至少 3 cm,如果敷料已被血液浸湿,再加上另一敷料。
(3) 用手施加压力直接压迫 5～10 min。
(4) 有条件尽早用绷带、三角巾等包扎。

2. 间接加压法
(1) 使伤者处于卧位。
(2) 若伤口有异物,须在伤口边缘将异物固定。
(3) 用绷带加压包扎。

(三) 指压止血法

用手指压迫伤口近心端的动脉,阻断动脉血运,能有效地达到快速止血目的。指压止血法用于出血多的伤口。操作要点:①准确掌握动脉压迫点;②保持伤处肢体抬高;③压迫力度要适中,以伤口不出血为准;④压迫 10～15 min,仅是短时急救止血。

1. 颞浅动脉压迫点
用于头顶部出血,一侧头顶部出血时,在同侧耳前,对准耳屏上前方 1.5 cm 处,用拇指压迫颞浅动脉止血。

2. 肱动脉压迫点

肱动脉位于上臂中段内侧,位置较深。前臂及手出血时,在上臂中段的内侧摸到肱动脉脉搏动后,用拇指按压可止血。

图9-2 桡、尺动脉压迫点

3. 桡、尺动脉压迫点

桡、尺动脉在腕部掌面两侧。腕及手出血时,同时按压桡、尺两条动脉方可止血(见图9-2)。

4. 股动脉压迫点

在腹股沟韧带中点偏内侧的下方能摸到股动脉的强大搏动,用拇指或掌根向外上压迫,用于下肢大出血。股动脉在腹股沟处位置表浅,该处损伤时出血量大,要用双手拇指同时压迫出血的远近两端。压迫时间也要延长。如转运时间长可试行加压包扎(见图9-3)。

5. 腘动脉压迫点

在腘窝中部摸到腘动脉搏动后用拇指向腘窝深部压

(a) 按压股动脉互救手法

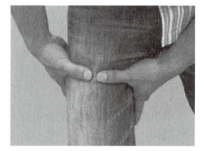

(b) 按压股动脉自救手法

图9-3 股动脉压迫点

迫,用于小腿及以下严重出血。

6. 胫前、后动脉压迫点

足部出血,可压迫胫前动脉和胫后动脉。用两手的拇指分别按压于内踝与跟骨之间和足骨皮肤皱纹的中点(见图9-4)。

7. 指(趾)动脉压迫点

用拇指和食指紧压住指趾的两侧(见图9-5)。

(四)加垫屈肢止血

对于外伤出血量较大,肢体无骨折损伤者,用此法。注意肢体远端的血液循环,每隔50 min缓慢松开3～5 min,防止肢体坏死。

1. 上肢加垫屈肢止血

(1) 前臂出血:在肘窝处放置纱布垫或毛巾、衣物等物,肘关节屈曲,用绷带或三角巾将屈肘位固定。

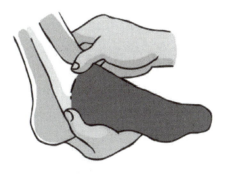 

图 9-4　胫前、后动脉压迫点　　　　　　　图 9-5　指动脉压迫点

(2) 上臂出血：在腋窝加垫，使前臂屈曲于胸前，用绷带或三角巾将上臂固定在胸前。

2. 下肢加垫屈肢止血(见图 9-6)

(1) 小腿出血：在腘窝加垫，膝关节屈曲，用绷带或三角巾将屈膝位固定。

(2) 大腿出血：在大腿根部加垫，屈曲髋、膝关节，用三角巾或绷带将腿与躯干固定。

(五) 填塞止血

对于伤口较深较大，出血多，组织损伤严重的应紧急现场救治。用消毒纱布、敷料(如无，用干净的布料替代)填塞在伤口内，再用加压包扎法包扎(见图 9-7)。

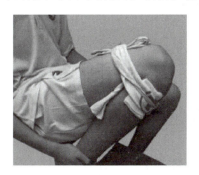 

图 9-6　下肢加垫屈肢止血　　　　　　　图 9-7　填塞止血

(六) 止血带止血

四肢有大血管损伤，或伤口大、出血量多时，采用以上止血方法仍不能止血，方可选用止血带止血的方法。操作要点：①肢体上止血带的部位要正确；②上止血带部位要有衬垫；③记录上止血带的时间，每隔 40～50 min 放松一次，每次 3～5 min；④放松止血带期间，要用指压法、直接压迫法止血，以减少出血。

1. 气囊止血带止血

(1) 在上臂的上 1/3 段或大腿中上段垫好衬垫(绷带、毛巾、平整的衣物等)。

(2) 将止血带缠在肢体上，为防止止血带松脱，上止血带后再缠几圈绷带加强。

(3) 打开充气阀开关，用充气杆充气至压力表指针到 300 mmHg(上肢)或 600 mmHg(下肢)。

(4) 然后关紧充气阀,记录时间及压力值。

2. 表带式止血带(见图9-8)

(1) 将伤肢抬高,将上臂的上1/3段或大腿中上段垫好衬垫(绷带、毛巾、平整的衣物等)。

(2) 将止血带缠在肢体上,一端穿进扣环,并拉紧至伤口不出血为度。

(3) 最后记录止血带安放时间。

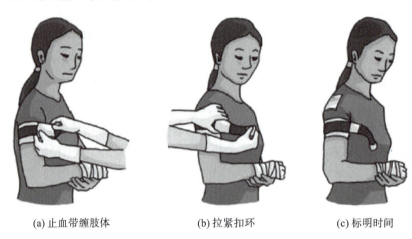

(a) 止血带缠肢体　　　　(b) 拉紧扣环　　　　(c) 标明时间

图9-8　表带式止血带

3. 布料止血带(见图9-9)

仅限于在没有上述两种止血带的紧急情况时临时使用。因布料止血带弹性差,止血效果不理想。止血带如果过紧会造成肢体损伤或缺血坏死,因此,仅可谨慎短时间使用。禁忌用钢丝、绳索、电线等作为止血带使用。操作要点如下。

(1) 将三角巾或床单等布料折叠成带状,在上臂的上1/3段或大腿中上段垫好衬垫(绷带、毛巾等)。

(2) 用制好的布料带在衬垫上加压绕肢体一周,两端向前拉紧,打一个活结。

(3) 取绞棒插在布带的外圈内,提起绞棒绞紧。

(4) 将绞紧后的棒的另一端插入活结小圈内固定。

(5) 最后记录止血带安放时间,定时放松止血带,放松时用其他方法临时止血。

(七) 不同部位的止血法

1. 颈动脉损伤

颈动脉损伤出血首先用指压止血,用大拇指压迫出血的下段,再用无菌纱布填塞伤口,并迅速拨打急救电话。转运时间长时,可用大块干净布料或多条三角巾卷成团,压在出血部位。使伤者头部向出血侧侧屈,同侧上臂抬高,压迫颈部,用绷带或三角巾等经头及上臂缠绕固定。

2. 腹股沟处股动脉损伤

迅速用指压止血法止血,转运时间长时,用大块干净布料或多条三角巾卷成团,压在

(a) 止血带缠肢体

(b) 打活结，穿绞棒

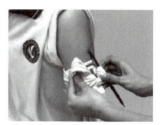
(c) 绞紧布带

(d) 固定绞棒

(e) 标明时间

图 9-9　布料止血带

出血部位，充分屈曲髋、膝关节压迫血管，三角巾将腿和腰部缠绕固定。

3. 腘窝处腘动脉损伤

迅速用指压止血法止血后，用大块干净布料卷团压在腘窝处，将膝关节屈曲，用绷带、三角巾固定。如止血不完全，可在大腿用止血带。

4. 头部伤口出血

头皮血管丰富，损伤后出血多，不易止血。纱布压在伤口上，将尼龙头套套在头上或用绷带、三角巾等包扎。

5. 手指伤口出血

手指两侧有两条小动脉供血，血运丰富。用拇指和食指掐住伤指根部两侧的指动脉，用一块小纱布压在伤口上，用尼龙指套套在伤口上固定纱布，或用绷带缠绕固定。可用纸巾、手帕或其他布料代替纱布和绷带。

6. 深部伤口出血

伤口较深较大，组织损伤严重，可能损伤中等血管，出血多。将纱布打开，轻轻塞进伤口，将伤口填实，压迫止血，用纱布覆盖伤口，用绷带绕肢体加压包扎。如出血严重可加用止血带，可用三角巾或其他干净布料代替纱布、绷带。

（八）注意事项

（1）首先要准确判断出血部位及出血量，决定采取何种止血方法。

（2）大血管损伤时常需几种方法联合使用。颈动脉和股动脉损伤出血猛，首先要采用指压止血法，并及时拨打急救电话。转运时间长时应行加压包扎法止血。

（3）无论使用哪种止血带均要记录时间，注意定时放松，放松止血带要慢，防止再出血。

（4）布料止血带因弹性差，要特别注意防止肢体损伤，不可一味增加压力。

第三节 现场包扎

快速、准确地将伤口用创可贴、尼龙网套、纱布、绷带、三角巾或其他现场可以利用的布料等包扎，是外伤救护的重要一环。它可以起到快速止血、保护伤口、防止进一步污染、减轻疼痛的作用，有利于转运和进一步治疗。

一、概述

伤口是细菌侵入人体的门户，如果伤口被细菌感染，就可能引起化脓或并发败血症、气性坏疽、破伤风，严重损害健康，甚至危及生命。所以，受伤以后，如果没有条件做清创手术，在现场要进行包扎。

包扎的目的：保护伤口，防止进一步污染，减少感染机会；减少出血，预防休克；保护内脏和血管、神经、肌腱等重要解剖结构。

二、伤口种类

（一）割伤

组织被刀、玻璃等锋利的物品整齐切开，如伤及大血管，伤口大量出血（见图9-10）。

图9-10　割伤

（二）淤伤

由于受硬物撞击或压伤、钝物击伤，使皮下组织出血，伤处淤肿（见图9-11）。

（三）刺伤

被尖锐的小刀、针、钉子等刺伤，伤口小而深，易引起内层组织受损（见图9-12）。

（四）枪伤

子弹可穿过身体而出，或停留体内，因此，身体可见1～2个伤口。体内组织、脏器等受伤（见图9-13）。

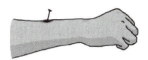 

图 9-11　淤伤　　　　图 9-12　刺伤　　　　图 9-13　枪伤

（五）挫裂伤

伤口表面参差不齐，血管撕裂出血，并黏附污物。

三、伤口判断

现场处理时，要仔细检查伤口的位置、大小、深浅、污染程度及异物特点。
（1）伤口深，出血多，可能有血管损伤。
（2）胸部伤口可能有气胸。
（3）腹部伤口可能有肝脾或肠胃损伤。
（4）肢体畸形可能有骨折。
（5）异物扎入人体可能损伤大血管、神经或主要脏器。

四、包扎材料

常用的包扎材料有创可贴、尼龙网套、三角巾、弹力绷带、纱布绷带、胶条及就地取材如毛巾、头巾、衣服等。

（一）创可贴

有各种大小不同规格，弹力创可贴适用于关节部位损伤。

（二）绷带

卷状绷带具有不同的宽度、长度及不同的材料。如用于手指、手腕、上肢等身体不同部位损伤可选用不同宽度的绷带。纱布绷带利于伤口渗出物的吸收，高弹力绷带用于关节部位损伤。一头卷起的为单头带，两头同时卷起的为双头带，把绷带两端用剪刀剪开即为四头带。

（三）就地取材

干净的衣物、毛巾、床单、领带等作为临时性的包扎材料。

(四) 胶带

具有多种宽度,呈卷状,用于固定绷带、辅料块。对一般胶带过敏的,应采用纸胶带。

(五) 三角巾

(1) 三角巾展开形态规格。底边为 135 cm,两斜边均为 85 cm,有顶角与两个底角。

(2) 折叠成条形。即先把三角巾的顶角折向底边中央,然后根据需要折叠成三横指或四横指宽窄的条带。

(3) 燕尾式。将三角巾的两底角对折重叠,然后将两底角错开,并形成夹角。燕尾巾的夹角大小,可根据包扎部位的不同而定。

(4) 环形圈垫。用三角巾折成带状或用绷带的一端在手指周围缠绕两次,形成环状,将另一端穿过此环,并反复缠绕拉紧。

五、包扎要求与操作要点

(一) 要求

包扎伤口动作要快、准、轻、牢。包扎时部位要准确、严密、不遗漏伤口;包扎动作要轻,不要碰撞伤口,以免增加伤者的疼痛和出血;包扎要牢靠,但不宜过紧,以免妨碍血液畅通和压迫神经。

(二) 操作要点

(1) 尽可能带上医用手套,如无,用敷料、干净布片、塑料袋、餐巾纸作为隔离层。

(2) 脱去或剪开伤者的衣服,暴露伤口,检查伤情。

(3) 伤口封闭要严密,防止污染伤口。

(4) 动作要轻巧而迅速,部位要准确,伤口包扎要牢固,松紧适宜。

(5) 不用水冲洗伤口(化学伤除外)。

(6) 不要对嵌有异物或骨折断端外露的伤口直接包扎。

(7) 不要在伤口上用消毒剂或消炎粉。

(8) 如必须用裸露的手进行伤口处理,处理完成后,清洁消毒手部。

六、包扎方法

(一) 尼龙网套、自黏创可贴包扎法

用于表浅伤口、头部及手指伤口的包扎。现场使用方便、有效。

1. 尼龙网套包扎

尼龙网套具有良好的弹性,使用方便,头部及肢体均可用其包扎。先用敷料覆盖伤口,再将尼龙网套套在敷料上。

2. 自黏性各种规格的创可贴

自黏创可贴透气性能好,还有止血、消炎、止疼、保护伤口等作用,使用方便,效果佳。

(二) 绷带包扎法

1. 环行包扎法(见图 9-14)

此法是绷带包扎中最常见的,适用于肢体粗细较均匀处伤口的包扎。操作要点如下:

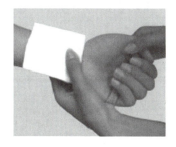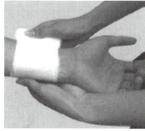

图 9-14 环行包扎法

(1) 先将伤口用无菌敷料覆盖,用左手将绷带固定在敷料上,右手持绷带卷绕肢体紧密缠绕。

(2) 将绷带打开一端稍作倾斜状环绕第一圈,将第一圈斜出的一角压入环形圈内,环绕第二圈。

(3) 加压绕肢体环形缠绕 4～5 层,每圈盖住前一圈,绷带缠绕范围要超出敷料边缘。

(4) 最后用胶布粘贴固定,或将绷带尾从中央纵形剪开形成两个布条,两布条先打一结,然后两者绕肢体打结固定。

2. 回反包扎法(见图 9-15)

适用于头部或断肢伤口包扎。操作要点如下:

(1) 先用无菌敷料覆盖伤口。

(2) 将绷带做环形固定两圈。

(3) 左手持绷带一端于后头中部,右手持绷带卷,从头后向前到前额。

(4) 然后再固定前额处绷带向后反折,反复呈放射状反折,直至将敷料完全覆盖。

图 9-15 回反包扎法

(5) 最后环形缠绕两圈,将上述反折绷带端固定。

3. "8"字包扎法(见图 9-16)

手掌、踝部和其他关节处伤口用"8"字绷带包扎,选用弹力绷带。操作要点如下:

(1) 先用无菌敷料覆盖伤口。

图 9-16 "8"字包扎法

(2) 包扎脚时从踝部开始,先环形缠绕两圈,然后经脚和踝"8"字形缠绕。

(3) 最后绷带尾端在踝部固定。

4. 螺旋包扎法

适用于上肢、躯干的包扎。先用无菌敷料覆盖伤口;将绷带做环形缠绕两圈,从第三圈开始,环绕时压住上圈的1/2或1/3,最后用胶布粘贴固定。

5. 螺旋反折包扎法(见图 9-17)

适用于粗细不等部位的包扎,如小腿、前臂等。操作要点如下。

(1) 先用环形法固定始端。

(2) 螺旋方法每圈反折一次,反折时,以左手拇指按住绷带上面的正中处,右手将绷带向下反折,向后绕并拉紧,反折处不要在伤口上。

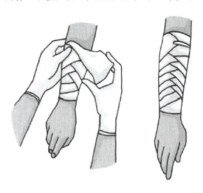

图 9-17 螺旋反折包扎法

(三) 三角巾包扎法

使用三角巾时,注意边要固定,角要抓紧,中心伸展,敷料贴实。在应用时可按需要折叠成不同的形状,运用于不同部位的包扎。下面介绍几种三角巾包扎法的操作要点。

1. 头顶帽式包扎法(见图 9-18)

(1) 将三角巾的底边叠成约两横指宽,边缘置于伤者前额齐眉,顶角向后拉盖于脑后。

(2) 三角巾的两底角经两耳上方拉向头后部交叉并压住顶角,再绕回前额相遇时打结。

(3) 顶角拉紧,掖入头后部交叉处内。

2. 肩部包扎法

(1) 单肩(见图 9-19)

1) 三角巾折叠成燕尾式,燕尾夹角约90°,大片在后压小片,放于肩上,燕尾夹角对准侧颈部。

2) 燕尾底边两角包绕上臂上部并打结。

3) 拉紧两燕尾角,分别经胸、背部至对侧腋下打结。

(2) 双肩

1) 三角巾折叠成燕尾式,燕尾夹角约120°。

2) 燕尾披在双肩上,燕尾夹角对准颈后正中部。

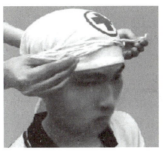
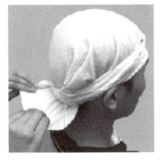
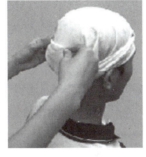
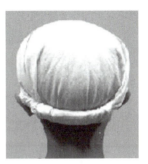

图 9-18 头部帽式包扎法

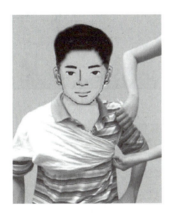
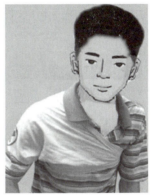

图 9-19 单肩包扎法

3) 燕尾角过肩,由前往后包肩于腋下,与燕尾底边打结。

3. 胸部包扎法(见图 9-20)

(1) 三角巾折叠成燕尾式,燕尾夹角约 100°,置于胸前,夹角对准胸骨上凹。

(2) 两燕尾角过肩于背后,将燕尾顶角系带,围胸在背后打结。

(3) 然后将一燕尾角系带拉紧绕横带后上提,再与另一燕尾角打结。

(4) 背部包扎时,把三角巾燕尾调到背部即可。

4. 腹部包扎法(见图 9-21)

(1) 三角巾底边向上,顶角向下横放在腹部,两顶角围绕到腰部后打结。

(2) 顶角由两腿间拉向后面与两底角连接处打结。

5. 单侧臀部包扎法

(1) 三角巾叠成燕尾式,夹角约 60°朝下对准外侧裤线。

图 9-20　胸部包扎法

 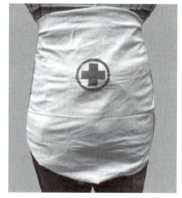

(a) 侧腹部包扎法　　　　　　　　(b) 全腹部包扎法

图 9-21　腹部包扎法

（2）伤侧臀部的后大片压着前面的小片。
（3）顶角与底边中央分别过腹腰部到对侧打结。
（4）两底角包绕伤侧大腿根打结。

6. 手（足）包扎法（见图 9-22）

（1）三角巾展开，手指或足趾尖对向三角巾的顶角，手掌或足平放在三角巾的中央。
（2）指缝或足缝间插入敷料。
（3）将顶角折回，盖于手背或足背，两底角分别围绕到手背或足背交叉。
（4）再在腕部或踝部围绕一圈后在手背或足背打结。

7. 膝部带式包扎法（见图 9-23）

（1）将三角巾折叠成适当宽度的带状。
（2）将中段斜放于伤部，两端向后缠绕，返回时两端分别压住中段上下两边。
（3）包绕肢体一周打结。

8. 悬臂带悬吊（见图 9-24）

（1）小悬臂带悬吊：用于锁骨、肱骨骨折及上臂、肩关节损伤。操作要点如下。

1）将三角巾折叠成适当宽带，中央放在前臂的下 1/3 处。
2）一底角于健侧肩上，另一底角于伤侧肩上并绕颈与健侧底角打结。

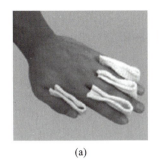
　　　(a)
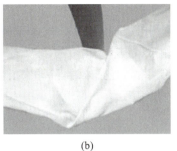
　　　(b)
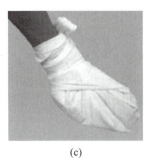
　　　(c)

图 9-22　手(足)包扎法

图 9-23　膝部带式包扎法

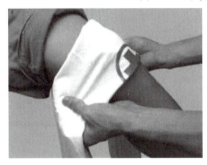
(a) 小悬臂带悬吊

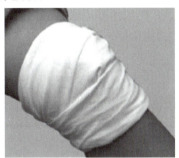
(b) 大悬臂带悬吊

图 9-24　悬臂带悬吊

3) 将前臂悬吊于胸前。

(2) 大悬臂带悬吊：用于前臂、肘关节的损伤。操作要点如下。

1) 将三角巾顶角对着伤肢肘关节。

2) 一底角置于健侧胸部过肩于背后。

3) 伤臂屈肘(功能位)放在三角巾中部,另一底角包绕伤臂反折至伤侧肩部。

4) 两底角在颈后打结,顶角向肘前反折,用别针固定。

5) 将前臂悬吊于胸前。

(四) 注意事项

(1) 伤口上要加盖敷料,不要在伤口上应用弹力绷带。

(2)不要将绷带缠绕过紧,经常检查肢体血运。

(3)有绷带过紧的体征时,如手、足的甲床发紫,绷带缠绕肢体远心端皮肤发紫,有麻木感或感觉消失,应立即松开绷带,重新包扎。

(4)包扎时不要将绷带缠绕手指、足趾末端,除非有损伤。因为此处在循环不良时需观察甲床颜色变化。

第四节 现场骨折固定

一、骨折判断

(一)局部淤血肿胀

出血和骨折端的错位、重叠,都会使伤处呈现淤血肿胀。

(二)剧烈疼痛

突出表现是剧烈疼痛,受伤处有明显的压痛点,移动时有剧痛,安静时则疼痛减轻。根据疼痛的轻重和压痛点的位置,可以大体判断是否骨折和骨折的部位。

(三)畸形

无移位的骨折只有疼痛没有畸形,但局部可有肿胀或血肿。发生完全骨折时有些骨折部位肢体会发生畸形。

(四)功能障碍

功能障碍指原有的运动功能受到影响或完全消失。可对循环、神经损伤进行检查:上肢损伤检查桡动脉有否搏动,下肢损伤检查足背动脉有否搏动;触压伤者的手指或足趾,询问有何感觉,手指或足趾能否自主活动。

二、骨折类型

(一)根据骨折断端与外界是否相通分类

1. 闭合性骨折

骨折断端与外界或体内空腔脏器不相通。骨折处的皮肤没有破损。

2. 开放性骨折

骨折断端与外界或体内空腔脏器相通。骨折局部皮肤破裂损伤,骨折端与外界空气接触,暴露在体外。

(二) 根据骨折的程度分类

1. 完全性骨折

骨完全断裂。骨断裂成 3 块以上的碎块又称为粉碎性骨折。

2. 不完全性骨折

骨未完全断裂。

3. 嵌顿性骨折

骨折两端断骨相嵌在一起。

三、固定材料

(一) 脊柱部位固定器材

1. 设备运用

(1) 颈托:为颈部固定器。将受伤颈部尽量制动,保护受伤的颈椎免受进一步损害。应用方法如下(见图 9-25)。

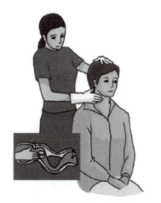 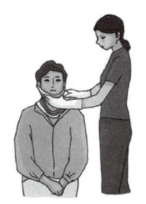

(a) 测颈部高度,选颈托　　　　(b) 上颈托并固定

图 9-25　利用颈托固定

1) 救护员位于伤者的背后,用手固定伤者头部于正中位。
2) 选择颈托,将手指并拢,小指侧置于伤者的肩峰,测量到颌骨角下距离的手指宽度。
3) 将手指宽度置于颈托边缘,调节颈托于合适高度。
4) 上颈托时先将固定红点对准一侧下颌角。
5) 固定颈托于下颌部,另一侧从颈后环绕,与另一端粘贴固定。

(2) 铝芯塑性夹板:将夹板弯曲,用来固定颈椎。

（3）脊柱板、头部固定器：脊柱板是由一块纤维板或木板制造而成，长约 180 cm，板四周有相对的孔用于固定带的固定、搬运。脊柱板应用中要配合颈托、头部固定器及固定带。适用于脊柱受伤者。

（4）躯干夹板：专用于狭窄或细小的空间，一般用于坐位的脊柱损伤者。佩戴颈托，保持伤者的躯干、头部和脊柱处于正中位置。如将伤者从汽车座位中抬出。应用方法如下。

1）戴上颈托，确保颈部制动。

2）将躯干夹板放于伤者的背后，其正中位置紧贴脊柱。

3）围住伤者身体，上端贴住腋窝。

4）躯干夹板上的固定带绕过身体前面固定套在另一边扣上。

5）依次绑好前额、下颌、胸前的绑带，将髋骨、膝部、足部固定。

2. 现场制作

（1）用报纸、毛巾、衣物卷成卷，从颈后向前围于颈部。颈套粗细以围于颈部后限制下颌活动为宜。

（2）表面平坦的木板、床板，以大小超过伤者的肩宽和人体高度为宜，配有绷带及布带用于固定。

（二）夹板类

1. 设备运用

（1）充气式夹板：此为塑料制品。用于四肢骨折，也可用于止血、防止进一步感染和水肿。救护员先将夹板套于伤肢，拉上拉链，再将夹板气囊阀门拉起拉开，口吹气至膨胀坚硬，再同时将气囊阀门下压即关闭阀门。解脱夹板先将气阀上拉，再拉开拉链。

（2）铝芯塑性夹板：用于四肢骨折，可调节夹板的长度。

（3）四肢各部位夹板：分有上臂、前臂、大腿、小腿的固定板，并带有衬垫和固定带。

（4）锁骨固定带：用于锁骨骨折固定。

（5）小夹板：用于肢体的骨折固定，对肢体不同部位有不同组合的夹板，对局部皮肤肌肉损伤小。

2. 现场制作

可用杂志、硬纸板、木板块、折叠的毯子、树枝、雨伞等作为临时夹板。

3. 自体固定（骨折现场）

将受伤上肢缚在胸廓上，将受伤下肢固定于健肢上。

四、固定原则

（1）首先检查意识、呼吸、脉搏及处理严重出血。

（2）用绷带、三角巾、夹板固定受伤部位。

（3）固定时，夹板的长度应能包括骨折断端的上、下两个关节。

（4）如骨折断端暴露，不要拉动，不要送回伤口内。

（5）暴露肢体末端以便观察血运。
（6）固定伤肢后，如可能应将伤肢抬高。
（7）如现场对生命安全有威胁要移至安全区再固定。
（8）预防休克。

五、固定方法

（一）概述

要根据现场的条件和骨折的部位采取不同的固定方式。固定要牢固，不能过松、过紧。在骨折和关节突出处要加衬垫，以加强固定和防止皮肤压伤。根据伤情选择固定器材，如以上提到的一些器材，也可根据现场条件就地取材。操作要点如下。

（1）置伤者于适当位置，就地施救。
（2）夹板与皮肤、关节、骨突出部位加衬垫，固定时操作要轻。
（3）先固定骨折的上端，再固定下端，绑带不要系在骨折处。
（4）前臂、小腿部位的骨折，尽可能在损伤部位的两侧放置夹板固定，以防止肢体旋转及避免骨折断端相互接触。
（5）固定后，上肢为屈肘位，下肢呈伸直位。
（6）应露出指（趾）端，便于检查末梢血运。

（二）锁骨骨折

锁骨骨折多由摔伤或车祸引起。可见锁骨变形，有血肿，肩部活动时疼痛加重。

1. 锁骨固定

（1）伤者坐位，双肩向后正中线靠拢。
（2）安放锁骨固定带。

2. 前臂悬吊固定

如无锁骨固定带，现场可不做"8"字固定，因不了解骨折类型，尽量减少对骨折的刺激，以免损伤锁骨下血管，只用三角巾屈肘位悬吊上肢即可，如无三角巾可用围巾代替，或用自身衣襟反折固定。

（三）上肢骨折

1. 肱骨干骨折

肱骨干骨折由摔伤、撞伤和击伤所致。可见上臂肿胀、淤血、疼痛，有移位时出现畸形，上肢活动受限。桡神经紧贴肱骨干，易损伤。固定时，骨折处要加厚垫保护以防止桡神经损伤（见图9-26）。

（1）铝芯塑性夹板固定
1）按上臂长度将夹板制成U形，屈肘位套于上臂，用绷带缠绕固定。

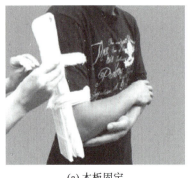 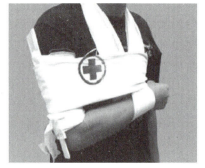

(a) 木板固定　　　　　　　　(b) 小悬带悬吊

图 9-26　肱骨干骨折固定

2）前臂用绷带或三角巾悬吊于胸前。

3）指端露出,检查甲床血液循环。

（2）木板固定

1）两块木板,一块木板放于上臂外侧,从肘部到肩部,另一块放于上臂内侧,从肘部到腋下。

2）放衬垫,用绷带或三角巾固定上下两端,屈肘位悬吊前臂。

3）指端露出,检查甲床血液循环。

（3）纸板固定

现场如无小夹板和木板可用纸或杂志、书本代替,应用方法如下。

1）将纸板或杂志的上边剪成弧形,将弧形边放于肩部包住上臂。

2）用布带捆绑固定,可起到暂时固定作用,固定后同样屈肘位悬吊前臂。

3）指端露出,检查甲床血液循环。

（4）躯干固定

现场无夹板或其他可利用物时,则用三角巾或宽布带将上臂固定于胸廓,应用方法如下。

1）用宽布带或将三角巾折叠成宽带后通过上臂骨折上、下端,绕过胸廓在对侧打结固定。

2）屈肘 90°前臂悬吊于胸前。

2. 肱骨髁上骨折

肱骨髁上骨折位置低,接近肘关节,局部有肱动脉和正中神经,容易损伤。骨折后局部肿胀、畸形,肘关节半屈位。肱骨髁上骨折现场不宜用夹板固定,因可增加血管神经损伤的机会。

（1）方法一:直接用三角巾或围巾等固定于胸部,适用于肘部不可屈曲的情况下(见图 9-27)。

（2）方法二:前臂悬吊于半屈位。

3. 前臂骨折

前臂骨折可为桡骨或尺骨骨折,或尺桡骨双骨折。前臂骨折相对稳定,血管神经损伤机会较小。可见前臂疼痛、肿胀,不能旋转。

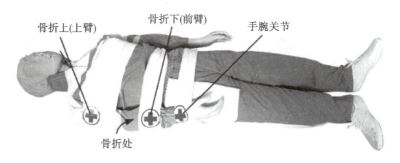

图 9-27　肱骨髁上骨折固定

（1）充气夹板固定　将充气夹板套于前臂，通过充气孔充气固定。

（2）夹板固定（见图 9-28）。

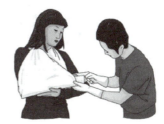

(a) 固定骨折上、下端　　　(b) 大悬带悬吊伤肢　　　(c) 检查甲床血液循环

图 9-28　前臂骨折夹板固定

1）用两块木板固定，加垫，分别置于前臂的外侧、内侧，用三角巾或绷带捆绑固定。

2）屈肘位大悬臂吊于胸前。

3）指端露出，检查甲床血液循环。

（3）杂志、书等固定（见图 9-29）

1）可用书本垫于前臂下方，超过肘关节和腕关节，用布带捆绑固定。

2）屈肘位大悬臂吊于胸前。

3）指端露出，检查甲床血液循环。

（四）下肢骨折

1. 大腿骨折

大腿骨干粗大，骨折常由巨大外力，如车祸、高空坠落及重物砸伤所致，损伤严重，出血多，易出现休克。骨折后大腿肿胀、疼痛、变形或缩短，不能抬腿，不能行走及站立。

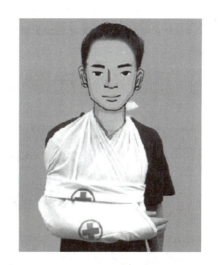

图 9-29　前臂骨折无夹板固定

（1）木板固定（见图 9-30）

1）用两块木板，一块长木板从伤侧腋窝到外踝，一块短木板从大腿根部内侧到内踝。

2）在腋下、膝关节、踝关节骨突部放棉垫保护，空隙处用柔软物品填实。

3）用 7 条宽带固定，先固定骨折上下两端，然后固定膝、踝、腋下和腰部，如只有一块

(a) 两块木板固定

(b) 一块木板固定

(c) 检查血液循环

图 9-30　大腿骨折木板固定

夹板则放于伤腿外侧，从腋下到外踝，固定方法同上。

4) 用"8"字法固定足踝，将宽带置于踝部，绕至足背两端交叉，再经足底中部绕回至足背打结。

5) 趾端露出，检查甲床血液循环。

(2) 健肢固定(见图 9-31)

图 9-31　大腿骨折健肢固定

1) 用三角巾、腰带、布带等 7 条宽带将双下肢固定在一起。

2) 两膝、两踝及两腿间隙之间垫好衬垫。

3) 用"8"字法固定足踝。

4) 趾端露出，检查甲床血液循环。

2. 小腿骨折

小腿骨折时，可见小腿疼痛、肿胀、畸形，不能站立；骨折端易刺破小腿前方皮肤，造成骨外露。因此，在骨折处要加厚垫保护。出血、肿胀严重时会导致骨筋膜室综合征，造成小腿缺血、坏死。小腿骨折固定时切忌固定过紧。

(1) 铝芯塑性夹板固定。
1) 按小腿长度将夹板制成U形,置于小腿两侧,用绷带或三角巾固定;
2) 趾端露出,检查甲床血液循环。
(2) 充气夹板固定。
1) 将充气夹板套于小腿,通过充气孔充气固定。
2) 趾端露出,检查甲床血液循环。
(3) 木板固定。
1) 两块木板,长度分别为一块长木板从伤侧髋关节到外踝,一块短木板从大腿根部内侧到内踝,分别放于伤肢的内侧和外侧。
2) 在膝关节、踝关节骨突部放棉垫保护,空隙处用柔软物品填实。
3) 用宽带固定,先固定骨折上下两端,然后固定膝、踝。
4) 再用"8"字法固定足踝,使踝关节呈90°位。
5) 趾端露出,检查甲床血液循环。
(4) 健肢固定伤者仰卧,方法参照木板固定(见图9-32)。

图9-32 小腿骨折健肢固定

3. 髌骨骨折

髌骨骨折时,可见膝关节处疼痛、肿大或凹陷,不能伸屈,不能抬小腿。其固定方法见大腿骨折的固定方法。

(五) 脊柱骨折

脊柱损伤在创伤中十分常见。地震、塌方,以及交通事故、房屋倒塌、建筑工程各种意外都可造成脊柱损伤,其危害性在于易造成截瘫,给伤者带来终身严重残疾。脊柱骨折可发生在颈椎和胸腰椎。骨折部位移位压迫脊髓能造成瘫痪。

1. 现场救护

凡由高处摔下或撞车(追尾),颈部、胸腰部受到直接、间接暴力等,均应认为或可疑为脊柱损伤。对此伤者,严禁随意搬动、抱扶、试作行走,应就地等候救护。操作要点如下。

(1) 呼救寻求帮助,拨打急救电话。
(2) 检查意识、呼吸、脉搏,若伤者呼吸停止,应立即对其进行人工呼吸。
(3) 先做好颈部固定,用颈托或临时制作颈套。
(4) 救护员应按医学救护原则搬运伤者(四人搬运法)。
(5) 脊柱损伤伤者均应置于脊柱板、铲式担架或木板等硬质平整的担架上。

(6) 最后,将伤者连同担架一并固定。

(7) 专业医务人员监护运送。

2. 颈椎骨折

头部朝下摔伤或高速行车时突然刹车,受伤后颈部疼痛,四肢瘫痪,可导致伤者呼吸肌麻痹而丧失呼吸能力,窒息死亡。应考虑有颈椎损伤,要立即固定。

(1) 脊柱板固定(见图9-33)。

图 9-33　脊柱板固定

1) 双手牵引伤者的头部恢复颈椎轴线位,上颈托或自制颈套固定。

2) 保持伤者身体长轴一致侧翻,放置脊柱固定板,将伤者平移至脊柱固定板上。

3) 将伤者头部固定,将其双肩、骨盆、双下肢及足部用宽带固定在脊柱板上,以免运输途中颠簸、晃动。

(2) 木板固定。

1) 用一长、宽与伤者身高、肩宽相仿的木板做固定物,并作为搬运工具。

2) 动作要轻柔,并保持伤者身体长轴一致侧卧,放置木板。

3) 使伤者平卧,保持其身体平直抬于木板上,头颈部、足踝部及腰后空虚处垫实。

4) 将伤者的双肩、骨盆、双下肢及足部用宽带固定于木板上,避免运输途中颠簸、晃动,双手用绷带固定放于腹部。

3. 胸腰部骨折

坠落伤、砸伤、交通伤等严重创伤后腰背疼痛,尤其有双下肢瘫痪及排便功能丧失时应考虑胸腰椎骨折。疑有胸腰椎骨折时,禁止坐起或站立,以免加重损伤。固定方法同颈椎固定。

(六) 骨盆骨折

常见于交通事故或高空坠下,骨盆受到强大的外力碰撞、挤压而发生骨折。可见受伤部位疼痛、肿胀、青紫或有擦伤痕;可能有骨盆两侧不对称、下肢不等长;骨盆由两侧向中间挤压时疼痛加剧。严重的骨盆骨折可伤及膀胱、直肠及尿道,甚至导致内出血。

当发生盆腔内脏损伤合并出血时,伤者有休克表现、腹痛、腹胀、腰、会阴部出现大面积的肿胀和淤斑;合并膀胱损伤表现为下腹剧烈疼痛,触压时疼痛加剧,有尿意又排不出,或排出少量血尿。

1. 现场救护

(1) 让伤者处于仰卧屈膝位,呼救寻求帮助,拨打急救电话。

(2) 对伤者进行骨折固定,并按医学救护原则搬运伤者。

(3) 用担架抬送伤者,在专业医务人员监护下运送至医院作进一步治疗。

2. 固定方法(见图 9-34)

(1) 让伤者处于仰卧位,两膝下放置软垫,膝部屈曲以减轻骨盆骨折的疼痛。
(2) 用宽布带从臀后向前绕骨盆,捆扎紧,在两腿间或一侧打结固定。
(3) 两膝之间加放衬垫,用宽绷带捆扎固定。
(4) 两踝间加放衬垫,用宽绷带"8"字捆扎固定。

图 9-34　骨盆骨折固定

(七) 开放性骨折

开放性骨折时,肢体皮肤有伤口、出血,甚至骨外露,损伤肌腱、神经、血管,表现为伤口以下的肢体不能动弹和屈曲、无知觉并影响运动,皮肤发凉,面色苍白等症状。固定方法如下。

(1) 敷料覆盖外露骨及伤口,在伤口周围放置环形衬垫,用绷带包扎固定。
(2) 用夹板固定骨折处。
(3) 如出血多需要上止血带,不要将外露的骨端还纳,以免污染伤口深部,造成血管、神经的再损伤。

(八) 注意事项

(1) 开放性骨折禁止用水冲洗,不涂药物,保持伤口清洁。
(2) 肢体如有畸形,可按畸形位置固定。
(3) 临时固定的作用只是制动,严禁当场整复。

第五节　伤者的搬运

一、概述

伤者的搬运护送包括将伤者从受伤现场搬出,以及现场救护车护送到医院两个步骤。有时需要汽车驾驶室、倒塌的物体下、狭窄的坑道、旅游景点、家庭住宅区等搬出伤者。

徒手搬运法

器械搬运法

搬运伤者的目的有以下几点。
(1) 使伤者脱离危险区,实施现场救护。
(2) 尽快使伤者获得专业医疗。
(3) 防止损伤加重。
(4) 最大限度地挽救生命,减轻伤残。

二、搬运方法

具体的搬运方法可参考二维码中图例。

第六节　开放伤现场救护

一、概述

外伤常在体表形成伤口,成为开放伤,有时会合并血管,造成神经损伤甚至骨折。严重开放伤可合并颅脑、心肺、腹腔脏器损伤。开放伤不仅有出血,也可有细菌、异物进入伤口,引起感染。血管、神经、骨骼甚至内脏会通过开放伤口外露,这些都需要得到现场的及时处理。

伤口处理的目的有如下几点。
(1) 保护伤口,防止进一步污染,减少感染机会。
(2) 减少出血,预防休克。
(3) 保护内脏和血管、神经、肌腱等重要解剖结构。

二、伤口判断

通过对外伤伤口的检查,认识创伤的类型,如擦伤、撕裂伤、切割伤、截断伤、刺伤。大致了解损伤的程度,如伤口深,出血多,可能有血管损伤;胸部伤口可能有气胸;腹部伤口可能有肝脾或胃肠损伤;肢体畸形可能有骨折;异物扎入人体可能损伤大血管或重要脏器。

三、伤口现场处理

在检查伤口时,要注意判断伤口的位置、大小、深浅及污染程度和异物特点,实施相关的处理。操作要点如下。

(1) 尽可能戴上医用手套,如无,可用敷料、干净布片、塑料袋、餐巾纸作为隔离层。
(2) 脱去或剪开伤者的衣服,暴露伤口,检查伤口的部位。
(3) 用敷料覆盖伤口,对嵌入异物保持原位。
(4) 用妥善的方法止血、包扎。
(5) 如必须用裸露的手进行伤口处理,处理完成后,尽快清洗消毒手部。

(一) 一般伤口

一般表浅伤口,无嵌入性异物,不伴有血管神经损伤,容易止血。

现场有条件时,用生理盐水冲洗伤口后,伤口周围皮肤用75%乙醇溶液消毒(注意不要让酒精进入伤口),然后用无菌敷料包扎;现场无条件时,可以就地取材,伤口可用洁净布料、毛巾、衣物等包扎,快速转送到医院进行清创。

(二) 头部伤口

头皮血运丰富、出血较多,常伴有颅骨骨折和颅脑损伤。现场救护要点如下:
(1) 头部伤口要尽快用无菌敷料或洁净敷料压迫止血。用尼龙网套固定敷料,包扎。
(2) 如有耳、鼻漏液说明有颅底骨折,这时禁止堵塞耳道和鼻孔,以防颅内感染及颅内压力增高。现场如有条件,先用无菌敷料擦净耳、鼻周围的血迹及污染物,用酒精消毒。如无上述物品,可用清洁的毛巾、纸巾等将耳朵、鼻孔周围擦拭干净。

(三) 手指离断伤

多见于机器碾轧及刀伤所致。现场救护要点如下。
(1) 立即掐住伤指根部两侧防止出血过多。
(2) 用回反式绷带包扎手指残端。不要用绳索、布条绑扎手指,以免加重手指损伤或造成手指缺血坏死。
(3) 离断的手指要用清洁物品如手帕、毛巾等包好,外套塑料袋或装入小瓶中。
(4) 转送距离较远时,应将装有离断手指的塑料袋或小瓶放入装有冰块的容器中,无冰块可用冰棍代替。
(5) 不要将离断手指直接放入水中或冰中,以免影响手指再植成活率。

(四) 肢体离断伤

严重创伤,如车祸、机器碾轧伤可造成肢体离断,伤者伤势重。现场救护要点如下。
(1) 在现场首先要止血。多数肢体离断伤组织碾锉较重,血管很快回缩,并形成血栓,出血并非喷射性,这时仅行残端包扎即可。如果出血多,呈喷射性,先用指压止血法止血,然后上止血带,再行包扎。
(2) 用大量纱布压在肢体残端,用回反式包扎法加压包扎,用宽胶布从肢端开始向上拉紧黏贴,以加强加压止血和防止敷料脱落。
(3) 离断的肢体要用布料包好,外面套一层塑料袋,放在另一装有冰块或冰棍的塑料袋中保存(见图9-35)。

(4) 如果离断的肢体尚有部分组织相连,则直接包扎,并按骨折固定法进行固定;如有大块骨块脱出,应同时包好,一同送医院,不能丢弃。

(五) 开放式气胸

严重创伤或刀扎伤等可造成胸部开放伤,伤口与胸膜腔相通。伤者感觉呼吸困难,伤口伴随呼吸可有气流声发出。现场救护要点如下(见图9-36):

图 9-35　肢体离断伤的处理　　　图 9-36　开放式气胸的处理

(1) 一经发现开放式气胸,应立即用纱布或清洁敷料压在伤口上,用纱布将敷料固定。

(2) 将伤侧手臂抬高,用三角巾折成宽带,绕胸固定,于健侧打结,或用四条四指宽带,绕胸固定,于健侧分别打结。

(3) 让伤者处于半卧位。

(六) 腹部内脏脱出

发现腹部有内脏脱出,不要将脱出物送回腹腔,以免引起腹腔感染。现场救护要点如下(见图9-37)。

图 9-37　腹部内脏脱出的处理

(1) 立即用大块敷料覆盖伤口。

(2) 用三角巾做环形圈,圈的大小以能将腹内脱出物环绕为宜,将环形圈环绕脱出物,然后用饭碗或茶缸将环形圈一并扣住。

(3) 用三角巾进行腹部包扎。

(4) 让伤者平卧,双腿屈曲,用脊柱板搬运。

(七) 伤口异物的处理

伤口表浅,异物可以去除,然后包扎伤口。如异物为尖刀、钢筋、木棍、尖石块,并扎入伤口深部,不要轻易去除,因为可能引起大出血及神经损伤。这时应作如下处理(见图 9-38)。

 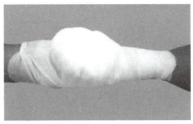

图 9-38 伤口异物的处理

(1) 维持异物原位不动,在敷料上剪洞,套过异物并置于伤口上。

(2) 然后用敷料套圈放在异物两侧,将异物固定。

(3) 用敷料或者三角巾包扎,待转入医院后处理。

(八) 伴有大血管损伤的伤口

严重创伤、刀砍伤等造成大血管断裂,出血多,易造成出血性休克。伴有大血管损伤的伤口较深,出血多,伤口远端动脉搏动消失,肢体远端苍白、发凉,伤口内可见血管断端喷血,肌肉断裂外露。伴有大血管损伤的伤口的处理方法有以下几种。

(1) 手指压迫止血。这是最简便、有效的方法。先用手指触摸血管搏动处,然后用手指压迫伤口上方(或近心端)的血管。

(2) 迅速用纱布压迫伤口止血。如伤口深而大,用纱布填塞压实止血。放置纱布范围要大,超出伤口 5~10 cm,这样才能有效止血。

(3) 用绷带加压包扎。

(4) 如肢体出血仍然不止,立即采取止血带止血法。

(九) 注意事项

(1) 现场不要对伤口进行清创。

(2) 在伤口的表面不要涂抹任何药物。

(3) 密切观察伤者的意识、呼吸、循环体征。

第七节　身体重要部位损伤的救护

创伤造成身体的出血、骨折、闭合或开放性损伤等,对其处理原则已在前面章节讲述。但具体到身体某一部位的损伤,则往往是综合的,伤者也不可能仅因单一伤害而出现症状、体征。在实际生活中,救护是以身体受伤的部位及程度来决定如何采取相应的措施,以挽救生命,减轻伤残,安全转运。

一、颅脑损伤

颅脑损伤是创伤中十分常见的。车祸、地震、塌方、战伤,以及摔伤、锐器均可造成颅脑损伤。

(一) 症状

损伤轻者,仅出现头皮血肿、裂伤;重者出现颅骨骨折、颅内血肿、脑挫裂伤。脑组织受损可出现意识障碍;严重者可出现头痛、面色苍白、出汗、呕吐、脉搏缓慢、意识丧失、瞳孔缩小或散大或双侧瞳孔不等大、偏瘫、失语、感觉异常、视觉改变、听觉障碍等。

伤后昏迷:有受伤后清醒数分钟或数小时后再度昏迷者;还有受伤后昏迷,30 min 内清醒,然后再度昏迷者。有的伤者清醒后对受伤时及伤前片刻的情况不能回忆。

(二) 现场救护

现场应尽可能戴医用手套实施救护。

1. 头皮血肿

一般不需包扎,应护送到医院做进一步检查,以排除颅骨骨折和颅脑损伤。

2. 头皮裂伤

(1) 局部出血及损伤,迅速包扎伤口(见图 9-39)。

(2) 包扎后,用手压迫伤口以促进止血。

(3) 应护送病人到医院进行清创缝合,肌肉注射破伤风抗毒素,防止破伤风发生,并做进一步检查。

3. 颅骨骨折及脑挫伤

(1) 让伤者平卧,立即启动 EMS。

(2) 检查意识、脉搏、呼吸。

1) 对昏迷伤者要迅速清除口鼻异物,头偏向一侧,以保持呼吸道通畅。

2) 对呼吸心跳停止者,立即进行心肺复苏。

3) 头皮外伤出血者,应迅速加压包扎伤口。

4) 对耳、鼻出血者(脑脊液漏),应让其侧卧,出血侧向下,头部略垫高,不要堵塞。

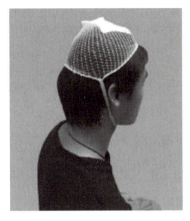 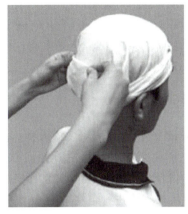

图 9-39 头皮裂伤的处理

5）对脑组织膨出者，盖上敷料，外套环形圈，再将瓷碗等物扣在脱出组织周围，保护脑组织不受压迫和损伤。伤者头部应固定。

（3）应用铲式担架或木板担架搬运，取头部垫高 15°平卧位，并固定头部。

（4）禁食、禁水。

（5）尽早获得专科治疗。

4. 对头盔的处理

如头部受伤，伤者戴有头盔，并妨碍呼吸，有呕吐，应尽可能由伤者自己取下头盔，或两人合作安全摘下头盔，确保有一人固定病人的头部和颈部。头盔内可能附有医疗警告卡，一定要保存好头盔。

（1）卸除只遮盖头部的头盔。

1）先松开扣环或割断套住下颌的皮带。

2）用力将头盔的边向外扳开，解除夹住头部的压力，然后再把头盔向上及向后托起，即可摘下。

3）注意固定病人颈部。

（2）卸除遮盖头与脸的面罩型头盔。

1）一人把手放在头盔底部边缘，将手指尽量张开，牢牢地托住伤者头部及下颌。

2）另一人先将头盔向后翘起，轻轻用力，使它脱离下颌，然后把头盔向前翘过后脑，举起卸下。

二、胸部损伤

胸部损伤的常见原因是车祸、挤压伤，以及摔伤和锐器伤。胸部损伤包括胸部挫伤、裂伤、肋骨骨折、气胸、血胸、肺挫伤，有时还合并腹部损伤。

（一）症状

胸部挫伤时，局部出现血肿、青紫、皮肤损伤。胸壁裂伤时，胸壁出现伤口，如伤口与胸膜腔相通,伤口处有气泡或"吱吱"声,称为开放性气胸,可出现呼吸困难,甚至窒息。肋骨骨折时,可单根或多根骨折,发生在一侧或双侧。表现有胸壁凹陷,呼吸、咳嗽时由于胸廓活动,骨折处疼痛加重,合并血胸,引起呼吸困难。出现血胸和气胸时,是由于肋骨骨折刺伤周围组织造成。

(二) 现场救护

尽可能佩戴个人防护物品,实施救护。救护要点如下。
(1) 检查意识、呼吸、脉搏,立即启动 EMS。
(2) 老年伤者呼吸困难,要保持伤者安静。
(3) 对开放式气胸进行包扎,其方法见本章第六节"开放式气胸"。
(4) 胸部挫伤要注意检查肋骨骨折及脏器损伤。
(5) 肋骨骨折固定,其固定方法参照气胸包扎的方法。
(6) 担架搬运。迅速转运,获得专科救治。

三、腹部损伤

腹部损伤包括开放性和闭合性腹部损伤。开放性腹部损伤可有肠管膨出。闭合性腹部损伤可有肝、脾等脏器损伤,引起内出血,可导致失血性休克。胃肠等空腔脏器穿透伤能引起腹膜炎,腹痛明显。

(一) 症状

腹壁损伤无裂口时,腹部损伤部位肿胀或凹陷,大范围的腹痛和触压痛,有恶心及呕吐;腹部损伤有裂口出血时,若与腹腔相通,肠管可膨出;腹部内脏器官损伤时,可出现休克,表现为面色苍白、冷汗肢凉、脉搏快而弱、腹部剧痛、胀气、恶心、呕吐、腹肌紧张,多见胃肠道损伤;肝、脾脏器损伤时,腹痛不很明显,内出血量多时表现为腹胀、休克。

(二) 现场救护

现场救护尽可能佩戴个人防护用品。救护要点如下。
(1) 让伤者平卧,检查意识、脉搏、呼吸。
(2) 立即启动 EMS。
(3) 保持伤者安静,避免不必要的搬动。
(4) 禁食、禁水。
(5) 用无菌纱布或三角巾包扎伤口。
(6) 有肠外露时,不要将膨出物送回腹腔,以免引起腹腔感染。
(7) 让伤者平卧,双腿屈曲。用脊柱板等担架搬运。
(8) 迅速转送医院治疗,途中严密观察病情变化。

四、多发伤和复合伤

多发伤是在严重创伤情况下,同一致伤因素导致的一个以上解剖部位的严重损伤,如多发骨折、骨折合并颅脑、胸腹部损伤等。现场救护要特别注意脉搏、呼吸及脏器损伤的判断,并防止遗漏伤情。

复合伤是由不同致伤原因,同时或相继造成的不同性质的损伤,如车祸致伤的同时又受到汽车水箱热水的烫伤。复合伤增加了创伤的复杂性。现场救护要针对不同性质的损伤进行相应救护。

(一) 特点

(1) 组织、脏器损伤严重,伤情复杂。
(2) 容易漏诊,死亡率高。

(二) 现场救护

(1) 迅速了解受伤经过,及时拨打急救电话。
(2) 迅速将伤者搬出现场。
(3) 首先检查呼吸、脉搏及神志。
(4) 如呼吸、心跳停止立即做心肺复苏。
(5) 检查疼痛部位及四肢活动,判断是否有脊柱、脊髓损伤,如有,立即固定脊柱。
(6) 检查伤口及出血情况,快速止血、包扎伤口。
(7) 根据肢体疼痛、肿胀、畸形部位判断是否有骨折,如有,进行妥善固定。
(8) 在专业医务人员监护下迅速转运。

第十章

血液与健康

○ 关爱他人,奉献爱心,
　收获快乐与健康。

血液是一种由血浆和血细胞组成的液体组织,通过心血管系统不停地循环流动,为全身组织细胞提供必要的氧气和营养物质,同时将组织细胞产生的代谢产物运输至排泄器官排出体外。此外,血液还具有调节体温、运送激素、免疫、止血、缓冲 pH 等重要功能。

第一节 血液概述

一、血液的重要作用

(1) 抢救战争、事故中的创伤者。
(2) 实施外科手术时,保证体内血液循环正常。
(3) 产妇分娩、大出血的及时补充。
(4) 烧伤、感染、消化道出血的治疗。
(5) 各种血液病的治疗。

二、血液的组成和功能

(一) 血液的基本组成

血液:由血浆和悬浮于其中的血细胞组成。人体内血浆和血细胞量的总和,即血液的总量称为血量。它包括在心血管系统中循环流动的血量,也包括在肝、脾、肺、皮下静脉中滞留或缓慢流动的储存血量。正常成年人的血液总量相当于体重的 7%～8%,即每千克体重有 70～80 mL 血液,因此体重 60 kg 的人,血量为 4.2～4.8 L。

血浆:主要成分是水、低分子物质、蛋白质和氧气、二氧化碳等。血浆中含水 90% 以上,水的含量与维持循环血量相对恒定有密切关系。低分子物质约占血浆总量的 2%。低分子物质包括多种电解质和小分子有机化合物,如营养物质、代谢产物和激素等。血浆中的电解质含量和组织液基本相同。由于这些小分子溶质和水分都很容易通过毛细血管壁与组织液交换,循环血液中各种电解质的浓度基本上代表了组织液中这些物质的浓度。

血浆蛋白:是血浆中多种蛋白质的总称,分为白蛋白、球蛋白和纤维蛋白原三类。球蛋白又可分为 α_1-球蛋白、α_2-球蛋白、β-球蛋白、γ-蛋白等。正常成人血浆蛋白含量为 65～85 g/L,其中白蛋白为 40～48 g/L,球蛋白为 15～30 g/L,白蛋白和大多数球蛋白主要由肝脏产生(除 γ-球蛋白外)。血浆蛋白的主要功能是:形成血浆胶体渗透压;白蛋白、α-球蛋白和 β-球蛋白作为载体运输激素、脂质、离子、维生素及代谢废物等低分子物质;参与凝血——纤溶的止血功能;具有抵抗病原物(如病毒、细菌、真菌等)的防御功能以及营养功能。

(二) 血液的理化特性

1. 比重

正常人全血的比重为 1.050~1.060,血液中红细胞数量愈多则全血比重愈大;血浆的比重为 1.025~1.030,血浆中蛋白质含量愈多则血浆比重愈大;红细胞比重为 1.090~1.092,与红细胞内血红蛋白含量成正比。

2. 黏滞度

液体的黏滞性是由于液体分子的内摩擦形成的。通常在体外测定血液或血浆与水相比的相对黏度,这时血液的相对黏度为 4~5,血浆则为 1.6~2.4。全血的黏度主要决定于所含的红细胞数,血浆的黏度主要决定于血浆蛋白质的含量。

3. 血浆渗透压

渗透压通常是指一种液体所具有的吸引水分子透过单位面积半透膜的力量,它是一种压强的概念,故单位是 mmHg 或 kpa。高低与单位体积溶液中溶质颗粒数目的多少成正比,而与溶质的种类及颗粒的大小无关。血浆渗透压约为 300 mOsm/L。血浆蛋白一般不能透过毛细血管壁,它所形成的血浆胶体渗透压对于维持血管内外水的平衡有重要作用。血浆和组织液的晶体物质绝大部分不易透过细胞膜,其形成的细胞外液的晶体渗透压对于维持细胞内外的水平衡极为重要。

4. 血浆酸碱度

正常人血浆 pH 为 7.35~7.45。它的高低主要取决于血浆中缓冲对的作用。

(三) 血细胞生理

血液是由血浆中的血细胞、蛋白、凝血因子和血浆组成。血细胞包括红细胞、白细胞和血小板;血浆中的蛋白质包括白蛋白、球蛋白、纤维蛋白等;凝血因子实际上也是蛋白质,血浆实际上就是一种溶液,各种血液成分都悬浮或溶解在血浆中。

血液中所有的成分都要经历新生、成熟、衰老、死亡的新陈代谢过程。红细胞寿命为 120 天;白细胞的寿命为 9~13 天;血小板的寿命为 7~14 天。正常情况下,人体每天都有红细胞衰老死亡,同时也有相当数量的细胞新生,这就是新陈代谢。

(四) 血液的功能

1. 运送氧气,排出废物

血液中的红细胞含有血红蛋白,血红蛋白是能结合氧气和二氧化碳的物质,它从肺泡中结合人们从空气当中吸进去的氧,然后将氧输送到全身的组织,供组织细胞利用;失去氧后再与组织细胞代谢产生的二氧化碳结合,输送到肺部,排泄到肺泡中,随着呼吸动作的完成,二氧化碳排出,新鲜的氧气进入肺泡,再带到组织当中供细胞利用。这是血液的主要功能。另外,组织代谢产生的代谢物,也溶解在血液当中,随着血液循环到肾脏经尿液排出,也有一部分随着血液流到汗腺部位随着汗液排出。

2. 防御作用

血液中的白细胞和免疫球蛋白是机体的防御力量,保护人们身体免遭各种微生物的侵害。白细胞有吞噬消灭侵入机体的病原菌和自身衰老的细胞和细胞碎片功能,血液中的免疫球蛋白是体液免疫的主力军,身体的皮肤、黏膜、白细胞和免疫球蛋白组成了机体的综合防御体系。

3. 凝血、止血和抗凝

当人们不慎划破皮肤,血液就会流出来,但是用力压住伤口后,小的伤口很快就能止血,这主要归功于血液中的凝血系统。血液还有抗凝血系统,当有血栓形成时,抗凝血系统又被激活,使一些小的血栓溶解,这主要靠纤溶酶的作用。正常情况下凝血系统和抗凝系统是处于动态平衡的,所以,人们的血液不发生血栓,也不会出血不止。

4. 缓冲作用

使人们身体组织液的酸碱度在一定范围内保持不变,从而各个组织细胞的功能能够充分发挥。组织细胞每时每刻都在产生废物,这些物质有酸性也有碱性,而血液能中和这些酸或碱。

5. 体温调节

身体的体温调节是受神经中枢的支配,但作用的发挥主要靠血液完成。当外界环境变冷时,流经人体皮肤的血液减少,散热减少;当外界温度升高时,流经皮肤的血液增多,循环加快,散热增加,保持肌体的体温恒定。

6. 作为内分泌器官和靶器官的媒介物

内分泌器官分泌的激素通过血液传递到靶器官发挥作用。例如,甲状腺细胞分泌甲状腺素释放到血液中,通过血液传递到全身各个组织器官,发挥调节代谢作用,没有血液的运输,内分泌器官就不能发挥作用。

第二节 无偿献血

献血与健康
知识问答

我国《献血法》规定,国家实行无偿献血制度,提倡18～55周岁的健康公民自愿献血,并鼓励国家工作人员、现役军人和高等学校在校学生率先献血,为拯救需要输血的人,献出自己血液,为创文明社会作出贡献。

一、概念

中国造血干细胞捐献者资料库问答

无偿献血是指公民向血站自愿并不领取任何报酬地提供自身血液或血液成分的行为。无偿献血是国际红十字和世界卫生组织从20世纪30年代建议和提倡的。无偿献血制度是有强制性的,使用"实行"这个词,表明无偿献血制度的实施是以国家强制力作为保证的。因此《献血法》明确规定了各级政府有关部门对无偿献血工作的组织动员、宣传教育、管理协调方面的责任。

二、无偿献血的意义

(1) 无偿献血是救死扶伤,利国利民的社会公益事业。
(2) 无偿献血,就是以互助的精神,为拯救需要输血的人的生命献出自己血液的爱心奉献,是人道、博爱、奉献精神的实践。
(3) 健康的适龄公民出于自愿无偿提供自身的血液、血浆或其他血液成分,为临床安全用血提供重要的保证。
(4) 能最大限度地降低血液传播疾病的危险。
(5) 保障了献血者和用血者的身体健康。

三、公民献血的规定

(1) 要如实填写献血登记表,不谎报、不隐瞒既往病史。
(2) 一次献血一般为 200 mL,最多不超过 400 mL,两次采集间隔期不少于 6 个月。
(3) 献血查体合格后,要按规定时间参加献血,以免影响医院用血计划(见图 10-1)。

四、献血的注意事项

1. 献血前应注意什么?

学习献血知识,了解献血常识,消除紧张心理。献血前两餐不吃油腻食物、不饮酒,但也不要空腹,可吃馒头蔬菜等清淡食物;最好洗一次澡或洗净双臂。

2. 献血前为什么不能大量饮水?

因为大量饮水会稀释血液,降低血液质量,影响病人治疗效果。

3. 常见献血反应如何处理?

在献血过程中出现不舒服的症状,不要惊慌,应立即告诉在场的医护人员或身边的人;严重者应立即停止采血并躺卧在通风较好的地方,取头低脚高位,解开衣领处纽扣、领带、松开裤带;根据情况补充些糖水休息片刻即可。

图 10-1 公民参加献血的规定

4. 献血后如何止血?

拔针后应伸直前臂,或前臂伸直后稍稍上抬,用另一只手的食指和中指按压针眼处及上方 5 min 止血。不要屈肘止血,因为屈肘会给手背静脉网回流心脏的血液增加一定的阻力,使血液回流受阻,从血管的针眼处溢出,而出现皮下淤血;也不要捻动棉球,那样会使血管上的针眼刚黏合住又被揉开。

5. 正常人献血 200～400 mL 后在饮食上应注意什么?

饮食营养正常搭配,适当补充营养,吃些瘦肉、蛋、奶、豆制品、蔬菜和水果,当天可多饮水,不要暴饮暴食。

6. 有什么情况暂不能献血?

(1) 半个月内拔过牙或其他小手术者。

(2) 妇女月经前后 3 天,妊娠期、流产后未满 6 个月,分娩及哺乳期未满 1 年者。

(3) 感冒、急性胃肠炎病愈未满一周者,急性泌尿道感染病愈未满 1 个月者,肺炎病愈未满 3 个月者。

(4) 某些传染病如痢疾病愈未满半年者,伤寒病愈未满 1 年者,布氏杆菌病愈未满 2 年者,疟疾病愈未满 3 年者。

(5) 近五年内输注全血及血液成分者。

(6) 较大手术后未满半年者,阑尾切除、疝修补术、扁桃体手术未满 3 个月者。

(7) 皮肤局限性炎症愈合后未满一周者,广泛性炎症愈合后未满两周者。

7. 有什么情况者不能献血?

(1) 性病、麻风病和艾滋病患者及艾滋病病毒感染者。

(2) 肝炎病患者,乙型肝炎表面抗原阳性者,丙型肝炎抗体阳性者。

(3) 过敏性疾病及反复发作过敏患者,如经常性荨麻疹、支气管哮喘、药物过敏(单纯性荨麻疹不在急性发作期间可献血)。

(4) 各种结核病患者,如肺结核、肾结核、淋巴结核及骨结核等。

(5) 心血管疾病患者,如各种心脏病、高血压、低血压、心肌炎以及血栓性静脉炎等。

(6) 呼吸系统疾病患者,如慢性支气管炎、肺气肿以及支气管扩张肺功能不全。

(7) 消化系统和泌尿系统疾病患者,如较重的胃及十二指肠溃疡、慢性胃肠炎、急慢性肾炎以及慢性泌尿道感染、肾病综合征、慢性胰腺炎。

(8) 血液病患者,如贫血、白血病、真性红细胞增多症及各种出、凝血性疾病。

(9) 内分泌疾病或代谢障碍性疾病患者,如脑垂体及肾上腺疾病、甲亢、肢端肥大症、尿崩症及糖尿病。

(10) 器质性神经系统疾病或精神病患者,如脑炎、脑外伤后遗症、癫痫、精神分裂症、癔病、严重神经衰弱等。

(11) 寄生虫病及地方病患者,如黑热病、血吸虫病、丝虫病、钩虫病、囊虫病及肺吸虫病、克山病和大骨节病等。

(12) 各种恶性肿瘤及影响健康的良性肿瘤患者。

(13) 做过切除胃、肾、脾等重要内脏器官手术者。

(14) 慢性皮肤病患者,特别是传染性、过敏性及炎症性全身皮肤疾病,如黄癣、广泛性湿疹及全身性银屑病等。

(15) 有眼科疾病患者,如角膜炎、虹膜炎、视神经炎和眼底有变化的高度近视。

(16) 自身免疫性疾病及结缔组织病,如系统性红斑狼疮、皮肤炎、硬皮病等。

(17) 有吸毒史者。

(18) 同性恋者、多个性伴侣者。

(19) 体检医生认为不能献血的其他疾病患者。

8. 献血者体检及化验多少天内有效？

有效期为 2 周。

五、适量献血有益健康

从血液生理学角度看，人体内的血液总量约占体重的 8%，一般成人的血液总量为 4000～5000 mL，而一次献血 200～400 mL 仅占总血量的 5%～10%。人体内的血液并不都参与血液循环，有 20%～25% 的血液贮存在脾、肝、肺、皮肤等"贮血库"内，脾脏是人体中最大的"贮血库"，可以储存人体总量 20% 的血液。当人体血液循环需要血液时，脾脏等会连续不断地释放血液进入血管，参与血液循环。献血不会影响血液循环。人体血液成分的吐故纳新活动十分活跃，人体内每天约有 1/120 的红细胞衰老、死亡，白细胞的平均寿命约 7～14 天，血小板的寿命就更短，约 7～9 天。

血液专家研究表明，一个人献血后可因血液黏滞度和比重适当降低，脑血流量增加而感到头脑清醒，轻松灵活，记忆力增强；有的人献血后食欲增强，睡眠安稳，精神焕发，感冒次数明显减少。长期坚持适量献血，还可以有效降低动脉硬化、脑梗死、脑溢血及心肌梗死等症的发病率，一研究小组对 42～60 岁的男性进行调查，其中献过血的人 5 年后患冠心病的比例比未献过血的少 86%；另一组研究，对献血 1～2 次的人进行追踪观察，结果仅一人发生急性心肌梗死，发生率为 0.043%，同期未献血的 2306 人中，有 226 人发生急性心肌梗死，发生率为 9.8%，明显高于献血组。

坚持经常适量献血的人，由于机体各器官和骨髓造血系统在外界因素的促进下，始终保持旺盛的新陈代谢和强劲的免疫能力。研究表明，体内铁元素含量过低易患缺铁性贫血及行动迟缓，过高则适得其反。《国际癌症》曾报道，体内的铁含量超过正常值的 10%，罹患癌症的概率就提高，男子适量献血可以预防癌症。该文还提到，女性因月经周期失血损失了一定的铁质，故未发现女性的铁含量与癌症发生有明显关系。

献血可改善、促进心理健康。大量研究表明，健康的情绪可通过神经、体液、内分泌系统沟通大脑及其他组织与器官，使其处于良好的状态，有益于增强人体免疫力，提高抵抗力。而献血是救人一命的高尚行为，在助人为乐、与人为善的同时，也使自己的精神得到净化，心灵得到慰藉，工作与生活更加充实。做好事者以德施善，助人的同时也帮助了自己，这是健康长寿的重要因素。

经常献血的人血细胞要比不献血者年轻。这种质量上的优势，对人体健康是有益的，还可延年益寿，国外曾有学者对 66 岁以上的献血者与同年龄、同性别未献血者作前瞻性对照研究，结果显示：献血组平均寿命为 70.1 岁；高于未献血组的平均 67.5 岁；献血组的存活率为 67%，高于未献血组的 40%；献血组的死亡率为 33%，低于未献血组的 60%。而且一旦遇到外伤出血也有较强的耐受力和自我调节功能。

血液是人类自身的宝贵资源，无偿献血是"人道、博爱、奉献"精神的具体体现。无偿献血者不仅用自己的热血拯救了同胞的生命，也用自己的博大情怀倡导了一种助人为乐的社会风尚。无偿献血是爱,是勇气,是奉献!

六、无偿献血者的权利

(1) 无偿献血者有受到表彰和奖励的权利。
(2) 献血者人格不受侮辱,有保护个人隐私的权利。
(3) 血站对献血者必须免费进行必要的健康检查。
(4) 无偿献血者有免费用血的权利,其配偶和直系亲属有按照规定免费使用与无偿献血量相当或全部的医疗用血的权利。

七、无偿献血者的奖励

(1) 国家奖励《全国无偿献血表彰奖励办法》第二条规定:无偿献血奖励分为"无偿献血奉献奖"(个人)、"无偿献血促进奖"(单位)、"无偿献血先进省(市)奖"。第三条:国家"无偿献血奉献奖"分为金、银、铜奖,分别奖励自愿无偿献血过 40 次、30 次、20 次的无偿献血者。
(2) 广东省实施《中华人民共和国献血法》办法第十四条规定:"献血 200 毫升以上的,其本人临时用血时免交用于血液的采集、储存、分离、检验、运输等费用;献血累计 600 毫升以上的,其配偶和直系亲属临时用血时,免交前项规定的费用。"前两项规定的费用,由用血者向献血所在地人民政府设立或指定的献血专门机构报销,经费在献血事业费中列支。
(3) 广州市对无偿献血累计达到 1000 mL 以上的个人,由市政府和市红十字会按下列规定给予表彰和奖励。
①一次献血 200 mL 以上的,发给无偿献血证书和纪念章。
②献血累计满 1000 mL 的,授予无偿献血三等奖。
③献血累计满 2000 mL 的,授予无偿献血二等奖。
④献血累计满 3000 mL 的,授予无偿献血一等奖。
⑤献血累计满 4000 mL 的,授予无偿献血特等奖。

第三节 成分献血

人体血液是由红细胞、白细胞、血小板、血浆蛋白等成分组成。成分献血是利用先进科学仪器帮助我们采集血液中的某一指定成分,以满足临床病人病情的需要,从而达到节约血资源,提高疗效,减少输血后反应的目的。

一、成分献血的概念及意义

临床上某些病人,并不是因为全血的缺乏而需要输血,只是因为血液中缺乏某种成分。例如血小板减少的病人,只需要输注血小板就可以了,而不需要输注其他成分。如输注全血,不仅会造成浪费,有时还会造成副作用。目前,世界上一些发达国家成分输血占全部用量的95%以上,并以将成分输血开展好与否作为衡量一个国家、地区医疗技术水平高低的重要标志之一。

二、机采成分血

成分血是健康公民通过血液分离机捐献血液中某一种成分的无偿志愿献血行为。捐献的成分可以是血小板、红细胞、粒细胞或外周干血细胞。目前国内以捐献机采血小板最为普遍。捐献成分血与捐献全血基本相同。通过相连接的经过消毒、一次性使用的管道流入血液分离机,分离出所需要的某一种成分(如血小板),并将其他血液成分(如红细胞等)还输给献血者。全过程约需 1 h(指采集的过程)。

一袋机采血小板成分可以使因止血困难而濒临死亡的病人起死回生;一袋机采粒细胞成分可以使严重感染无法控制的患者得以缓解;一袋机采外周血干细胞成分可以使患有不治之症的血癌病人重建造血功能。机采成分使临床医生拥有了更多和更有效的医疗手段。假如还是沿用捐全血的方法就不容易达到上述目的。一位成分血捐献者可以向病人提供一个治疗量的血液成分,不但快捷简便、临床效果好,而且可以大大地减少因输入多人份血小板产生的副作用。

三、成分献血的基本条件

(1) 各项检验结果正常。
(2) 男女体重均在 50 kg 以上。
(3) 血小板计数≥150×10^9。
(4) 肘臂上的血管较为明显,无进针不顺史。

四、成分献血的流程

(1) 登记、申请、填表:献血者要带上身份证,到血液中心领取献血登记表。
(2) 体检:登记后到机采室录入资料和体检,时间大约 15 min。
(3) 茶点:体检合格后进食茶点。
(4) 上机献血:茶点后到机采室上机献成分血。献血时间为 60~90 min。
(5) 领证:献血后到办证处领取《无偿献血证》和纪念品等。

五、成分献血前的注意事项

（1）成分献血要有专门的设备和环境，所以目前只能在条件较好的市中心血站进行。

（2）成分献血的志愿者需要事先填写《成分献血登记表》，市中心血站将依据卫生部颁布的《献血者健康标准》进行体检和检测，包括血小板计数。合格后会预约通知。

（3）成分献血前一天应保证充足的睡眠，不饮酒，饮食清淡不油腻。

（4）二次成分献血的间隔期：正常人身体内贮存着大量的血小板，并能迅速补充献出后的数量，所以健康人二次成分献血的间隔和所献成分有关：①血小板——间隔1个月就可以完全恢复到捐献前的状态；②造血干细胞——一般来说不存在间隔，很少有人有机会捐献两次，恢复大概两周。

六、成分献血对身体有否影响

由于血小板在正常人体血液循环中的平均寿命为10天，而献出的血小板又能在48 h左右恢复到正常，加上血液分离机的操作是全自动化、封闭式、电脑程序运作，还有工作人员护理，确保了全过程安全。血液经过及时处理，从全血中分离出所需要的血小板，将其收集到一个血袋内，而其他不需要的血液成分及时回输给献血者，既简单又安全，整个过程需要约1 h左右。

成分献血由于献出的是血小板，富含血小板的血浆总量不超过250 mL，而其余的血液成分均已回输入自体内，并未受到损失，所以不会对身体造成不良影响。采集中有的献血者由于个体敏感性强，耐受性弱，会出现轻微的唇部和鼻部麻木感，是因为献血时使用的抗凝剂引起的一些轻微反应，口服10％葡萄糖酸钙后，症状就会消失。

第四节　造血干细胞的移植和捐献

造血干细胞移植。是治疗白血病、地中海贫血、再生障碍性贫血、重症免疫缺陷、急性放射病，某些恶性实体瘤等的有效方法。

目前我国等待造血干细胞移植的患者有数百万，仅白血病患者每年就新增4万人，少年儿童占50％以上。由于现在大多数青少年都是独生子女，这意味着将来很难在亲缘关系的兄弟姐妹中找到供者，更多的只能依靠社会上的捐献者，为他们提供人类白细胞抗原（HLA）配型相合的造血干细胞。虽然非血缘关系配型相合的几率仅是1/400～1/10000，但是只要有足够的志愿捐献者，患者找到相合配型的机会就会增多，"生机"也就增大，造血干细胞志愿捐献者只需要捐献5 mL血样，就会给饱受病魔折磨的生命带来重生的希望。

一、造血干细胞

造血干细胞是能自我更新,有较强分化发育和再生能力,可以产生各种类型的血细胞。造血干细胞来源于红骨髓,可以经血流迁移到外围血液循环,不会因献血和捐献造血干细胞而损坏造血功能。

二、造血干细胞的采集

从外围血中采集造血干细胞,用科学方法将骨髓中的造血干细胞大量动员到外周血中,从捐献者手臂静脉处采集全血,通过血细胞分离机分离造血干细胞,同时,将其他血液成分回输捐献者体内。

三、造血干细胞移植

造血干细胞移植就是将一个健康人体骨髓中的造血干细胞通过静脉输入患者体内,重建其造血功能和免疫功能,达到治疗某些疾病的目的,此过程称为造血干细胞移植。

四、加入造血干细胞库的要求

(1)年龄:18~45周岁。
(2)体重:男≥50 kg,女≥45 kg。
(3)符合献血条件且身体健康的公民。
(4)由捐献者可以和当地红十字会或中华骨髓库省分库联系报名,由他们通知后在指定地点由医护人员在捐献者前臂静脉中抽取 5 毫升血液样本化验白细胞抗原(HLA)一类分型,将检验结果储存于骨髓库数据检索中心供患者查找。
(5)造血干细胞志愿捐献者的健康标准如下。
①丙氨酸氨基转移酶(ALT)<25 单位。
②乙型肝炎病毒表面抗原:阴性。
③丙型肝炎病毒抗体:阴性。
④艾滋病病毒抗体:阴性。
⑤梅毒试验:阴性。
(6)费用问题:志愿者入库和最后捐献整个过程都不需要承担任何费用。
(7)保密:中国造血干细胞捐献者资料库保证对造血干细胞捐献者个人资料绝对保密,仅用于患者及医生查询移植工作。

五、中国造血干细胞捐献者资料库简介

中国造血干细胞捐献者资料库亦称"中华骨髓库",其前身是1992年经卫生部批准建立的"中国非血缘关系骨髓移植供者资料检索库"。2001年12月,中央编办批准成立中国造血干细胞捐献者资料库管理中心(以下简称"资料库"),统一管理和规范开展志愿捐献者的宣传、组织、动员、白细胞抗原(HLA)分型、为患者检索相合的造血干细胞捐献者及移植治疗服务等。

建设"资料库"是人类文明和医疗事业的需要。造血干细胞移植可以治疗白血病、急性放射病、重症再生障碍性贫血、重症地中海性贫血、重症免疫性疾病以及因癌症接受放化疗后的免疫功能低下等多种疾病。在我国每年有近百万患者需要造血干细胞移植,仅白血病患者每年新增4万余人。造血干细胞移植成功的关键在于患者与捐献者两者的HLA分型必须相合,这种相合率在同卵双生兄弟姐妹之间为100%,在有血缘关系的兄弟姐妹之间为25%。现在大多数青少年是独生子女,患病后很难找到与之相合的同胞供者。要想进行造血干细胞移植,只能依靠社会上非血缘的志愿捐献者提供配型相合的造血干细胞,但非血缘关系中HLA相合率约为1/400～1/10000。根据我国的实际情况,尽快建设30万人份以上的"资料库",才能适应临床为白血病等患者进行造血干细胞移植的需要。

中国红十字会是从事人道主义工作的社会救助团体。建设中国造血干细胞捐献者资料库是政府委托中国红十字会的一项特殊任务。它是红十字会人道主义救助工作新的服务领域,是为广大人民群众办的一件实事、好事。近两年来,"资料库"得到了政府有关部门以及社会各界的大力支持和关注。目前,全国已建立了24个省级分库、24个HLA定点组织配型实验室和1个质量控制实验室。可用于为患者检索服务的白细胞抗原分型资料6万多份,截至2003年8月底已受理检索3000多人次,其中,近300份志愿者的资料与患者白细胞抗原分型相合,已为50多例白血病患者提供了造血干细胞进行移植。

建设"资料库"是一项系统的社会救助工程。社会各界应关心、支持"资料库"的建设,以拯救更多的白血病患者,让红十字会保护人的生命和健康,促进和平进步事业的人道主义宗旨得到广泛传播,使红十字会的人道、博爱、奉献精神发扬光大。

第五节　血型与输血

一、血型定义

血型通常是指红细胞膜上特异性抗原的类型。

二、血型系统

1901年发现的第一个人类血型系统是ABO血型系统,从此为人类揭开了血型的奥秘,使输血成为安全度较大的临床治疗手段。1995年国际输血协会认可的红细胞血型系统有23个,193种抗原。医学上较重要的血型系统是ABO、Rh等,它们都可产生溶血性输血反应,但与临床关系最密切的是ABO血型系统和Rh血型系统。

(一) ABO血型系统

ABO血型的分型是根据红细胞膜上是否存在凝集原A与凝集原B而将血液分为4种血型。凡红细胞膜上只含凝集原A的为A型;只存在凝集原B的为B型;若A与B两种凝集原都有的为AB型;不含A凝集原也不含B凝集原的为O型。

人的血浆中天然存在两种相应的凝集素(抗体),即抗A凝集素与抗B凝集素。相对应的凝集原与凝集素相遇会发生抗原抗体反应,导致红细胞凝集、溶血,进而致生命危险。因此,它们不能共同存在于同一个人的红细胞和血浆中。分布情况如表10-1。

表10-1 凝集原和凝集素在人的红细胞和血浆中的分布情况

血 型	红细胞膜上的凝集原	血浆中的凝集素
A	A	抗B
B	B	抗A
AB	A、B	无
O	无	抗A、抗B

(二) Rh血型系统

Rh血型系统是人类红细胞表面与ABO血型系统同时存在的另一种血型系统。红细胞表面有Rh凝集原,称为Rh阳性;红细胞表面无Rh凝集原,称为Rh阴性。在我国大多数人为Rh阳性。

Rh血型系统的特点是血清中不存在天然的凝集素,要通过体液免疫产生。Rh阴性的人接受Rh阳性血液后,体内便产生了抗Rh的抗体,若此人第二次接受Rh阳性血液,输入的红细胞因含有Rh凝集原便会与Rh抗体相遇而出现凝集反应。此外,Rh阴性的母亲孕育Rh阳性的胎儿,胎儿的红细胞因故进入母体后,母亲血清中便产生Rh抗体,母亲再次妊娠时,Rh抗体可通过胎盘进入胎儿体内,使Rh阳性的胎儿发生红细胞凝集和溶血反应。

三、输血和输血原则

正常情况下,人的血量是相对恒定的。这对维持正常血压,保证细胞、组织、器官的血液供应有重要意义。一旦血量不足,会导致血压下降,细胞、组织、器官代谢障碍,功能损害。成人一次失血量不超过全身血量的10%(500 mL以下)时,通过各种调节机制血量及其成分可很快恢复,不会出现明显的不适症状。一次失血量达到全血量20%以上时,人体因来不及代偿,会出现严重的临床症状(血压下降、脉搏加快、四肢冰冷、乏力、恶心等),一次失血量达到全血量的30%以上时,会有生命危险。为抢救生命,应立即采取输血措施。

(一)输血的意义

输血是抢救大失血或治疗某些疾病的重要措施。输血可以补充循环血量,使血压迅速回升,以保证人体重要器官如心、脑的血液供应。

(二)输血的原则

临床上采用同型血液输血是首选的输血原则。因为同型血液不存在对应的凝集原和凝集素相遇的机会。若在无法得到同型血液的特殊情况下,不同血型的人互相输血,则要遵守一个原则:供血者红细胞不被受血者血清凝集,而且输血量要少,速度要慢。根据这一原则,O型血红细胞不含有任何一种凝集原,因此可以输给其他3种血型的人。而AB型血清中不含有任何一种凝集素,可以接受其他3种血型的输血。

(三)交叉配血试验

由于ABO血型系统还存在着亚型。为防止血型不合的输血事故发生,临床上在输血前,首先必须鉴定血型,保证供血者与受血者的ABO血型相合,有条件的鉴定RH血型和RH抗体,即使血型相同,都要进行交叉配血试验。根据交叉配血试验结果,由医师决定能否输血。

(四)输血的类型

根据供血者的来源,输血可分为异体输血和自体输血;根据输注血液的成分,可分为全血输注和成分输血。

(1)异体输血。较为常用,但近年来自体输血正在迅速发展。

(2)自体输血。是指在手术前先抽取并保存患者的一部分血液,在以后进行手术时可以按需要再将血液输给患者。

(3)成分输血。随着医学和科学技术的进步,由于血液成分分离机的广泛应用以及分离技术和成分血的质量不断提高,输血疗法已经从原来的单纯输全血发展成为成分输血,即把人血中的各种有效成分,如红细胞、粒细胞、血小板和血浆分别制备成高纯度或高浓度的制品再进行输注。

第十一章

实用医学常识

○ 学会看病,正确就医,
  合理消费。

为了让对医学知识不甚了解的人们能够选择正确的就医方法;了解一些常规检验的正常参考值及意义;了解一些常见症状及其护理;需要时合理地应用药品;并准备一些家庭应急物品,特编写以下内容供选看。

第一节　正确的就医方法

"有啥别有病"表达了一种美好心愿,但人难免会生病。由于缺乏医学常识和对医院就诊程式、就诊条件的了解,实际上有半数以上的人不知如何就医,这样容易浪费时间,而如何就医才能用最短的时间找到最好的医生,达到最佳诊疗效果呢?

一、学会看病

(一)要有备而医

就医前一般要带病历本。病历是记录病史的重要资料。它记载患者什么时间生过哪种病,当时的症状怎样;求医后的诊断是什么,服用过哪些药,如何服用。还会记录当时是否打针,若是打针,还会写明是肌肉注射,还是静脉注射。这些有助于医生更快、更正确地做出诊断。同时还应带上有关的 X 光片、化验单、心电图的图形报告、CT 片或核磁共振片等资料。

(二)了解就诊要求

患者要了解自己所患疾病是否可能要进行检查,对检查时间和检查条件有没有特殊要求。一般来说,就诊最好上午去,不要吃早饭,这样,需要空腹抽血化验,空腹 B 超检查、钡餐检查和胃镜等检查时,能当时进行,不必再去一次。如需做 B 超检查子宫、前列腺等,事先要憋足尿,或在家备好水带上。如肛门、生殖系统疾病,最好在去医院前清洗局部。去口腔科看病,应先在家把牙刷一刷。对于妇科病人来说,更要做好充分的准备,去医院前应避免性生活,淋浴更衣(但禁止阴道冲洗及上药),并带上洁净内裤、卫生纸等物品,出血患者不宜化妆。

(三)正确选择科室和医生

在挂号时,如果不能确定自己应该挂哪个科室或哪一位专家,首先应向导医询问。目前各大医院在候诊大厅备配有具备专业知识的导医人员,他们会帮助患者做出正确选择。这样就可一步到位,找到相应的科室和专家。在专家门诊的选择上,应持慎重态度,一般来说,如果是常见疾病或者初诊,可先挂普通门诊。因为对于初诊病人来说,即使挂了专家门诊,专家也要跟普通门诊的医生一样,先了解病情、病史,并进行必要的检查。

许多疾病都要经过化验检查、影像学检查及其他辅助检查后才能够得出明确的诊断,而这些工作一般医生完全可以完成。经检查后没有明确诊断或是疑难杂症,再找经验丰富的专家,这样既能节省挂专家号的费用和排队所浪费的时间,也不会耽误疾病的诊断和治疗。

(四)清晰"述病"

就诊时应简明扼要准确地陈述病史。在去医院看病的路上,不妨仔细回忆自己发病的过程,以便简明扼要地向医生陈述。由于医生对每个病人的检诊时间有限,在不长的时间内,要完成询问病史、检查记录、开检查单、开处方等内容,如果陈述病史没有重点,杂乱无章,会影响看病的效果。另外,当医生给患者开了检查单去进行检查,复诊时要将结果交给医生,医生方能根据结果做出诊断,提出具体治疗意见。对于慢性病人来说,述病时最好述明"六要素",即目前最大的痛苦和烦恼是什么;用药之后症状有无明显改变;生活当中是否出现了一些新事件;病情是否有反复;服药以后感到有哪些副作用;是否自行终止过服药。

(五)科学安排就诊过程

由于就诊可能涉及到一些检查项目,因此在等候就医时应首先向分诊护士询问是否需要检查,如需要,可让分诊护士开检查单先去检查,在排队等候检查时,要按照"先简单后复杂,先紧要后次要"的原则逐个项目进行检查,对于那些要空腹进行的检查项目,要安排在前面进行。

(六)明白取药

在取药时应先了解清楚开的是哪一种处方,是中药还是西药,然后到相应的收费窗口划价、付费、取药,不要找错了窗口或排错了队,浪费时间和精力。而在取药时应注意核对处方,将所领到的药品和处方一一核对,如有发错的药品应及时更换,以免引起不良后果。同时还要注意药品的有效期,以免领到过期失效药品。

二、首诊建议

首诊症状会涉及多个科目,患者不妨"对号入座",做到上医院之前心中有数。

(一)感冒

(1)发热、鼻塞、咳嗽、咽喉疼痛,首诊呼吸科。
(2)低烧、疲乏、头痛、皮疹,首诊感染科。
(3)发热腹泻、精神差,首诊消化科。

(二)头昏

(1)口渴、视力下降,首诊糖尿病科。

(2) 在变换体位时突然间头昏,首诊心血管内科。
(3) 此前发生感冒或腹泻,首诊神经内科。
(4) 耳鸣、听力下降,首诊耳鼻喉科。
(5) 佩戴新眼镜后眩晕,首诊眼科。

(三) 头痛

(1) 失眠多梦、情绪差、精力不济,首诊神经内科。
(2) 高血压、恶心、呕吐,首诊心血管内科。
(3) 耳朵进水、流脓,首诊耳鼻喉科。

(四) 便秘

(1) 腹痛腹胀、食欲差、腹部胀气,首诊消化内科。
(2) 食量加大、小便频繁、突然消瘦,首诊内分泌科。

(五) 呕吐

(1) 厌食、乏力、腹泻,首诊消化科;胃不适、腹痛腹泻,首诊消化科。
(2) 眼睛痛、头痛,首诊眼科。
(3) 已婚女性停经30天以上、清晨不适症状较重,首诊妇产科。

三、急诊建议

出现以下症状的患者,应尽快上医院进行急诊处理。
(1) 急性发热性疾病,体温一般在38℃(腋下)以上者。
(2) 有的病人全身症状明显,痛苦,体温不到38℃也可以急诊处理。
(3) 严重哮喘、呼吸困难者。
(4) 急性出血、外伤、烧伤患者、昏迷、休克、抽搐以及急性病症。
(5) 心律失常、心力衰竭、血压剧烈波动、脑血管意外。
(6) 急性泌尿道疾患、尿闭、血尿、急性肾功能衰竭。
(7) 急性腹部疼痛或急性呕吐、腹泻。
(8) 癫痫发作者。
(9) 急性中毒、意外事故(电击、溺水等)。
(10) 眼、耳朵、鼻腔、咽喉异物梗阻。
(11) 慢性病急性发作。

四、生病就医正确的过程

就医时要讲文明,懂礼貌。挂号,在候诊室等待的时候,应耐心而不急躁,不要大声喧哗，不可在候诊室里吸烟、吐痰、乱丢纸屑果皮。保持一个安静、清洁、舒适的诊治环境，既有利于医生的工作，又可减少对其他候诊病人的不良刺激。

当医务人员还没有叫到名字时，不要四处走动，或站在医生身旁，这会影响医生的正常工作；一旦叫到名字，应该礼貌地答应一声，随后到指定的位置坐下，不要迟疑拖沓。在医生没有开口询问病情以前，不要急于陈述，因为医生要先看病史，或做些诊断前的准备工作。待医生问话，再有条不紊、实事求是地向医生陈述病情。

请记住以下几条规则：

1. 陈述自己的症状而不是病名

一个谨慎的医生，必须根据症状和全面的检查，才能做出自己的诊断。但没经验的医生有时也会信病人讲的，这样可能会铸成大错。有位妇女对给其看过多次病的医生说："我的膀胱炎又犯了。"这位医生没有怀疑她说的，又因为到了下班时间，当即给她开了处方。一星期后，她又来找医生。经过详细检查后，医生发现她不是患膀胱炎，而是阴道炎，因为两种病有一些相似的症状。

2. 将详细病史告诉医生

如问病人以前为什么住过院，他可能回答以下几种类型。

"因为需要检查。"（没有价值）

"因为心脏的关系。"（较好）

"因为瓣膜损伤引起的心脏病。医生说我年轻的时候可能患过风湿热。"（很好）"二尖瓣损伤引起的心脏病。医生说我年轻的时候可能患过风湿热。"（最佳）

3. 确切地告诉医生你感觉如何

你可能认为头痛和胃痛没有什么关系，但应该如实地告诉医生。家庭的病史和病人可能也有关系。不要用医学术语描述自己的病情，因为医生不会轻信外行人的话。

有些病人认为用医学术语是一种表示病情"严重"的办法，以为这样医生就可以认真地看病了，其实这容易误导医生。

4. 重视结束就诊前与医生的谈话

应该弄懂自己得了什么病，什么原因，今后应该注意什么，多长时间会好，不好怎么办，还需要继续用药吗，如果能回答这些问题，那你同医生的谈话就有了结果。

大多数人能同医生很好地合作，但并不是人人都了解上面这些基本常识。

五、学会省钱看病

随着健康意识的增强，医药制度改革日渐深入，如今人们看病的支出开始成为家庭消费重要的一部分。对于相当一部分人来讲，不会看病也是医药消费居高不下的原因之一，注意以下几点，看病能省钱。

（1）普通疾病不要挂专家号。

（2）病历不要常换。

（3）不要把贵药当好药。什么是"好药"？一是必须疗效确切；二是对人体的毒副作用小；三是价格相对低廉且便于使用。人们在选择药物时，绝不能把研发时间新、价格高作为好药的衡量标准。一些新研制出的药物可能对某些疾病有良好的疗效，但新药毕竟应用时间较短,一些不良反应往往不为人知且价格昂贵。

(4) 要多和医生交流。假如你经济条件并不十分宽裕,不能支付太多的医疗开支,你应直接把这些情况告诉医生。这样医生就可以从专业的角度为你计划,让你在最合理的价位上得到最有效的治疗。

六、聪明就医全攻略

(一) 运筹篇——选择

我国医疗资源分布很不均衡,大医院、好医院集中在大城市。但看病也不是非要去大医院不可,关键是一定要到合法、正规的医院,选择一位有责任心、有经验的医生。就诊前充分了解医院、医生,对选好医院、选准医生极有帮助。

1. 根据病情选择医院

(1) 普通病——选择一般医院。如经过5~7天的诊治,诊断仍不明确,或症状无明显好转,应转至三级医院或相对应的专科医院求诊,以尽快明确诊断。

(2) 急重症——火速赶往最近的好医院。如果病情紧急,应立即到邻近的医疗水平较好的大医院看急诊。因为时间对重大伤病的预后极为重要,比如急性心肌梗死、昏迷不醒、持续高烧、大出血、严重外伤等,要毫不犹豫地直送最近的大医院。大医院技术力量强,医疗设备先进,抢救药品齐全,能及时有效地挽救生命。了解患者病情的家属应陪同前往,患者服用的药物也应带到医院给医生参考。但在一些偏远地区,可以先就近到卫生院做基本处理,同时迅速联系转往大医院。

曾有医院因拒收患者而致患者死亡,因此,卫生部规定,急诊医生和护士对患者实行首诊负责制,对急诊患者必须负责到底。需要转院、转科时,应将病历填写详细,医护人员陪送前往。

(3) 慢性病——先在大医院确诊。但一些常见慢性病如高血压、糖尿病、慢性支气管炎、前列腺增生等,目前已有标准的治疗方案,因此可直接在较好的医院(二级或三级医院)确诊并制定合理、有效的治疗方案;病情稳定后可定期去附近社区医院复诊。如果复诊时,医生的治疗方案有很大变动,最好请有经验的医生确认无误后,方可应用。在复诊过程中,若病情有变化或出现严重并发症,社区医院不能解决时,则应及时送上级医院诊治。

2. 了解医院等级及评价

根据《医院分级管理办法》,医院等级分为三级十等。即一级甲、乙、丙等,二级甲、乙、丙等,三级特、甲、乙、丙等。一级医院是向一定人口的社区提供预防、医疗、保健、康复服务的基层医院和卫生院;二级医院是向多个社区提供综合医疗卫生服务和承担一定教学、科研任务的地区性医院;三级医院是向几个地区提供高水平专科性医疗卫生服务和执行高等教育、科研任务的区域性以上的医院。三级特等医院是我国最高水平的医院。

业内人士对医院的评价从高到低依次是:卫生部部属医院或国家重点医学院校的附

属医院、省级医院;省一级医学院校附属医院;部队大型、地方中型(原地区一级的医院和现在的市一级医院)和省一级专科医院;大型厂矿职工医院、县一级医院等二级医院;中型职工医院、卫生院、医务室等;私人诊所。

3. 辨别诊所是否合法

非法诊所没有取得当地卫生行政主管部门发放的行医执业许可证,行医者个人不具备行医资格,没有通过国家执业医生考试,没有经过执业登记注册,没有诊疗权。

如何辨别诊所是否合法呢?首先看墙上有没有行医执业许可证;二看许可证上标明的开诊项目及所盖公章的真伪,比如开诊项目中是皮肤科,就不能诊治别的科室的疾病;三看是否有贴着医生本人相片由省卫生厅盖章颁发的医师执业许可证;四看诊室有没有消毒设备,如紫外线灯;五看输液瓶上是否标明药名,发药是否有处方留据,药品是否有厂名厂址、批号、有效期。这五看有一个出问题,表明该诊所可能属非法诊所,应向有关部门举报。

4. 看对医生挂对科

每个医院常有1~2个比较强的专科,也是这个医院的骨干科室。大医院的特点就是各科室整体水平比较强,而中等或较小的医院各科室之间的水平差距可能比较大。

大医院的分科非常细,一般人到大医院看病,首先遇到的问题是不知道挂哪个科的号。如果判断失误看错科,不仅浪费时间,还可能延误治疗时机。到了医院,可以先挂普通门诊号,经检查后再看专科门诊或专家门诊,也可先到咨询台询问。当然,病情比较复杂时,咨询台也会出现分诊错误,而且有些疾病确实需要一段时间观察或特殊的检查,才能搞清楚是什么病和归哪一科。如果病情比较复杂或多次治疗效果不佳,应当挂相关专家门诊号。

5. 选好医生"四看"

如何找到一个好医生,可参考以下几点。

(1) 看知名度。一般名气大的医生,水平也较高。老教授往往知名度高,但年轻医生中也不乏医术精湛、医德高尚者。

(2) 看职称。一般情况下,选择具有中级以上职称的医生为好。这些医生年富力强,有较丰富的临床经验,反应快,对新的医药信息比较了解,一般疾病都能胜任;比较难确诊和难治疗的病,则选择有高级职称的医生为好。

(3) 看学位。博士、硕士等高学位的医生,往往对某一专科疾病的诊断或治疗有较高水平。但医学是实践科学,经验靠积累而来,所以在看学位时要结合临床经验。

(4) 看医德。医德包括品行和责任心。如果医生向患者暗示送礼或诊疗不认真,这个医生医德欠佳。医术与医德一般都是相辅相成的。当然,也有少数医生医术很好,医德却很差。但一般而言,医德好的人,医术也高。另外,患有慢性病的老年人要尽量固定几个医生看病,因为医生熟悉病情,病历记录完整;医患感情融洽;容易发现潜在病;一般不会重复检查、开药。

(二) 决胜篇——就诊

看一次病要半天时间,但与医生的直接对话往往只有两三分钟,如何让这几分钟起到事半功倍的效果?

1. 事先做好准备

做任何事情最好都事先有所准备,看病也不例外。患者常会在走出诊室后,猛然想起:"糟糕,忘了问医生……"或是当医生询问吃过什么药、做过什么检查时,常常一问三不知。为避免出现这种情况,不妨在看病前先列一张清单,把自己的症状、病史、做过的检查、服过的药以及想问的问题写下来。而且,一定要带上病历和近期做过的检查报告单,否则重新开化验单检查,既浪费金钱也浪费时间,更不利于医生对疾病的连续观察与分析。另外,如要做抽血化验、腹部B超、胃镜等检查,需空腹不吃早餐,以免改天再去浪费时间。

2. 应对急症的非常措施

手指、牙齿断裂的患者一定要保存并携带脱落的手指和牙齿(最好用布包好后放在小冰块里保存),尽快到医院就诊,就医及时是可能把脱落的部分植回的。

遇到以下情况,需尽快拨打120急救电话,让急救车将患者送到医院:冠心病急性发作、中风、高热惊厥、大汗淋漓、面色苍白、四肢冰冷、不省人事、大出血、下肢骨折、重症传染病患者、中重度烧伤、脊柱伤等。

3. 节省时间,统筹安排就医流程

大多数医院有平面示意图或指示牌,应该先了解医院的布局。在进行每一个步骤时,都向医生询问清楚下面的步骤。

4. 准确陈述病史

在陈述病情时,先把最难受、最迫切需要解决的病情,用简明的话告诉医生,如上腹部绞痛已有半小时(医学上叫主诉);接着叙述这次发病的经过,如什么时候起病,有什么诱因,疼痛的具体部位,最初的感觉如何,随后有什么变化,伴随其他什么不适,做过什么检查和治疗,效果如何(医学上叫现病史);然后把过去生病的情况告诉医生,比如有无类似的疾病发作,生过什么大病,对什么药物过敏(医学上叫既往史)。这样的陈述,可使医生在最短的时间内,对病情有初步的了解,为下一步的诊治争取时间。如果已经在其他医院做过一些检查,应主动向医生出示这些资料,以免重复一些化验或特殊检查。

5. 结束就诊前八问

结束看病前务必弄清楚以下问题。

(1)得了什么病?病因是什么?

(2)为什么要吃这种药?这药是治什么的?

(3)怎样知道药有没有效?有没有副作用?

(4)药要吃多久?这次开的药吃完后怎么办?

(5)多长时间会好?

(6)不好怎么办?还需要继续用药吗?

(7)还有其他可行的治疗方式吗?

(8)今后应该注意什么?

6. 取药以后注意核对

取药后应将所领到的药品和处方一一核对,核对药名、剂量、用法和有效期,如有不同,及时更换。

(三)盘点篇——总结

就诊结束要会盘点总结。

1. 保存检查报告单

保存好检查报告单,一方面,能使下一次就诊少走冤枉路。另一方面,懂得保存就诊的资料,也是保护自我权益的一种做法。消费者维权部门指出,在处理消费者投诉医疗纠纷案件中,常出现资料留存困难的问题。有不少患者向消委会求援时,无法具体说明就医当时的情况。

2. 听听第二种意见

医生的水平参差不齐,不能一味地相信某个医生或医院,有时也要懂得寻求第二位医生的意见。例如,当看病已有一段时间,病情却没有明显的改善,而医生又没有其他的治疗办法时;当严重疾病须进行重大手术,或费用昂贵的手术时,都应该考虑听听其他医生的声音。

该问谁?专家建议,第二个医生的专业程度应不低于第一个医生。如果两位医生意见不一,也是以专业程度不低于第二个医生的标准,来寻求第三位、第四位医生的看法。

3. 是否选择手术

如果面临开刀与否的抉择,不妨问问非外科医生的意见。例如,腹部外科的医生建议开刀,可以去问消化内科医生的意见如何。遇到几个医生对手术有不同看法时,专家建议,可选择以下几种方法解决。

(1)"少数服从多数",按多数医生的意见和主张办。

(2)一般而论,应听听级别高的或在该领域威望高的医生的意见。

(3)要尊重手术科医生的意见,因为手术毕竟是外科医生做的,他们对手术指征、风险、预后、禁忌证比较熟悉。

(4)对于难度大、风险高的手术,必要时可通过医院内外大会诊的方式予以解决。

(四)警示篇——误区

就医中存在很多误区,甚至陷阱,要把其中的纷扰搞清楚。

1. "医生"不能自己当

有人认为,发热头痛之类的小病不用去医院,扛几天就过去了,或者自己买点药就行。但发热、头痛、疲劳、乏力等轻微的症状很可能是许多严重疾病的早期表现,有些糖尿病、肿瘤的患者就是因为早期扛着,没有及时就医,延误了治疗的最佳时机。

2. 权威也不是样样通

有些人常托熟人、找关系,找名家看病。专家在擅长的专业范围内水平的确较高,但慕名而来的患者所患疾病并非都属于其专业范围。如果对专家过分迷信和盲从,很可能造成误诊。

3. 医生是人不是神

任何一个有修养的名医,都不会把自己吹嘘为"神医"。目前,很多媒体的宣传报道,其内容不一定是准确的。如果有人宣称能治愈公认的疑难杂症或难以根治的慢性病,一定不能轻信,哪怕他举出某某专家的证明,某某患者痊愈的事例,也要保持清醒的头脑。像晚期广泛转移的癌症、高血压、糖尿病等疾病,凡宣称能攻克根治的,都是没有科学依据的,是不可信的;如不孕症,治愈率只有30%左右,任何夸大的承诺都只能是水中月、镜中花。

4. 别让医托拖着走

医托惯用的招数是:找目标→搭讪套取病情→介绍黑医→黑医看病→卖药狂赚。医托一般会拎着医院放射科的袋子,或抱着小孩,假装来看病,随后就四处搭讪,寻找目标。甚至一路跟踪,偷听患者与亲友聊天、打电话的内容。来自农村、操外地口音的人往往成为他们的首选。套取病情后,医托就见机行事,装成熟人、老乡,诉说在大医院看病的种种不是,然后说自己或亲戚同样的病在哪里看好的,吹嘘一番那家医院如何好、医生技术有多高明……看到有些心动的患者,医托就会拿出纸和笔,写好医院名称、地址及前去的路线,甚至陪同去看病。当患者怀着莫大的感激之情见到"好医生"时,鼓鼓的钱包就换成了一堆不知名的药粉或草药。

5. 网上医生雾里看花

很多商业网站都开设有免费的医疗咨询,网站都声称自己的医生是专家学者,只要给网医发个电子邮件或留言就能解答疑难。但计算机那边坐着的究竟是谁呢?上网看看,就可发现,有的网站甚至允许医生直接在网上注册行医,只要填写完个人资料注册后就可以成为网上医院的"注册医生"。专家忠告:网上咨询只是增加一条信息渠道,不能代替看医生,以免延误最佳的治疗时间,谨防上当。

6. 真相不容隐瞒

有位未婚女士,因突然腹痛到医院就诊。医生怀疑是异位妊娠,当询问患者性接触史时,患者矢口否认。随着病情逐渐加重,患者血压迅速下降,面色苍白。经腹腔穿刺发现其腹腔内有大量不凝的鲜血,如不及时手术,很快会因失血性休克而死亡。后来的剖腹探查证实了医生的判断,该患者险些因隐瞒病史而丧命。专家忠告:病史的采集对疾病的诊断、治疗起着至关重要的作用,隐瞒病史会影响医生对疾病及时正确的诊断。谎报病史比隐瞒病史更糟,危害更重。虚假的病史可将医生的思路引向歧途,做出错误的诊断,进而导致错误的治疗,后果不堪设想。

7. 指名要药害处多

除非患有慢性疾病,已经过详细检查和确诊,并制定了长期的治疗方案,否则不要向医生指名要药。因为治疗必须对症下药,该用什么药必须由医生根据诊断开方,滥用药物不仅是种浪费,而且还容易引起药物的不良反应,甚至会造成严重后果。另外,不少医生把指名要药看作是对医生的不信任,所以,这种做法还会损害医患关系。

8. 邮购药品如隔山打虎

现在不少非正规医院(诊所)到处打邮购药品的广告,并任意夸大疗效,欺骗消费者。一些缺乏医药常识的患者,病急乱投医,常常被虚假的广告所误导,花大笔钱邮购药品,结果往往上当受骗,不但耽误了病情,而且浪费很多血汗钱。中医诊病讲究望闻问切,西医要询问病史和做相关的检查,诊断明确才能开药。

9. 展示自己的真面目

有些药物可遮掩症状,因此,除非病情紧急需用抢救药,一般在就诊前不宜乱用药,特别是镇痛药、解热药、降压药、镇静安眠药等。就诊前也不宜化妆,尤其是不能浓妆艳抹。因为化妆品掩盖了本来的肤色,对诊断贫血、黄疸、斑丘疹、紫绀、血管痣等皮肤改变十分不利。看病之前还要注意不要剧烈运动、饱食、情绪过于激动、大量饮酒或吸烟,这些因素均可引起心率(脉搏)显著加快,血压波动,以及出现其他异常改变,产生"假象",给确诊造成一定困难。

第二节 常见检验正常参考值及意义

一、血、尿、大便——三大常规检查

关于亚健康

在医院看病常常要做一些检查,其中三大常规(血常规、尿常规、大便常规)最常用。

血常规的主要项目包括:红细胞(RBC)、血红蛋白(Hb)、白细胞(WBC)总数及分类、血小板计数等。

尿常规主要项目有:尿的颜色,尿的酸碱性(PH值),尿比重及尿蛋白定性和镜检测定尿沉渣计数。镜检尿中的红细胞、白细胞、脓细胞、上皮细胞以及各种管型相似物质。

大便常规主要内容有:大便颜色、硬度、黏度。以及镜检大便有无钩虫卵、蛔虫卵、鞭虫卵等各种寄生虫检查。

一般情况下,三大常规值都处于正常范围,但当患了疾病,或身体受到某种(化学的、物理的、生物的、机械的)不良刺激和创伤时,机体内环境与外环境的平衡条件受到破坏,其正常值常发生变化。

(一) 血常规各项检查及临床意义

1. 红细胞正常参考值及临床意义

(1) 正常参考值

男性:400万~550万/mm^3;

女性:350万~500万/mm^3。

(2) 临床意义

1) 红细胞增多。

①先天性心脏病,肺心病,肺气肿,高原地区适应不全等病。

②腹泻、大汗虚脱等引起机体脱水,血液浓缩的病变。

③某些恶性肿瘤,如肾癌,肝细胞癌,雄激素分泌细胞肿瘤等。

2) 红细胞减少。

①各种原因引起的贫血。

②血液稀释所致的红细胞相对减少,如输液不当,喝低渗性溶液过多等。

(3)红细胞比积

1)定义:红细胞比积测定是测出红细胞在全血中所占体积的百分比。其数值的大小主要与红细胞数量有关。

2)临床意义。

①红细胞比积增加:大量脱水、血液丢失及真性红细胞增多症,均由于血液浓缩而使红细胞比积增高。

②红细胞比积减少:见于各种贫血。

(4)血红蛋白测定(Hb)

1)正常参考值。

男性:12~16 g/dL;

女性:11~15 g/dL;

儿童:12~14 g/dL。

2)临床意义。

①血红蛋白减少:多见于各种贫血,如急性、慢性再生障碍性贫血、缺铁性贫血等。

②血红蛋白增多:常见于身体缺氧、血液浓缩、真性红细胞增多症、肺气肿等。

2. 白细胞正常参考值及临床意义

(1)白细胞计数(WBC)

1)正常参考值。

成人:4000~10000/mm^3。

2)临床意义。

①生理性白细胞增高:多见于剧烈运动、进食后、妊娠、新生儿。另外采血部位不同,也可使白细胞数有差异,如耳垂血比手指血的白细胞数平均要高一些。

②病理性白细胞增高:多见于急性化脓性感染、尿毒症、白血病、组织损伤、急性出血等。

③病理性白细胞减少:再生障碍性贫血、某些传染病、肝硬化、脾功能亢进、放疗化疗等。

(2)白细胞分类计数(DC)

1)正常参考值。

中性杆状核粒细胞:1%~5%。

中性分叶核粒细胞:50%~70%。

嗜酸性粒细胞:0.5%~5%。

淋巴细胞:20%~40%。

单核细胞:3%~8%。

2)临床意义。

①中性杆状核粒细胞增高:见于急性化脓性感染、大出血、严重组织损伤、慢性粒细胞性白血病及安眠药中毒等。

②中性分叶核粒细胞减少:多见于某些传染病、再生障碍性贫血、粒细胞缺乏症等。

③嗜中性粒细胞增多。

a. 急性感染。

局部感染：痈疽、疖肿等；

全身感染：肺炎、败血症、化脓性扁桃体炎、化脓性脑膜炎、流行性脑膜炎、风湿热、急性阑尾炎、白喉、急性胆囊炎等。

b. 中毒。

药物性：铅、砒、安眠药、洋地黄类、砷等；虫毒、异种蛋白吸收；

代谢性：尿毒症、糖尿病酮症酸中毒、痛风、妊娠中毒症等。

c. 血液病：急性大出血、急性溶血、急慢性粒细胞白血病、霍奇金氏（Hodgkin）病、真性红细胞增多症等。

d. 组织坏死：心肌梗死、坏疽、烧伤等。

e. 其他：脑出血、脑肿瘤、手术后、柯兴氏（Cushing）综合征、黏液性水肿、恶性肿瘤、恶病质等。

④嗜中性粒细胞减少。

a. 重症感染：重症败血症、粟粒性结核等。

b. 特殊感染：伤寒、副伤寒、病毒感染性疾病、立克次体感染、原虫病（疟原虫、黑热病、原虫感染）等。

c. 血液病：再生障碍性贫血、恶性贫血、白细胞减少性白血病、急慢性淋巴细胞白血病、恶性淋巴瘤、多发性骨髓瘤、阵发性睡眠性血红蛋白尿症等。

d. 药物：抗肿瘤药物、抗甲状腺药物、抗痉挛药物、氯霉素及磺胺类药物等。

e. 放射线照射：放射病等。

f. 结缔组织病：系统性红斑狼疮等。

g. 脾脏疾病：Banti氏综合征、肝硬化、费耳替〔Felty〕综合征等。

h. 先天性疾病：周期性中性细胞减少症、先天性中性粒细胞减少症、家族性良性嗜酸性细胞减少症等。

i. 其他：恶病质、血液透析等。

⑤嗜酸性粒细胞增多：

a. 过敏性疾患：支气管哮喘、荨麻疹、结节性多动脉炎、药物过敏、血清病等。

b. 皮肤病：天疱疮、丘疹性皮炎、痒疹、多形性渗出性红斑、湿疹等。

c. 寄生虫病：蛔虫病、钩虫病、血吸虫病、肺吸虫病、猪囊尾蚴病等。

d. 感染症：猩红热、麻疹潜伏期、吕弗琉（Loffler）氏综合征、感染性疾病恢复期等。

e. 血液病：嗜酸性粒细胞性白血病、慢性粒细胞性白血病、霍奇金（Hodgkin）氏病、恶性贫血、家族性嗜酸粒细胞增多症、热带性嗜酸细胞增多症等。

f. 其他：放射线照射后、卵巢肿瘤、肉样瘤病、肾上腺皮质功能减退症等。

⑥嗜酸性粒细胞减少。

a. 感染：伤寒、副伤寒等。

b. 药物：用ACTH，肾上腺皮质激素后等。

c. 应激状态。

⑦嗜碱性粒细胞增多。

a. 血液病：慢性粒细胞性白血病、嗜碱性粒细胞性白血病、慢性溶血性贫血、霍奇金（Hodgkin）氏病、真性红细胞增多症等。

b. 其他:急性感染性疾病治疗期、梅毒、恶性肿瘤、脾切除术后、水痘、异种蛋白吸收等。

⑧淋巴细胞增多。

a. 感染:百日咳、传染性单核细胞增多症、急性传染性淋巴细胞增多症、流行性腮腺炎、风疹、结核病、梅毒、急性感染性疾病恢复期等。

b. 血液病:慢性淋巴细胞性白血病、淋巴肉瘤、重链病等。

c. 内分泌腺疾病:甲状腺功能亢进、慢性肾上腺皮质功能减退症等。

d. 其他:肾移植术后反应、营养失调、急性中毒症恢复期等。

⑨淋巴细胞减少。

a. 感染:淋巴腺结核、粟粒结核、伤寒、肺炎、传染病早期等。

b. 肿瘤:嗜酸细胞性淋巴肉芽肿、淋巴肉瘤、网状细胞肉瘤等。

c. 药物:应用 ACTH、肾上腺皮质激素后等。

d. 放射线照射后。

⑩单核细胞增多。

a. 感染:肺结核病活动期或恶化期、亚急性细菌性心内膜炎、传染性单核细胞增多症、水痘、麻疹、流行性腮腺炎、钩端螺旋体病、猩红热、原虫性疾病(疟疾、黑热病、立克次体病)等。

b. 血液病:慢性单核细胞性白血病、霍奇金(Hodgkin)氏病、班替氏(Banti)综合征、高雪(Gaucher)氏病等。

c. 慢性疾病:肝炎、肝硬化等。

d. 其他:急性感染性疾病恢复期、粒细胞缺乏症恢复期等。

⑪异常白细胞增多。

血液病:急性白血病、类白血病反应。

3. 血小板(PLT)正常参考值及临床意义

(1) 血小板计数正常参考值

10 万~30 万个/mm^3。

(2) 临床意义

①血小板计数增高:血小板增多症、脾切除后、急性感染、溶血、骨折等。

②血小板计数减少:再生障碍性贫血、急性白血病、急性放射病、原发性或继发性血小板减少性紫癜、脾功能亢进、尿毒症等。

(3) 出血时间测定(BT)

1) 正常参考值:用纸片法测试 1~5 min。

2) 临床意义:出血时间延长,见于血小板大量减少和血小板功能缺陷、急性白血病、坏血病等。

(4) 凝血时间测定(CT)

1) 正常参考值

①活化法:1.14~2.05 min。

②试管法:4~12 min。

2) 临床意义。

①凝血时间延长:凝血因子缺乏、血循环中有抗凝物质、纤溶活力增强、凝血酶生成不良等。

②凝血时间缩短:高血脂、高血糖、脑血栓形成、静脉血栓等。

(二) 尿常规各项检查及临床意义

1. 白细胞

(1) 正常参考值

阴性。

(2) 临床意义

白细胞增多:泌尿系感染(肾盂肾炎、膀胱炎、尿道炎、前列腺炎等),泌尿系结石(肾结石、输尿管结石、膀胱结石),泌尿系结核(肾结核、膀胱结核),泌尿系肿瘤(肾癌、膀胱癌、前列腺癌)等。

2. 红细胞

(1) 正常参考值

阴性。

(2) 临床意义

红细胞增多:泌尿系结石、结核及肿瘤,肾小管肾炎,泌尿系血管畸形,出血性疾病等。

3. 管型

(1) 正常参考值

阴性。

(2) 临床意义

增多:

1) 红细胞管型:肾脏病变急性期。

2) 白细胞管型(脓细胞管型):化脓性感染(急性肾盂肾炎、间质性肾炎等)。

3) 上皮细胞管型:急性肾炎,急进性肾炎,子痫,重金属中毒,化学物质中毒,肾移植急性排斥反应等。

4) 颗粒管型:慢性肾炎,急性肾炎后期,药物中毒,类脂性肾病,急性肾衰(肾衰管型)等。

4. 尿胆原

(1) 正常参考值

$3.2 \sim 16\ \mu mol/L$。

(2) 临床意义

1) 增高:肝功能异常,红细胞破坏增加,肠梗阻,长期便秘,急性发热。

2) 降低:胆管阻塞,急性肝炎,腹泻。

5. 胆红素

(1) 正常参考值

阴性。

(2) 临床意义

阳性:阻塞性黄疸,肝细胞性黄疸,先天性非溶血性黄疸。

6. 蛋白质

(1) 正常参考值

阴性。

(2) 临床意义

增高:见于各种肾炎,肾病,泌尿系统感染,肾结石,多囊肾,全身性疾患累及肾脏。药物引起的肾损害等。

7. 葡萄糖

(1) 正常参考值

阴性。

(2) 临床意义

增高:见于糖尿病,甲状腺功能亢进,肾上腺皮质机能亢进,慢性肝脏病等。

8. pH值

(1) 正常参考值

5.0~8.0。

(2) 临床意义

1) 增高:呼吸性碱中毒,某些代谢性碱中毒,泌尿系变形杆菌感染,肾小管性酸中毒,应用碳酸氢钠等碱性药物,原发性醛固酮增多症等。

2) 降低:呼吸性酸中毒,代谢性酸中毒,低钾性碱中毒,应用氯化铵等酸性药物等。

9. 酮体

(1) 正常参考值

阴性。

(2) 临床意义

阳性:糖尿病,饥饿,呕吐,脱水,发热,甲状腺机能减退。

10. 亚硝酸盐

(1) 正常参考值

阴性。

(2) 临床意义

阳性:由大肠杆菌(大肠埃希氏菌)引起的肾盂肾炎,其阳性率占到总数的2/3以上;由大肠埃希菌等肠杆菌科等细菌引起的有症状或无症状的尿路感染;膀胱炎;菌尿症等。

11. 血红蛋白

(1) 正常参考值

阴性。

(2) 临床意义

阳性:各种原因所致的血尿,溶血,妊娠,妊娠毒血症,大面积烧伤,血型不符输血,肾梗死,阵发性夜间性血红蛋白尿症,阵发性冷球蛋白尿症,药物或毒物中毒,毒蛇咬伤,毒蜘蛛螯伤,感染,溶血—尿毒症综合征,血小板减少性紫癜,DIC,肾皮质坏死,各种原因所致的肌球蛋白尿病、剧烈运动等。

12. 比重

（1）正常参考值

1.015～1.025。

（2）临床意义

1）增高：糖尿病，急性肾炎，腹泻，呕吐，发热。

2）降低：尿崩症，饮水过多，肾功能衰竭晚期，使用利尿剂。

13. 颜色

正常为淡黄色或黄色透明

临床意义有如下几种。

（1）尿色深红带黄如浓茶样，见于胆红素尿。

（2）尿色为浓茶色或酱油色，见于血红蛋白尿。

（3）尿色呈淡红色云雾状/洗肉水样或混有血凝块，见于血尿。

（4）白色乳样尿液称为乳糜尿，见于血丝虫病或肿瘤等原因引起的肾周围淋巴管引流受阻。乳糜尿应与尿内磷酸盐和碳酸盐的灰白色相鉴别。

14. 气味

正常排出后有酸味

临床意义有如下几种。

（1）刚排出的尿液即有氨臭味，见于慢性膀胱炎及慢性尿潴留等。

（2）有苹果样气味，见于糖尿病酸中毒等。

（3）有些药品和食物，如蒜、葱等，亦可使尿液呈特殊气味。

（三）大便常规各项检查及临床意义

1. 粪便颜色

（1）正常颜色

成人呈黄褐色，婴儿为黄色或金黄色。

（2）临床意义

1）柏油色：上消化道出血等。

2）红色：痢疾、结肠癌、痔出血等。

3）陶土色：各种原因所致阻塞性黄疸等。

4）绿色：婴儿消化不良等。

5）黄绿色：伪膜性肠炎等。

2. 粪便形态

（1）正常形态

成形软便。

（2）临床意义

1）粥样或水样稀便：急性胃肠炎、食物中毒、伪膜性肠炎等。

2）黏液性或脓血性便：痢疾、溃疡性结肠炎、大肠炎、小肠炎、结肠癌、直肠癌等。

3）凝乳块便：婴儿乳汁消化不良等。

4）细条状便：结肠癌等所致直肠狭窄。

5）米汤样便：霍乱、副霍乱等。

3. 粪便细胞

（1）正常参考值

红细胞：O/HP；

白细胞：偶见/HP。

（2）临床意义

1）红细胞出现和增多：痢疾、肠炎、结肠癌、痔疮出血等。

2）白细胞增多：肠炎、细菌性痢疾等。

4. 粪便隐血

（1）正常参考值

阴性。

（2）临床意义

阳性，见于胃溃疡、胃肠道恶性肿瘤、伤寒、溃疡病、肝硬化等所引起的消化道出血。

5. 粪胆素

（1）正常参考值

阴性。

（2）临床意义

阳性，见于溶血性黄疸和肝性黄疸等。

6. 粪便胆红素

（1）正常参考值

阴性。

（2）临床意义

阳性，见于溶血性黄疸、阻塞性黄疸等。

7. 粪便细菌培养加药敏

（1）正常参考值

阴性（无致病菌）。

（2）临床意义

阳性，见于细菌性痢疾、伤寒、肠结核、急慢性肠炎等。同时可根据药物敏感，选择有效的抗生素。

（3）粪便检查前注意事项

试验前两日不要进肉类食品及维生素C，特别是不要吃猪血等动物血制品。

二、肝功能各项检查正常参考值及临床意义

（一）胆红素总量(STB)

（1）正常参考值

3.4~17.1 μmol/L

(2) 临床意义

1) 胆红素总量增高、间接胆红素增高：溶血性贫血，血型不合输血，恶性疾病，新生儿黄疸等。

2) 胆红素总量增高、直接与间接胆红素均增高：急性黄疸型肝炎，慢性活动性肝炎，肝硬化，中毒性肝炎等。

3) 胆红素总量增高、直接胆红素增高：肝内及肝外阻塞性黄疸，胰头癌，毛细胆管型肝炎及其他胆汁瘀滞综合征等。

（二）直接胆红素（SDB）

(1) 正常参考值

0.6～0.8 μmol/L

(2) 临床意义

增高：胆石症、胆管癌、阻塞性黄疸、肝细胞性黄疸。

（三）间接胆红素（SIB）

(1) 正常参考值

1.7～10.2 μmol/L

(2) 临床意义

增高：肝细胞性黄疸等疾病。

（四）总蛋白（TP）

(1) 正常参考值

55.0～85.0 g/L

(2) 临床意义

1) 增高：高渗性失水，多发性骨髓瘤，阿狄森病，某些急慢性感染所致高球蛋白血症等。

2) 减少：慢性肝病，肝硬变，慢性感染，慢性消耗性疾病，长期腹泻，肾病综合征，营养不良等。

（五）白蛋白（Alb）

(1) 正常参考值

35.0～55.0 g/L

(2) 临床意义

增高：偶见于脱水所致的血液浓缩。

减少：肝病，肾病，营养不良等。

(六) 球蛋白(G)

(1) 正常参考值

20～29 g/L

(2) 临床意义

1) 增高:失水,结核病,黑热病,血吸虫病,疟疾,麻风,SLE,硬皮病,风湿热,类风湿性关节炎,肝硬化,骨髓瘤,淋巴瘤等。

2) 减少:皮质醇增多症,长期应用糖皮质类固醇激素。出生后至3岁,球蛋白呈生理性降低。

(七) 丙氨酸氨基转移酶(ALT)

(1) 正常参考值

0～40 U/L。

(2) 临床意义

增高:急慢性肝病,胆道感染,胆石症,急性胰腺炎,急性心肌梗死,心肌炎,心衰,肺梗死,流脑,SLE等。儿童、寒冷、过度劳累、剧烈运动、溶血反应亦可升高。

(八) 门冬氨酸氨基转移酶(AST)

(1) 正常参考值

0～28 U/L。

(2) 临床意义

增高:心肌梗死(发病后6h明显升高,48h达高峰,3～5天后恢复正常),各种肝病、心肌炎、胸膜炎、肾炎、肺炎等亦可轻度升高。

(九) 麝香草酚浊度试验(TTT)

(1) 正常参考值

0～6 U。

(2) 临床意义

增高,见于急、慢性肝炎等病。

三、血清胆固醇各项检查正常参考值及临床意义

(一) 总胆固醇

(1) 正常参考值

成人 2.86～5.98 mmol/L

(2) 临床意义

1）增高：

①胆固醇＞6.2为高胆固醇血症，是导致冠心病，心肌梗死，动脉粥样硬化的高度危险因素之一。

②高胆固醇饮食，糖尿病，肾病综合征，甲状腺功能减退可见胆固醇升高。

③胆总管堵塞，如胆道结石，肝，胆，胰腺肿瘤时，总胆固醇增高伴黄疸。

2）降低：

①严重肝脏疾患，如重症肝炎，急性肝坏死，肝硬化等。

②严重营养不良。

③严重贫血者，如再生障碍性贫血，溶血性贫血。

（二）甘油三酯

（1）正常参考值

0.58～1.88 mmol/L

（2）临床意义

增高：

1）见于动脉粥样硬化，肾病综合征，原发性高脂血症，糖尿病，胰腺炎，脂肪肝，阻塞性黄疸。

2）妊娠和口服避孕药也可以引起增高。

（三）高密度脂蛋白胆固醇

（1）正常参考值

1.00～1.50 mmol/L。

（2）临床意义

降低：

1）降低是导致冠心病、心肌梗死、动脉粥样硬化、高脂血病等病的危险因素之一。

2）慢性肝病、肝硬化、糖尿病、慢性肾功能不全、甲状腺功能异常等病症时，高密度脂蛋白胆固醇降低。

3）生理性降低：吸烟、肥胖、严重营养不良。

（四）低密度脂蛋白胆固醇

（1）正常参考值

2.0～3.36 mmol/L。

（2）临床意义

增高：动脉粥样硬化，冠心病，脑血管疾病。

（五）载脂蛋白

（1）正常参考值

1）载脂蛋白A 1.05～1.55 g/L。

2）载脂蛋白 B 0.75～1.00 g/L。

(2) 临床意义

1）载脂蛋白 A 的水平与冠心病发生为负相关。冠心病患者载脂蛋白 A 明显低于健康者。A/B＜1 可视为心血管疾病的危险指标。单独测定载脂蛋白 A 或 B 更有意义。

2）肾病综合征、活动型肝炎，肝实质损害，糖尿病等也可见 A 降低，B 增高。

四、糖耐量试验

葡萄糖耐量试验，多用于可疑糖尿病病人。正常人服用一定量葡萄糖后，血糖先升高，但经过一定时间后，人体即将葡萄糖合成糖原加以贮存，血糖即恢复到空腹水平。

服用一定量葡萄糖后，间隔一定时间测定血糖及尿糖，观察给糖前后血糖浓度的变化，以推知胰岛素分泌情况，即称为糖耐量试验。

（一）具体方法

1. 口服法

(1) 试验前日晚餐后至试验当日晨禁食。

(2) 试验当日空腹取静脉血 2 mL，立即送检。

(3) 葡萄糖 100 g（溶于 200～300 mL 水中）。

(4) 服糖后半小时、1 小时、2 小时、3 小时各抽静脉血 2 mL，立即送检。最好在每次抽血同时留尿送检（测尿糖）。

2. 静脉法

静注 50％葡萄糖 50 mL，按口服法留取标本送检。

（二）结果判断

正常为给糖后 1/2～1 h 血糖浓度迅速上升，2 h 后恢复至空腹水平，如果服糖后 2 h 未降至正常水平，且尿糖阳性，即为糖耐量减低。

（三）注意事项

(1) 试验前数日病人可进正常饮食，如病人进食量很少，在试验前 3 天，进食碳水化合物（即米、面食）不可少于 250 g。

(2) 试验前停用胰岛素和肾上腺皮质激素。

(3) 试验当日应空腹采血，同时留尿标本。

五、空腹血糖的检查

试验当日上午空腹取静脉血 2 mL，立即送检。

(1) 正常参考值

3.90~6.10 mmol/L

(2) 临床意义

增高:见于糖尿病。降低:见于低血糖。

六、精液检验正常参考值及临床意义

1. 液量的检查

(1) 正常参考值

2~5 mL。

(2) 临床意义

1) 若数日未射精且精液量少于 1.5 mL 者为不正常,说明精囊或前列腺有病变;若精液量减至数滴,甚至排不出,称为无精液症,见于生殖系统的特异性感染,如结核、淋病和非特异性炎症等。

2) 若精液量过多(一次超过 8 mL),则精子被稀释而相应减少,有碍生育。

2. 颜色检查

(1) 正常参考值

灰白或乳白色,久未射精者可呈浅黄色。

(2) 临床意义

1) 黄色或棕色脓样精液:见于精囊炎或前列腺炎等。

2) 鲜红或暗红色血性精液:见于生殖系统的炎症、结核和肿瘤等。

3. 黏稠度和液化检查

(1) 正常参考值

黏稠胶冻状,30 min 内自行液化。

(2) 临床意义

1) 精液黏稠度低,似米汤样,可因精子量减少所致,见于生殖系统炎症。

2) 液化时间过长或不液化,可抑制精子活动而影响生育,常见于前列腺炎症等。

4. 精子活动率检测

(1) 正常参考值

正常精子活力一般在Ⅲ级(活动较好,有中速运动,但波形运动的较多)以上,射精后 1 h 内有Ⅲ级以上活动能力的精子比例应大于 0.60。

(2) 临床意义

如果 0 级(死精子,无活动能力,加温后仍不活动)和Ⅰ级(活动不良,精子原地旋转、摆动或抖动,运动迟缓)精子在 0.40 以上,常为男性不育症的重要原因之一。

5. 精子活动力检测

(1) 正常参考值

1) 射精后 30~60 min 活动力为Ⅲ级以上的精子多于 0.80。

2) 射精后 120 min 内活动力为Ⅲ级以上的精子多于 0.60。

3) 射精 120 min 后 0.25~0.60 的精子仍能活动。

(2) 临床意义

活动不良或不活动的精子增多,是导致不育的重要原因之一。常见于精索静脉曲张、泌尿生殖系的非特异性感染如大肠杆菌感染,某些代谢药、抗疟药、雌激素等,也可使精子活动力下降。

6. 精子计数
(1) 正常参考值

$(100\sim150)\times10^9$/L 或一次排精总数为 $(4\sim6)\times10^8$。

(2) 临床意义

1) 精子计数小于 20×10^9/L 或一次排精总数少于 1×10^8 为不正常,见于精索静脉曲张、铅金属等有害工业污染、大剂量放射线及某些药物影响。

2) 精液多次未查到精子为无精症,主要见于睾丸生精功能低下,先天性输精管、精囊缺陷或输精管阻塞。输精管结扎术 2 个月后精液中应无精子,否则说明手术失败。

3) 老年人从 50 岁开始精子数减少以至逐步消失。

7. 精子形态检查
(1) 正常参考值

畸形精子:<10%~15%;

凝集精子:<10%;

未成熟精细胞:<1%。

(2) 临床意义

1) 精索静脉曲张病人的畸形精子增多,提示精子在不成熟时已进入精液,或静脉回流不畅造成阴囊内温度过高和睾丸组织缺氧,或血液带有毒性代谢产物从肾或肾上腺静脉逆流至睾丸,上述原因均有损于精子形态。

2) 精液中凝集精子增多,提示生殖道感染或免疫功能异常。

3) 睾丸曲细精管生精功能受到药物或其他因素影响或伤害时,精液中可出现较多病理性未成熟精细胞。

8. 精液细胞检查
(1) 正常参考值

白细胞(WBC):<5 个/HP(高倍镜视野);

红细胞(RBC):0~偶见/HP。

(2) 临床意义

1) 精液中白细胞增多,常见于精囊炎、前列腺炎及结核等。

2) 精液中红细胞增多,常见于精囊结核、前列腺癌等。

3) 精液中若查到癌细胞,对生殖系癌有诊断意义。

9. 精液酸碱度(pH)检查
(1) 正常参考值

7.2~8.0。

(2) 临床意义

1) 精液 pH 值<7.0,多见于少精或无精症,常反映输精管道阻塞、先天性精囊缺如或附睾病变等。

2) 精液 pH 值>8.0,常见于急性感染,如精囊炎、前列腺炎等。

七、病人验血前注意事项

病人就诊时,最常见的检查就是血液化验检查,由于很多因素都会影响血液化验的结果,从而影响医生对疾病的判断,因此,在进行血液化验时,如病人有下列情况,要向医生说明,以便医生综合考虑,正确分析化验报告结果。

(1) 女性在月经期、妊娠期间进行抽血化验,要事先向医生说明。因为在月经期和妊娠期间,其血液中的某些化学成分,如肝功能、血沉、胆固醇等,都会发生正常的生理性改变。

(2) 化验时患者正在服用哪些药物,或以前曾长期服用何种药物,都要向医生说明。因为服用某些药物,如某些抗生素、抗癌药物、抗结核药物、激素等,可引起血液检查中某些项目值的改变,如肝功能检查中的 ALT 升高,所以,应及时告诉医生,以便参考。

(3) 有出血倾向或患有出血性疾病的病人,如血友病、凝血机制障碍的病人,必须在抽血前向医生及护理人员说明,以便事先做好预防出血的措施。

(4) 有些人因个体的差异,极易发生感染或皮肤破损后不易愈合,应先向医生说明,以便加强消毒隔离措施。

(5) 经常接触放射性物质、苯胺等的病人应向医生说明,因为这些物质会引起血液中某些成分的改变。

八、药物引起的尿液颜色变化

许多药物可引起尿液颜色发生改变。

(1) 使尿液变黄:黄连素,复合维生素 B,四环素,维生素 B_2,利福平,磺胺嘧啶,痢特灵,复方大黄片等。

(2) 使尿液变赤黄或棕色:呋喃妥因,伯喹,磺胺类等。

(3) 使尿液变红:氨基比林,酚酞,苯妥英钠,利福平,氯丙嗪等。

(4) 使尿液变绿色:亚甲蓝,阿米替林等。

(5) 使尿液变暗黑色:甲硝唑,甲基多巴,左旋多巴,异烟肼等。

(6) 使尿液变棕黑色:非那西丁,奎宁等。

九、胃镜检查

(一) 概述

纤维内窥镜从 20 世纪 50 年代就应用于诊断疾病。检查消化道的纤维内窥镜较多,如纤维食管镜、纤维胃镜、纤维十二指肠镜、纤维小肠镜、纤维结肠镜和纤维胆道镜等。

纤维内窥镜细软易弯曲,病人痛苦少,医生可以直接看到所检查器官的某些情况,较 X 线钡餐检查效果好。它能发现病变,病变是什么性质,还可以在病变部位取小块标本做病理检查,在显微镜下看病变细胞是什么样子,对诊断有帮助。

随着电子胃镜的出现,它可以把检查情况反映到荧光屏上,更多的人可以通过荧光屏发现病变,而且又可录像,作为资料备查。

一般纤维胃镜、十二指肠镜工作长度70～140 cm,有多种型号,各型长度也有差别。它可以从食管的开口部,一直看到十二指肠,这些部位病变如炎症、糜烂、溃疡、出血、食管静脉曲张、血管瘤、肿瘤(良性或恶性)、胃黏膜萎缩、胃肠憩室,也可观察胃壁弹性、胃上口贲门、胃的下口幽门口闭开是否正常,有无十二指肠液从胃下口幽门返流到胃。出血者不仅可以急诊做胃镜检查出血部位和性质,而且也可以通过胃镜给药止血。

(二) 注意事项

为预防肝炎传染,在做胃镜检查前需做肝功和乙肝表面抗原检查,使肝炎者和无肝炎者胃镜分开。

为了清楚地看到消化道的黏膜,必须使被检查部位很干净,即没有食物也无血块残存。如在上午做胃镜检查,在检查前一天晚上8时以后,不进食及饮料,禁止吸烟。前一天晚饭吃少渣易消化的食物。因为病人即使饮少量的水,也可使胃黏膜颜色发生改变,如显著萎缩性胃炎的病变,饮水后胃黏膜可变为红色,使诊断出现错误。如果下午做胃镜检查,可让病人当天早8点前喝些糖水,但不能吃其他东西,中午不吃东西。幽门梗阻病人,在检查前一天晚上必须进行洗胃,彻底洗清胃内容物,直到冲洗的回流液澄清为止。在洗胃后胃管抽出以前,病人采取头低足高仰卧姿势,以使胃内残留液完全排出。不能在当天洗胃,因为洗胃后能使胃黏膜颜色改变。如果已做钡餐检查,此钡餐钡剂可能附于胃肠黏膜上,特别是溃疡病变的部位,使纤维胃镜诊断发生困难,故必须在钡餐检查3天后再做胃镜检查。

在检查前15～30 min为减少唾液分泌、减低反射、减少紧张,注射阿托品0.5 mg及安定10 mg或鲁米那0.1 g,注射后喝去泡剂2～3 mL。

第三节 常见症状及其护理

大学生健康素养知识问答

人体内机能、代谢、结构出现异常时即可引起疾病。疾病对病人所引起主观上不舒适和异常的感觉称为症状。它可能是疾病的表现,也可能是健康人一时性的异常反应。症状的出现促使病人就医,它是认识疾病的向导,并能为诊断疾病提供重要的线索。因此熟悉和掌握一些常见症状的意义和护理知识,对防病治病有十分重要的意义。

一、头痛

头痛是许多疾病的常见症状,几乎人人都患过此症。引起头痛的原因很多,可分为颅内疾病、颅外疾病、全身性疾病、神经官能症等近百种。头痛是一种症状,只有查明病因,针对引起头痛的疾病进行治疗,才能彻底治疗头痛,切勿片面地"头痛治头",贻误病情,引起严重后果。

【头痛的护理】

(1) 保持环境舒适,室内空气流通及温湿度适宜。

(2) 听一些轻音乐,注意力分散,使病人从紧张状态放松下来,注意音量要轻柔。

(3) 头部推拿,按摩能使头痛减轻,也可以在前额正中或太阳穴拔火罐。

(4) 一般性头痛可选服止痛药物,如去痛片、芬必得、复方阿司匹林、颅痛定等。

(5) 生活要有规律,宜进食清淡饮食,戒烟酒。

(6) 头痛较重时,应及早送医院检查治疗。

二、发热

正常成人体温是恒定的,发热是人体对于致病因子的一种防御性反应。凡体温超出正常范围,即腋下体温超过 37.2 ℃,便称为发热。发热,一般来讲对身体是有利的。因为发热时肝脏的解毒能力加强,白细胞增多,抗病能力增强。但发热过高或持续时间过长反而会抑制上述生理上的抗病反应,而且使病人体内的水分和各种营养物质大量被消耗,影响身体的抵抗力,并发其他疾病。

许多发热疾病具有特殊的热型,对诊断疾病有一定帮助。常见发热类型:稽留热、弛张热、不规则热(见表 11-1)。

表 11-1 常见发热类型

类　　型	发 热 状 况	常 见 疾 病
稽留热	体温持续高热在 39～40 ℃之间,达数日,1 天内波动不超过 1 ℃	大叶性肺炎、伤寒
弛张热	体温在 39 ℃以上,一天温差波动达 2 ℃以上	肺结核、败血症、风湿热
不规则热	发热无一定规律	风湿热、支气管肺炎、流行性感冒、癌性发热

【发热的护理】

(1) 卧床休息,鼓励病人多饮水,每天不少于 2500 mL,饮食以易消化、富有营养的流质或半流质为宜,如牛奶、稀饭、肉汤等,多食水果。

(2) 物理降温。体温在 38.5 ℃以上者,可物理降温,但要防止着凉,有畏寒或服用退热药的人,不宜用此法。

1) 擦浴。用温水或 30% 乙醇溶液(也可用低度白酒)擦浴。擦浴的部位为颈部、后枕部、双腋下、肘窝、腹股沟部(大腿根部),动作轻柔,以皮肤微红为度。

2) 冷敷。把冰袋放置于病人前额或枕部、颈部、双侧腋窝,每 20 min 交换一下位置,以免冻伤。

（3）室内保持安静凉爽，通气良好，必要时在地面洒水，或放几盆冷水。

（4）药物降温。常用的退热药有口服百服宁、扑热息痛、复方阿司匹林、柴胡注射液等，要避免用药过量和在短期内反复用药，必要时每隔 4~6 h 用药一次。

（5）服药后大量出汗者及时更换衣服和床单被套，但不要吹风受凉，发热期间不宜用冷水淋浴。

（6）发热较重及原因不明时，及早送医院检查治疗。

三、呕吐

呕吐是指胃内容物和一部分肠内容物流出口腔的一种反射动作，是消化系统和其他疾病的常见症状。多见的疾病是急性胃肠炎和细菌性食物中毒。

【呕吐的护理】

（1）发现病人呕吐时，要把接纳呕吐物的容器放在床边，要使病人保持安静，稳定情绪，避免紧张。

（2）立即扶病人坐起或使其侧卧，防止呕吐物呛入呼吸道而窒息。

（3）轻拍病人背部，协助呕吐物排出，呕吐后用温水漱口。

（4）呕吐时控制进食，好转后可进食少量清淡流质，为防止脱水（体内失水过多），应鼓励病人多饮淡盐水。

（5）止呕措施。如是一般性呕吐可给予维生素 B6、灭吐灵、异丙嗪、安定等，也可用手指按人中（在鼻中隔下方，人中沟上 1/3 处）、内关（在腕横纹上二横指、两筋之间）、眶上神经等。

（6）注意观察病情变化，如病人呕吐剧烈，吐血，呼吸脉搏减弱，应及早送医院检查治疗。

四、腹痛

腹痛也是临床上常见的症状之一，可由腹内脏器病变引起，也可是腹外病变引起。腹痛的病因很多，可按急性腹痛和慢性腹痛分类。多见的急性腹痛有急性胃肠炎、食物中毒、急性阑尾炎、尿路结石；慢性腹痛主要有胃、十二指肠溃疡，慢性肝炎，肠道寄生虫等。

腹痛给病人带来极大的痛苦，由于腹痛病因复杂，其中有部分需外科手术治疗，所以严重的腹痛要及早送医院诊治。

【腹痛的护理】

（1）注意安慰病人，消除病人精神致病因素。

（2）消化系统引起的腹痛，饮食治疗十分重要。溃疡病、胃炎的病人宜进食软食和易于消化的食物，胰腺炎的病人要饮食清淡，急性期需禁食。可根据病人情况决定饮食治疗方案，适当的饮食治疗会使腹痛减轻。

（3）让病人两腿屈曲侧卧，以减轻腹肌紧张度，减轻疼痛，也可以让病人自己采取舒适的卧姿或坐姿。

（4）观察腹痛的性质、部位、发作时间和伴随症状，尽快查明病因，病因不明时切忌盲目热敷或冷敷腹部。

（5）病因不明时切忌用止痛药或麻醉剂，以免改变疼痛的性质而使诊断困难。病因明确的肠炎、菌痢、胃炎等，可适当应用止痛片，如阿托品、颠茄片、胃舒平等。

（6）腹痛较重及持续者，应及早送医院检查治疗。

五、腹泻

腹泻是指由于某种原因而使肠蠕动加快，粪便在肠内迅速通过所致。腹泻的特点为排便次数增多呈稀薄样便或含有黏液及脓血。临床上常见的腹泻有消化不良、胃炎、急慢性细菌性痢疾、伤寒，食物中毒等。

腹泻可促使肠内病原菌和有毒物质排出体外，对身体起着一定的保护作用。但腹泻较重或长期慢性腹泻可导致身体脱水、虚脱、电解质紊乱、酸中毒，全身衰竭。因此发现病人腹泻首先去医院检查，查出原因，进行病因治疗。

【腹泻的护理】

（1）病人要卧床休息，多饮开水或糖盐水和鲜橙汁等含钾饮料，防止脱水和电解质紊乱。

（2）呕吐腹泻剧烈时应暂时禁食或只给予易消化的无渣流质饮食（如米汤、藕粉等），忌食油腻，生冷和刺激性食物，必要时进行静脉补液。

（3）注意观察病人每天大便次数、性状、颜色、气味、数量变化及伴随症状。

（4）腹泻次数过多，刺激肛门周围皮肤黏膜疼痛、发炎时，便后可用温开水清洗肛门，用 1∶5000 的高锰酸钾溶液坐浴后，在肛门周围涂四环素软膏。

（5）为了减轻病人的痛苦，可给予对症处理，如腹痛、腹胀时用热水袋热敷腹部，腹痛明显时可口服阿托品、颠茄片，发热时物理降温等。

（6）腹泻严重时，应及早送医院检查治疗。

六、便秘

大便干燥难排，排便周期超过 48 h，即可称为便秘。一般情况下，人们所吃的混合食物，从食管进入胃，经过消化后从直肠排出需要 20~40 h，如果排便间隔超过 48 h，即可确定为便秘。但由于每个人的排便习惯不同，如有的健康人习惯 2~3 天才大便一次，只是说明没有养成每日大便一次的习惯而已。常见便秘的原因有营养不良、体弱多病、进食粗纤维和水分太少等，而精神神经因素也是引起便秘的重要因素。

【便秘的护理】

（1）多吃新鲜蔬菜和水果。蔬菜里的大量纤维素能刺激肠蠕动，帮助大便通畅。

（2）多饮开水。每天起床后，喝一杯冷开水（距早餐应隔半小时），可湿润和刺激肠蠕动引起便意。

(3) 多运动。尤其对于长期伏案的人来说更有必要,活动少的人,肠蠕动减少,容易造成便秘。

(4) 养成每日定时大便的习惯,形成条件反射,以后每到此时,就会有便意。

(5) 每天早上喝 1~2 汤匙蜂蜜或少许花生油。排便时按摩腹部,用手在腹壁由右下腹顺结肠方向向上、向左、向下推,反复多次,可缓解便秘。

(6) 对于严重便秘者,可服缓泻的通便药果导片或外用开塞露、甘油栓。

第四节　药品的合理应用

日常生活中,人吃五谷杂粮,也难免有生病的时候。现在越来越多的人通过自我药疗达到治病的目的,也就是在无处方的条件下,选择和使用药物治疗自己的疾病。然而,用药不当不但与治病的初衷背道而驰,还可能因此带来不应发生的后果。

一、家庭用药现状——自我药疗

自我药疗,是指在没有医师指导的情况下使用非处方药物,用以缓解轻度的、短期的症状及不适,或用以治疗轻微的疾病。有关数据表明,到药店买药的消费者中,仅有三成具备正确的非处方药使用知识,大部分人吃药凭经验。很多人在自我用药时,对耐药性、服药时间等明显认识不足,在用药习惯上盲目加大服药剂量,甚至频繁更换药物等。这些行为和认识直接危害了用药的安全性和有效性。

广义的自我药疗的内涵包括三个方面:一是完全由个人可以自行判断的病症用药,如感冒、咳嗽、疼痛、消化不良等;二是经医生确诊后,患者依据医生的医嘱,自己可以控制复发的病症,如口唇疱疹、阴道霉菌病等;三是经医生确诊后,患者可遵医嘱用药而得到控制的慢性病症,如湿疹、癣病、过敏等病症。

目前家庭不合理用药超过 30%。据了解,我国居民中,经常出现两种极端情况:一是坚信"是药三分毒",有病自己扛,轻易不吃药,最后往往耽误了病情。二是稍有不舒服就吃药,盲目自信,不管处方药和非处方药的区别,跟着感觉走。

全世界意外死亡人员中 1/7 死于不安全、不合理用药。在发展中国家,1/3 的死亡病例源于不安全用药而非疾病本身。而我国家庭用药不合理、不安全超过 30%。由此可见,减少不合理用药的发生、确保用药安全,已成为当务之急。

二、安全合理用药

根据病情、病人体质和药物的全面情况适当选择药物,真正做到"对症下药",同时以适当的方法、剂量、时间准确用药。注意该药物的禁忌、不良反应、相互作用等。这样就可以做到安全、合理、有效用药了。

腹痛是一些疾病的共有症状,如果不分青红皂白地使用止痛药,就会掩盖一些急腹症的症状,贻误病情而造成严重后果。

用药前应该了解药物的性质、特点、适应证、不良反应等,还要注意选用疗效好、毒性低的药物。

三、药物的半衰期和有效期

1. 药物的半衰期

"药物的半衰期"是指药物从体内消除一半所需的时间,也是血药浓度下降一半所需要的时间,用 $t1/2$ 表示,药物半衰期可以反映药物在体内消除速度的快慢。通常情况下,每一药物各有固定的半衰期。各种药物的半衰期差别很大,除了与药物自身的性质有关外,还与机体器官(肝、肾)的代谢功能有关。一般地说,正常人的药物半衰期基本相似,但如肝、肾功能低下时,药物半衰期便会相对延长。药物半衰期可作为临床给药间隔长短的主要参考依据,特别对肝、肾功能不健全者给药方案的调整有很大的参考价值。半衰期长的药物,说明它在体内消除慢、停留时间长,服药的间隔时间就要长;反之,半衰期短的药物在体内消除快,给药间隔时间就短些。所以,有的药一日要服 3~4 次,有的药只需 1~2 次。如果擅自将给药的间隔缩短或延长,就会引起药物蓄积中毒或药效减弱。所以,按药物的半衰期确定给药次数比较安全。

2. 如何识别药品有效期

药品的有效期是经过一系列科学实验,根据各种因素考核和观察后确定的,以药品的稳定性为标准,定出了每个药品的有效期限。一般是以整年计算。如标签上印着"有效期 2005 年 7 月",就是说 2005 年 7 月 31 日前有效。也有的标上批号,并印上有效期几年。由于药品理化性质及贮存条件的差异,药品的有效期往往长短不一。一般来说,药品的有效期为 1 年至 5 年。

常用的药物青霉素、链霉素、红霉素、庆大霉素、卡那霉素、多西环素、四环素、土霉素、制霉菌素、灰黄霉素、乳酶生片、硝酸甘油片、利福平和胰岛素、垂体后叶素及一些生物制品,如丙种球蛋白,各种疫苗、血清、抗毒素等,都应当注意有效期,有些中成药也应注意有效期。

(1) 国产药的有效期

国产药品有效期可按生产批号推算。例如:批号为 950703,表明该药是 1995 年 7 月生产的第 3 批药品,有效期标明为 1998 年 6 月,即该药可使用至 1998 年 6 月 30 日为止;还有的药品标明失效期为 1998 年 12 月,即表示该药可使用至 1998 年 11 月 30 日。

(2) 进口药的有效期

近年来,我国进口药品日益增多,但对于进口药品有效期的标识,大多数人并不了解。进口药多用英文表示。英文中,表示"失效期"有 Expiry date,Exp、date,Expiration date,Expiring,Use-before 等;表示"有效期"有 Storage life,Steadility,Validity,还有的国家对有些药品的有效期用 Use before…表示,如 Use before:Dec. 97 表示该药品应在 1997 年 12 月之前使用。法文中,表示"失效期"为 DatedeP'eremption 或单用 pere'mption;表示"有效期"为 Datedepre'paration。

进口药的制造期和失效期的年、月、日排列顺序,各国习惯不同。例如,药品的失效期为2003年3月31日时,其不同的表示方法如下:
1) 在欧洲,采取日、月、年的排列顺序,即:Expiry date31. Mar. 2003 或 31.3.2003;
2) 在美国,采取月、日、年的排列顺序,即:Expiry date Mar. 31. 2003 或 3. 31. 2003;
3) 在日本,采取年、月、日的排列顺序,即:Expiry date 2003. 3. 31。

四、抗生素的联合应用

联合应用抗生素的目的是提高疗效、降低毒性、延缓或避免抗药性的产生。不同种类抗生素联合应用可表现为协同、累加、无关、拮抗四种效果。按其作用性质可分为四类:①繁殖期杀菌剂:如β—内酰胺类、先锋霉素族;②静止期杀菌剂:如氨基糖苷类、多黏菌素类;③速效抑菌剂:如四环素类、氯霉素类、大环内酯类等;④慢效抑菌剂,如磺胺类。不同种类的抗生素可产生迥然不同的效果。

1. 抗菌药联合应用后的结果

抗菌药联合应用后其结果有以下几种情况:协同、累加、无关或拮抗作用。据报道两种抗菌药物联合应用时约25%发生协同作用;60%~70%为无关或累加作用(大多数为无关作用);而发生拮抗作用者仅占5%~10%。繁殖期杀菌剂与静止期杀菌剂联用后获协同作用;繁殖期杀菌剂与速效抑菌剂联用可产生拮抗作用;速效抑菌剂之间联用一般产生累加作用,速效与慢效抑菌剂联用也产生累加作用;静止期杀菌剂与速效抑菌剂联用可产生协同和累加作用;繁殖期杀菌剂与慢效抑菌剂联用呈无关作用。

2. 联合用药适应证

临床没有明确指征时不宜联合应用抗生素。不合理的联用不仅不能增加疗效,反而降低疗效,增加不良反应和产生耐药性机会。因此要严格控制联合用药。以下五种情况可作为联合应用抗生素的参考指征:①混合感染;②严重感染;③感染部位为一般抗菌药物不易透入者;④抑制水解酶的菌种感染;⑤为防止耐药菌株的发生而需要长期使用抗生素类药物,如结核菌感染者。

3. 抗菌药配伍注意事项

抗菌药配伍在某些情况下,只考虑到联合用药的协同和累加作用而忽视了药效学中的互斥作用。如青霉素与庆大霉素联用时,如在体外混合,青霉素的β—内酰胺环可使庆大霉素部分失活而降低疗效。因此凡是氨基糖苷类与β-内酰胺类联用时,都应分别溶解分瓶输注。药物的疗效主要取决于血药浓度的高低,短时间内达到较高的血药浓度对治疗有利。若采用静脉给药时宜将一次剂量的药物溶在100 mL液体中,于0.5~1 h内滴完。这样不但使之在短时间内达到较高血药浓度,而且可减慢药物的分解和减少致敏物质的产生。因此在联合用药时,应全面考虑药物的副作用和不良反应,安全、合理、有效地使用抗菌药物。

五、中药亦有副作用

中药大部分是天然药物,有效成分比较复杂,如生物碱、皂素、鞣酸质、挥发油等。既然是药,其多数也会有不同程度的副作用。一般地讲,中药的副作用比人工合成的西药要小,但也有些药物毒性较大。当使用这些药物时,必须慎重,剂量过大,常会引起中毒反应。因此,有毒性的中草药必须在医师指导下服用。平时在中药方剂中常用半夏、天南星、附子、川乌、草乌等,为什么不发生中毒呢?一方面是因为对这些药物进行了炮制,其毒性大为降低。另一方面,医生掌握正确的使用方法。

有些中草药虽然毒性轻微,若使用剂量过大,也会产生严重毒副作用。如木通有通乳作用,但用量过大,则会发生肾功能损害。又如白果,因其含有微量氢氰酸,在过量情况下,就会出现中毒现象。

当需要用一些有毒性的中草药时,首先应慎重,要严密观察,并注意剂量是否恰当,其次可与一些药物配伍,以减少毒性。

六、煎煮中药的方法

煎药方法对疗效有一定的影响,所以煎煮中药的方法也很重要。

1. 浸泡药材

先用冷水浸泡使药物变软,细胞壁膨胀,药物的有效成分容易渗透到水分中,然后再煎煮,这样随着水温的逐渐增高,有效成分便容易被煎出。浸泡时间,一般以花、叶、茎类为主的药物可浸泡20分钟左右;以根、种子、果实为主的药物可浸泡30分钟至60分钟,即外感祛邪药物浸泡时间宜短,而内伤滋补药浸泡时间宜长。煎药也须讲究水量,加水过多则药汁浓度过低、药液太多,影响疗效;加水过少,不仅药物有效成分不易煎出,还容易煎焦。一般中药煎煮用水量以浸过药物3至4厘米为宜。但还要视药量大小、药物的性能、吸水量以及病情需要适当增减煎药时间。

2. 煎煮中药

煎煮中药必须正确掌握好火候。火候分为武火(即大火)和文火(即小火)两种。要根据药物的不同性质与治疗需要,采用武火急煎和文火缓煎两种方法。一般来说,治疗伤风感冒的解表药以及清热药、芳香药,因煎煮时间短,宜用武火急煎,而味厚的滋补药,因煎煮时间长,宜用文火缓煎。武火使水分蒸发快,并且又易使药汁外溢,故往往采用先武火急煎,沸后改文火缓煎。

3. 煎药时间

煎药时间应根据疾病的情况和药物的性质来定,可分三种煎药时间。

(1) 轻辛发散药 此类药物大多为治疗外感病的发汗解表药,多系花、叶、全草等,其性轻扬发散,味芳香,含挥发油较多,故煎药时间要短,因此煎煮时间为头煎从沸后再煎10分钟左右,二煎沸后5分钟左右。

(2) 滋补调理药 此类药物大多为调补人体气血阴阳滋补药,含有大量营养物质,故煎药时间较长,头煎从沸后再煎30分钟甚至60分钟,二煎沸后20至30分钟。

(3) 一般药物 头煎至沸腾后再煎15至20分钟,二煎沸后10至15分钟。滤取药汁要趁药液未冷时过滤最佳,用两层干净的纱布蒙在碗上,再进行滤药可保证药液澄清。

七、外伤换药

1. 换药目的是清洁伤口

在不少人看来,无论是外伤还是手术后的刀口在换药时,医务人员都应该给伤口上点药,好让它长得更快更好一些,其实这是一种误解。

换药的医学名称是"更换敷料",目的是保持伤口的清洁,察看伤口的生长情况,有无化脓迹象。若无感染,只需清洁伤口、消毒,然后更换敷料,没有必要上什么药。凡是干净的伤口只需用无菌的生理盐水冲洗即可,对于较深或不干净的伤口,则需双氧水冲洗消毒,让分泌物流出,由于双氧水有一定的刺激性,最后还得用生理盐水冲洗。

2. 愈合还得靠自己

当人体某一部分的皮肤、肌肉等破损或受到伤害时,通过组织细胞的再生,相同结构的组织相互靠拢,就可使伤口逐渐缩小而愈合。可见伤口愈合完全靠人体自身的细胞、肌肉的自然生长,而不是靠药物。而且要想让伤口尽快愈合,伤口必须清洁,没有异物存在,更不能有细菌的感染。换药的目的就是为伤口创造这样一个环境。如果在换药时往伤口里撒药粉、药膏,这些东西留在伤口里面就会成为一种"异物",反而给伤口的正常生长造成障碍。

3. 换药不宜过勤

很多有外伤的病人希望医务人员给自己勤换药,有时甚至一天要求换两三次,他们认为这样做伤口才不会感染,会愈合得更快一些,其实这一做法是错误的。

伤口换药的次数要看伤口有无感染和渗出物的多少而定:一般在医院里开刀的无菌伤口,里边没有纱布等引流物,不必天天换药;如果是创伤,只要消毒好,伤口干净,渗出物不多,可隔1～2天换一次药;如果伤口有感染化脓,要根据感染的程度换药,一般每天换一次药。

事实证明:如果换药太勤,极易因揭开纱布时的撕拉、牵扯而损伤创面上新生出的肉芽组织,不利于创面上新的肉芽组织的生成,反而会影响和延缓伤口的愈合。所以只要伤口没有发热、肿胀、剧烈的疼痛等异常感觉,患者就应当遵医嘱,按时换药。

第五节　家庭应急物品

每个家庭应准备一个家庭应急救援包(箱),配备一些必需的应急物品,一旦发生意外灾害,可用应急救援包(箱)中的物品进行自救与互救。此外,作为日常防灾的重要手段,还可以准备家庭日常防灾救援包。

一、家庭应急救援包(箱)

(1) 应急逃生绳:承重力≥200 kg,绳直径为25～30 mm,外裹阻燃材料。

(2) 简易防烟面具：当遭遇火警或遇到其他有害气体侵害时，取出面具戴在头上。
(3) 锤子、哨子、收音机、手电筒、电池（定期更换）等。
(4) 瓶装矿泉水、压缩饼干及巧克力等饮料、食品（定期更换）。
(5) 绷带、胶布、止血带等应急医药用品。

二、家庭日常防灾救援包

（1）家用灭火器（定期更换）
（2）应急药品
①医用材料：胶布、体温计、剪刀、酒精棉球。
②外用药：碘酒、眼药水、烫伤药膏、消炎粉。
③内服药：退烧片、止泻药、保心丸、止痛片、抗生素等药品。
④消毒水。
（3）食品
①固体食品（定期更换）：饼干、面包、方便面等。
②瓶装饮用水（定期更换）。
③罐装食品（定期更换）。

参考文献
References

[1]　孙长颢.营养与食品卫生学[M].第8版.北京:人民卫生出版社,2017.
[2]　周芸.临床营养学[M].第4版.北京:人民卫生出版社,2017.
[3]　中国营养学会.中国居民膳食指南(2016)[M].北京:人民卫生出版社,2016.
[4]　《中国高血压防治指南》修订委员会.中国高血压防治指南2018年修订版[M].北京:人民卫生出版社,2018.
[5]　余小鸣.大学生健康教育[M].北京:高等教育出版社,2018.
[6]　李宏伟,王筱鹏.大学生心理健康教育与心理咨询经典案例[M].西安:西安电子科技大学出版社,2019.
[7]　丽华,史铁英.内科护理学[M].第4版.北京:人民卫生出版社,2018.
[8]　葛均波,徐永健,王辰.内科学[M].第9版.北京:人民卫生出版社,2019.
[9]　章波娜,王红芳,孔丹华.大学生心理健康教育[M].南京:南京大学出版社,2019.
[10]　张仁炳,缪锋,徐俊.大学生健康促进2030[M].杭州:浙江大学出版社,2018.
[11]　谯兴,李晨阳,任占川.人体解剖学[M].北京:中国科学技术出版社,2017.
[12]　钱兴勇.正常人体结构与功能[M].北京:中国科学技术出版社,2017.
[13]　高锐,张艳平.病原生物与免疫学基础[M].北京:中国科学技术出版社,2017.
[14]　丽华,史铁英.内科护理学[M].第4版.北京:人民卫生出版社,2018.
[15]　李乐之,路潜.外科护理学[M].第6版.北京:人民卫生出版社,2017.
[16]　李小寒,尚少梅.基础护理学[M].第6版.北京:人民卫生出版社,2017.
[17]　尤黎明,吴英.内科护理学[M].第6版.北京:人民卫生出版社,2017.
[18]　张波,桂莉.急危重症护理学[M].第4版.北京:人民卫生出版社,2017.
[19]　胡爱招,王明弘.急危重症护理学[M].第4版.北京:人民卫生出版社,2018.
[20]　江剑平.大学生性健康教育[M].第3版.北京:科学出版社,2018.
[21]　陈昌霞.大学生情感规划与性健康教育[M].北京:清华大学出版社,2018.
[22]　陈伟莉,郑艳冰.大学生性健康教育[M].南京:南京大学出版社,2016.
[23]　陈孝平,汪建平,赵继宗.外科学[M].第9版.北京:人民卫生出版社,2019.